Richard Goedeke / Hans Kammerer

3000er der Dolomiten – Die Normalwege

Richard Goedeke / Hans Kammerer

3000er der Dolomiten
Die Normalwege

Beschreibung der Normalanstiege
und lohnendsten leichten Routen auf die höchsten Gipfel
der Dolomiten
mit 36 Farbabbildungen sowie 32 Kartenskizzen

Tappeiner Verlag

Umschlagfoto:
Die Marmolada von Nordwesten.
Foto: Tappeiner

Foto gegenüber dem Titel:
Die Rosengartengruppe im Abendlicht. In Bildmitte die Vajolettürme, rechts Laurinswand und Rosengartenspitze. Im Hintergrund Cima dell'Uomo und nördliche Palagruppe.

Bildnachweis:
Siegfried Garnweidner 111;
Richard Goedeke 43, 119, 123, 147, 171, 207;
Hans Kammerer 143;
alle übrigen Aufnahmen Tappeiner.

Genehmigungsnummern der Luftaufnahmen:
SMA 394, SMA 423 und SMA 1103

Kartenskizzen: Hans Kammerer.

Autoren und Verlag haben sich um zuverlässigste Informationen bemüht. Fehler und Unstimmigkeiten lassen sich jedoch nicht völlig vermeiden. Eine Garantie für die Richtigkeit der Angaben kann deshalb nicht gegeben werden. Eine Haftung für Unfälle oder Schäden wird aus keinem Rechtsgrund übernommen.

ISBN 88-7076-155-3
Lizenzausgabe und Alleinauslieferung für Italien:
Tappeiner Verlag GmbH
Lana (BZ) 1993

Printed in Germany
Druck und Bindung: Kösel, Kempten

Vorwort

Gipfelbesteigen

Unter den vielen Spielformen des Bergsteigens ist das Gipfelbesteigen die älteste. Darin werden ganz tief wurzelnde Sehnsüchte erfüllt. Nach oben, da will ein kleines Kind, weil da oben die Erwachsenen sind. Oben – von dort kann man oder frau weit sehen. Von oben läßt sich hinabsehen und sich höher fühlen. Oben – das wird mit metaphysischen Werten verbunden. Nach oben streben, konkret und übertragen. Der Gipfel ist auch Symbol, weiterweisend. Auf den Gipfeln, da wohnten – für die alten Griechen genauso wie für die Nepalesen – die Götter. Dort oben fühlen auch wir uns gelegentlich wie solche.

Wenn es mühsam war, hinaufzukommen, dann haben wir das Gefühl, etwas geleistet zu haben. Dann haben wir auch etwas geleistet. Uns auf einen himmelhohen Berg hinaufgeschafft zu haben, die eigenen Kräfte an der Dimension dieser Bergmassen gemessen zu haben, das erzeugt Gefühle von »bezwungen«. Und je höher der Berg, desto …

Diese Spielform »Gipfelbesteigen« steht für Menschen, die ins Gebirge gehen, meist am Anfang. Schon die Konturen eines Berges verweisen auf den Gipfel, machen ihn zum Ziel. Selbst wenn diese Spielform zeitweilig durch Schwierigkeitsideale zurückgedrängt werden kann, so behält sie doch ihre Faszination. Und wenn Disposition der Partner oder nachlassende Leistungsfähigkeit beim Älterwerden die Auswahl der möglichen Ziele begrenzen, dann gewinnt das Gipfelsammeln neue Bedeutung als eine Art Besinnung auf das Wesentliche. Denn wo sonst ist das Erreichte so schön offensichtlich wie mit dem Blick zurück auf den Berg: »Da waren wir oben!«

Dolomiten-Dreitausender

Das sind die großen Berge in dem relativ niedrigen Gebirge. Aber auch Leute, die gewohnt sind, auf die Höhenzahl erst dann zu achten, wenn vorn eine Vier steht, können daran Interesse finden.

Gewiß, hier ist die absolute Höhe nicht so groß, man muß sich vor der Besteigung nicht erst sorgfältig akklimatisieren, und die Wetterunbilden sind geringer. Aber dafür ragen diese Gipfel schroffer empor, und was ihnen an Höhe abgeht, das machen sie oft durch Schwierigkeit wett, wenn diese nicht durch Bergbahnen, Markierungen und Steiganlagen gemindert worden ist.

Anforderungen

Ähnlich wie bei den Viertausendern ist an den Dolomiten-Dreitausendern die Skala der Anforderungen im einzelnen sehr weit gefächert. Es gibt unter ihnen echte Wandergipfel, die sich bei gutem Wetter jede(r) Gesunde zutrauen kann. Und es gibt Gipfel, die auch auf den leichtesten Routen ein hohes Maß an alpiner Erfahrung und Übung erfordern. Deshalb empfiehlt sich, bei der Tourenwahl sehr sorgfältig zu lesen. Im einzelnen sind vier »Sorten« Berge mit jeweils sehr unterschiedlichen Anforderungen zu unterscheiden:

Die erste Sorte sind die *vermarkteten Berge*. Mit Bergbahn bis zum Gipfel und Restaurant obendrauf und meist auch Müll in Hülle und Fülle. Sich dort hinaufbaggern zu lassen, das ist dann die leichteste Art, diesen Gipfel zu betreten. *Die körperlichen Voraussetzungen für solch ein Unternehmen sind niedrig angesetzt,* wer nicht gerade schwer herzkrank ist, der wird es überleben. Auch Mängel in der Ausrüstung werden dabei höchstens mit einem Schnupfen bezahlt. Aber wer es so und anders ausprobiert hat, weiß sehr wohl: Das Erlebnis ist nicht das gleiche. Sowohl die eigene Einstimmung durch die Meditation des Steigens fehlt als auch die Ruhe, den Rundblick im Lauschen auf die eigenen Gefühlsregungen zu genießen. Wer diese Sorte Bergerlebnis nicht mag und diese Berge trotzdem als richtige Berge erleben will, der sollte sie zu Tages- oder Jahreszeiten aufsuchen, wenn die Bahnen nicht fahren und die Massen nicht da sind. Und dazu die Wege wählen, die die Pioniere bei der ersten Besteigung wählten. Das aber sind dann oft ernsthafte Unternehmungen wie die an den Bergen der dritten und vierten Sorte ...

Die zweite Sorte sind die *präparierten Berge* mit Klettersteigen bis zum Gipfel. Sie sind gezähmt durch Seilbahnen und Zufahrtsstraßen bis weit hinauf und durch künstliche Steighilfen in Form von Drahtseilen, Eisenstiften, Leitern und Brücken, durch die die Kletterschwierigkeit des Gipfelaufstiegs gewöhnlich bis auf den Schwierigkeitsgrad I reduziert wird. Die Zähmung ge-

Panorama östlich des Kesselkogels: im Vordergrund Antermoiahütte am gleichnamigen See, links Canazei, oben rechts Marmolada.

lingt bei Bergen dieser Höhe vollkommener als bei den höheren Schneebergen. Sie hat jedoch zwei Seiten: Ein Klettersteig ermöglicht zwar, die Route leicht zu finden und zu gehen und deshalb auch in steilem Gelände schnell voranzukommen. Andererseits werden durch die Beseitigung der eigentlichen Kletterschwierigkeit und der Orientierungsaufgabe die Besteigungen im einzelnen etwas langweilig. Der Draht macht das Mitdenken weitgehend überflüssig, läßt den Orientierungssinn verkümmern und bietet eine simple, wenn auch keineswegs narrensichere Möglichkeit der Absturzsicherung. Aus dem Klettern wird bloße Steigarbeit. Zugleich erzeugt jedoch die Abhängigkeit von diesem Draht auch neue Gefahren. Die Steiganlage lockt Menschen in Gelände, das sie ohne Steig überfordern würde, so daß ein Defekt an der Steiganlage das Durchkommen völlig in Frage stellen kann. Und bei Gewitter werden die Eisenwege zur tödlichen Gefahr. Deshalb sollten sie nicht allzusehr ermutigen: Auch auf einen mit Dynamit und Draht gefügig gemachten Dreitausender muß man mit der eigenen Muskelkraft steigen. Obendrein erreichen diese Berge allemal Höhen, in denen es auch im Sommer bei Schlechtwetter bitterkalt werden kann. Und bei den Dreitausendern der Dolomiten, da gibt es fast immer zumindest stellenweise steile Passagen, an denen man besser nicht hinunterfällt. Ebenso wie solche, wohin von weiter oben Steine fallen können, was besonders Köpfe im allgemeinen schlecht aushalten. *An dieser Sorte Berge sind also Mindestvoraussetzungen für eine sichere Begehung Schwindelfreiheit, Trittsicherheit, das dafür nötige Schuhwerk, Steinschlaghelm und ausreichend warme und winddichte Kleidung sowie für Notfälle Biwaksack oder wenigstens Alufolien-Rettungsdecke. Bei steileren Klettersteigen ist zusätzlich Klettersteigausrüstung nötig in Form von Sitz- und Brustgurt und zwei 12,5 mm starken Selbstsicherungsseilen mit kräftigem Klettersteigkarabiner. Wenn Teile der Route über steilen Firn oder Eis führen, werden außerdem Eispickel und Steigeisen notwendig.*

Die dritte Sorte sind die *häufiger bestiegenen Berge* mit richtiger Felskletterei auf dem Normalweg. Hier erleben auch unsere Fingerspitzen den Berg, mit dem Reichtum all der Felsstrukturen, der rauhen und glatten Oberflächen, der Löcher und Runsen und Rillen und kleinen Kanten. Hier muß man selbst die Route suchen, wobei dem geübten Blick vor allem die Einschätzung der Schwierigkeit des Geländes und neben den hilfreich gebauten Steinmännchen (die allerdings nicht unbedingt immer richtig stehen müssen!) auch die Begehungsspuren wie Trittspuren auf Schuttbändern, Ausbruchsstellen von Griffen oder Tritten, schwarze Striche vom Stiefelabrieb oder Steigeisenkratzer und Griffpolitur helfen. Außerdem erfordert auch die Feinorientierung selbständiges Klettern, und das bedeutet nicht nur, die entsprechenden gymnastischen Übungen zu absolvieren, sondern auch Griff- und Trittmöglichkeiten zu erkennen, zu prüfen und auszuwählen sowie eventuell nötige Sicherungspunkte zu finden oder anzubringen. Dies alles selbständig zu tun, das schenkt natürlich tiefere Befriedigung und ist eigentlich die mündigen Menschen gemäße Art, ein Gebirge zu erleben. *Zusätzlich zu den oben genannten Anforderungen von Klettersteigen sind bei den nicht präparierten Bergen also an Ausrüstung für weniger Erfahrene und Geübte zumindest ab dem Schwierigkeitsgrad II auch Seil, einige Karabiner, Klemmkeile und Bandschlingen, z. T. auch Hammer und Haken nötig – und das Können, diese sachgerecht zu verwenden. Wer die entsprechende Erfahrung nicht mitbringt, dem ist zu empfehlen, die Dienste eines Bergführers in Anspruch zu nehmen. Das ist zwar nicht ganz billig, aber wenn man die mit Bergunfällen verbundenen Leiden und Kosten bedenkt, allemal preiswert.*

Schließlich gibt es die *selten besuchten, wirklich ursprünglichen Berge.* An ihnen ist der Fels noch praktisch im Originalzustand. Das bedeutet einmal, daß die Route auch ohne die kleinen Begehungsspuren selbständig gefunden werden muß. Obendrein ist sie hier nicht durch zahlreiche Begehungen abgeklettert, d.h. nicht ausgeputzt und nicht von jedem wackelnden Griff gesäubert. Selbst bei in der Substanz festem Fels liegt hier auf den Bändern und Absätzen Schutt absturzbereit herum. Das verlangt beim Steigen Erfahrung, peinliche Sorgfalt und Nerven. Und schon mancher kühne Recke des siebten Grades hat in einer Passage dieser Qualität kleinlaut um das Seil gebeten. Aber auch das ist hier nicht nur Hilfe, sondern eröffnet zugleich neue Möglichkeiten, zu Schaden zu kommen. Es ist viel Umsicht nötig, um damit keine Steine zu lösen und unter den Nachsteigenden ein Blutbad zu vermeiden. Deshalb ganz klar und eindeutig: *Wirklich ursprüngliche Anstiege verlangen für eine sichere Bewältigung über das rein gymnastische Kletterkönnen hinaus eine Menge Erfahrung und Können an Grob- und Feinorientierung, Umgang mit nicht abgeklettertem oder gar brüchigem Ge-*

stein, Seilführung und Sicherungstechnik. Sie sind insofern besonders anspruchsvolle und herbe Ziele, die nur wenigen vorbehalten sind – richtige Abenteuerrouten also. An solchen Bergen werden nur jene ihre Freude haben, die auch in einem Trümmerhaufen die Poesie tatsächlicher Wildnis begreifen und schätzen können. Wer nicht alle diese Bedingungen erfüllt, sollte die Finger davon lassen.

Unter den großen sind solche ursprünglichen Berge selten geworden. Deshalb sollten sie unbedingt in diesem Zustand erhalten werden. Denn unsere Gebirge würden eine Menge von ihrem Zauber verlieren, wenn diese Kategorie von Bergen ganz beseitigt würde, indem man auch diese Anstiege alle ausputzen, markieren und präparieren würde. Wir haben bereits jetzt mehr Klettersteige, als ein Mensch in seinem Leben je gehen mag. Schon den Bau zusätzlicher Steinmännchen sollten wir uns hier verkneifen – oder zumindest die zusätzlich gebauten wie nach alter Tradition der Lofotenbergsteiger beim Abstieg wieder umstoßen, um keine Spur zu hinterlassen. Und selbstverständlich gehört – ebenso wie an jedem anderen Berg – auch der kleinste Fetzen Abfall wieder zurück ins Tal.

Die Autoren haben sich alle Mühe gegeben, sorgfältig zu arbeiten. Die Informationen über die Talorte wurden von Hans Kammerer erstellt, die Texte über die Berge von Richard Goedeke, wobei die Gebietseinleitungen und Routenbeschreibungen teils von dem einen, teils von dem anderen Autor stammen. Sollten die Beschreibungen jedoch trotz aller Recherchen irgendwo nicht lichtvoll genug abgefaßt worden sein oder sich sogar Fehler eingeschlichen haben, so informieren die am Schluß der Routenbeschreibung in Klammern eingefügten Namen darüber, auf welchen der beiden Autoren man/frau deswegen schimpfen darf. Hilfreicher wäre allerdings ein schriftlicher Korrekturvorschlag für Neuauflagen. Wir hoffen jedoch, daß dergleichen nur in wenigen Fällen nötig wird und wünschen allen Benutzerinnen und Benutzern viel Freude bei Auswahl und Durchführung ihrer eigenen Touren und immer wieder eine gesunde Rückkehr.

Braunschweig, Frühjahr 1993

Richard Goedeke

Zum Gebrauch des Führers

Kartenskizzen

Die in diesem Führer enthaltenen Kartenskizzen sind im Maßstab 1:50 000 gezeichnet (1 cm = 500 m) und normgerecht ausgerichtet (Schrift in West-Ost-Richtung). Der Abstand der Höhenlinien beträgt 100 m, das Felsgebiet ist schraffiert, die Hangschattierung zeigt das Relief. Gewässer und Gletscher sind in blau, Wanderwege und Klettersteige in rot, Kletterrouten sind in schwarz gezeichnet. Bei den Beschreibungstexten wird auf die Nummer der jeweiligen Skizze hingewiesen.

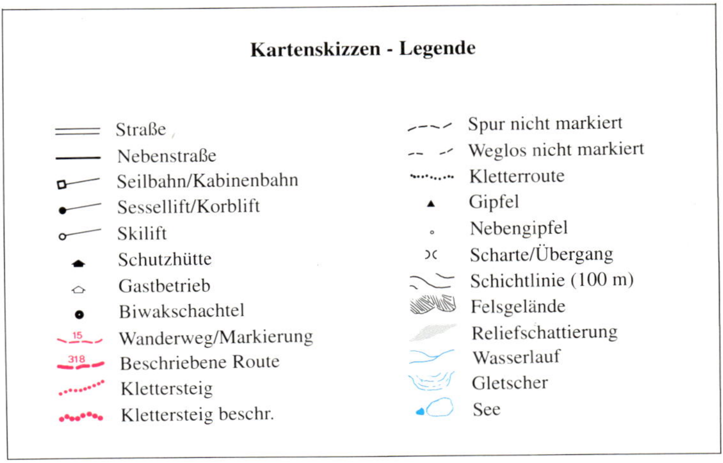

Auszug aus den Naturparkbestimmungen

In Parkgebieten ist es grundsätzlich verboten:

Lebensräume, Nist- und Brutplätze sowie Nahrungsquellen von Tieren zu beschädigen oder zu zerstören;
Pflanzen und Pilze jeglicher Art zu entnehmen;
Mineralien und Versteinerungen zu sammeln;
außerhalb der Straßen zu den vorgesehenen Parkplätzen das

Parkgebiet mit motorisierten Fahrzeugen zu befahren;
die Ruhe des geschützten Gebietes zu stören und mit Flugzeugen oder Hubschraubern zu landen;
mit Zelten oder Wohnwagen und dergleichen zu lagern, davon ausgenommen sind hochalpine Biwaks;
im Freien Feuer anzuzünden;
das Parkgebiet einschließlich Luft und Gewässern durch Gase, Rauch, Abfälle und Abwässer zu verunreinigen;
die Parkeinrichtungen wie Hinweise, Schranken, Zäune, Tische und Bänke usw. zu verändern, zu beschädigen oder zu entfernen.

Verhalten bei Unfällen

Alpines Notsignal:

Sechsmal in der Minute ein sichtbares oder hörbares Zeichen geben.
Antwort, daß verstanden wurde:
Dreimal pro Minute ein solches Zeichen.

Hinweise für Hubschrauber-Rettung:

1. Für die Landung ist ein horizontaler Platz von 30 x 30 m nötig (keine Mulde). In einem Umkreis von 100 m Radius dürfen keine Hindernisse vorhanden sein.
2. Vor der Landung sind Gegenstände zu entfernen, die vom Sog des anfliegenden Hubschraubers in die Luft gewirbelt werden können.
3. Der anfliegende Hubschrauber wird von einer Person mit dem Rücken zum Wind in »Yes«-Stellung (beide Arme hochgestreckt) eingewiesen.
4. Dem gelandeten Hubschrauber darf man sich nur von vorn und auf ein Zeichen des Piloten nähern.

Wichtige Angaben bei Unfallmeldungen:

Standort, Namen und Rufnummer für Rückfragen.
Wann ist was geschehen? Art der Verletzungen, Zustand des oder der Verletzten.
Genaue Lokalisierung (Bergseite, Höhe) und Beschreibung des Geländes.
Wetter im Unfallgebiet, Hindernisse im Anflugbereich (z.B. Tragseile von Materialbahnen, Kabel, Freileitungen).

Diese Angaben sollen so gut als möglich an die Rettungszentrale durchgegeben werden.

Rufnummern der Rettungszentralen:

Prov. Bozen – Zentrale Bozen 0471/981981
Provinz Bozen – Zentrale St. Ulrich/Seiser Alm.... 0471/797171
Provinz Trient – Zentrale Fiera di Primiero 0439/762385
Provinz Belluno – Zentrale Pieve di Cadore 0435/33118
Provinz Trient – Zentrale Trento-Mattarello 115

Marmolada

Die Marmoladagruppe liegt zentral in den Dolomiten, zwischen dem Bereich des Fassatals im Westen und des Val Cordevole im Osten. Das Hauptmassiv ist ein breiter, in West-Ost-Richtung verlaufender Felskamm mit imposanten Gipfeln. An der Südseite bricht der Hauptstock in riesigen Wandfluchten von mehreren Kilometern Breite beinahe senkrecht bis über 700 Meter ab. Die Flanke des Vernel ist auch an der Nordseite gewaltig und sehr schroff. Die Nordseite des Hauptkammes wird vom Marmoladagletscher, der größten Eisbildung im Dolomitenraum, bedeckt

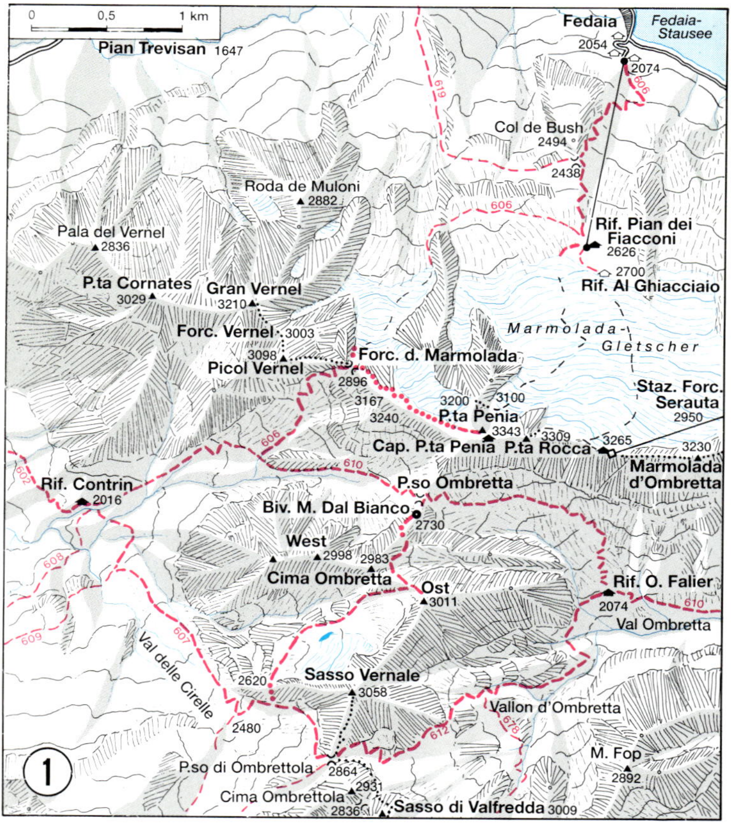

Marmoladagruppe von Nordwesten: Punta Penia und Punta Rocca, im Vordergrund die Plattenwände des Gran Vernel, links der Fedaia-Stausee, im Hintergrund die Civetta.

und erscheint dadurch weniger abweisend. Auch dieser Gletscher ist in den Sommern der letzten Jahrzehnte erheblich zurückgeschmolzen, so daß die Eisgrenzen und teilweise auch die Hangneigungen in den Kartenverzeichnissen nicht mehr stimmen.

Marmolada di Penia, 3343 m

Der höchste Dolomitengipfel, die »Königin der Dolomiten«, wurde schon vor über 120 Jahren von Paul Grohmann als etwas Besonderes hervorgehoben: »Selten wird ein Berg auf seinen zwei Abdachungen einen so gänzlich verschiedenen Charakter zur Schau tragen, wie die Marmolada. Während sie im Norden, gegen Fedaja, auf jener Seite, die die Fremden fast ausschließlich kennen lernen, ein weites Gletschergefilde trägt, fällt sie gegen Süden, gegen Ombretta und Contrintal in furchtbaren, mauerartigen Felswänden ab, die den Uebergang durch Ombretta und Contrin zu einem der großartigsten Wege in diesem Alpentheile machen.« Im Grundsätzlichen hat sich seit diesem Statement des wohl bedeutendsten Dolomitenpioniers nichts geändert, im Detail schon: Sowohl die sanften Wölbungen des Gletschers als auch die unregelmäßige Silhouette des Gipfelgrates haben mit den aufdringlichen Geraden der Lifte und Schleppspuren und mit den geometrischen Kästen der Seilbahnstationen über den kleinteiligeren Müll hinaus weithin sichtbare Verunzierung erfahren, während die Südwände zu einem Tummelplatz der extremen Kletterer geworden sind. Dort gab es allerdings neben faszinierenden akrobatischen Höchstleistungen auch schon manche dramatischen und gelegentlich auch schlimm ausgegangene Ereignisse.
Die erste Besteigung erfolgte am 28. September 1864 durch P. Grohmann mit den Führern A. und F. Dimai in 4 Stunden von Fedaja über den Gletscher der Nordseite. Der Westgrat wurde erstmals 1872 durch S. Siorpaes und C. Lauener mit dem englischen Touristen F. F. Tucket begangen, jedoch bereits 1903 als Via Ferrata verbaut. Die erste Durchsteigung der Südwand gelang 1901 M. Bettega und B. Zagonel mit Beatrice Tomasson. Über den noch heute gefürchteten Südpfeiler kämpften sich bereits 1929 L. Micheluzzi, R. Perathoner und D. Christomannos, über die dächergespickte Südwestwand 1936 G. Soldà und U. Conforto. Die Relikte des Stellungskrieges des Ersten Weltkrieges sind vielerorts zu finden, ebenso wie auf der Nordostseite der widerliche Fallout des Skibetriebes.

Schwierigkeiten: Der Normalweg verläuft über den Gletscher und eine Schrofenflanke (I, anfangs Drahtseil). Die steilen, nordseitigen Plattenrampen am Westgrat sind mit langen Eisenklammer-Leitern und Drahtseilen versehen. Der Klettersteig ist bei guten Verhältnissen luftig, aber ohne besondere Schwierigkeiten begehbar (I).

Mühen: Hüttenzustieg nordseitig gewöhnlich per Korblift, zu Fuß 550 mH (1.30 Std.), Gipfelaufstieg von der Bergstation 770 mH (2.30 Std.).

Gefahren: Für die Gletscherrouten Seil, Sitz- und Brustgurt sowie Eispickel allemal selbst dann ratsam, wenn gerade mal wieder andere Leute ausprobieren sollten, ob man die Besteigung auch ohne solche Requisiten überleben kann. Bei Ausaperung oder Neuschnee und Vereisung zusätzlich Steigeisen nötig. Helm warm empfohlen. Bei Gewitter im Gipfelbereich und besonders am Westgrat extreme Blitzgefahr.

Freuden: Originalton Grohmann: »Das Panorama auf der höchsten Spitze der Marmolada ist nicht nur weit und schön, sondern auch im hohen Grade charakteristisch.«

Karten 1:25 000: Tabacco 06 Dolomiti Fassane oder 015 Marmolada Pelmo-Civetta-Moiazza, Mapgraphic 25 Fassatal.

Skizze 1

Anreise: Von Westen von Canazei oder von Osten von Rocca Pietore über Malga Ciapela zum Passo Fedaia und zur Staumauer des Lago di Fedaia (Bus in beiden Richtungen), südlich davon Parkplätze und Korblift-Talstation (2074 m, Sommerbetrieb vom 20.6. bis 30.9., Fahrten von 8 bis 17.30 Uhr, Tel. 0462-62535).

Hüttenzustieg: Auffahrt mit dem Korblift zum *Rifugio Pian dei Fiacconi* (2626 m, privat bewirt. vom 1.6. bis 10.10., 27 Schlafpl. Tel. 0462-61412).

Zu Fuß auf Weg Mark. 606 in Kehren am Latschen- und Felshang südwärts ansteigend bis zum Grassattel beim Felssporn Col de Bous (2438 m). Weiter auf Steig und markierten Spuren über Moränengeröll (im Frühsommer Firn), zuletzt zwischen Gletscherschliff-Felsbuckel zur Schutzhütte (Bergstation).

Gipfelrouten von Norden: Der Normalweg führt über den Gletscher, einen Felshang und den Nordgrat. – Von der Bergstation nicht links auf den Stufen zum höher gelegenen *Rif. Al Ghiacciaio,* sondern rechts über die abgerundeten Felsbuckel im Rückzugsbereich südwestwärts zur Gletscherzunge. Auf Firnspur (ab Hochsommer Blankeis) südwärts ansteigen, dann in einer steilen Rechts-Links-Schleife durch die Spaltenzone zum flacheren Firnbecken unter der Gipfelwand und dort rechts hin-

auf zum Felseinstieg (3100 m). Über schotteriges und abschüssiges Felsgelände im Rückzugsbereich des Gletschers (lose hängendes Drahtseil) schräg rechts über eine Rinne in gut gestuftem, festem Fels (rote Mark.) zum Sattel am Nordgrat (3200 m). Nun südwärts über den mäßig steilen Firngrat »Schena del Mul« (im Sommer in den letzten Jahren ausgeaperter Fels) und über das Firnfeld zum Gipfel.
Südseitig auf der Felsterrasse befindet sich die Gipfelhütte *Capanna Punta Penia* (3342 m, privat bewirt. vom 20.6. bis 30.9., 15 Schlafpl., Tel. 0462-64207; auch bei Abwesenheit des Personals nicht verschlossen). (*Kammerer*)

Westgrat: Für diesen Aufstieg gilt es zunächst, die Marmoladascharte (2896 m) zu erreichen:
Von Canazei/Alba (1500 m, Parkplatz der Ciampac-Seilbahn) mit Mark. 602 (520 mH, 1.45 Std.) über die bewaldete Talstufe und durch das Val Contrin zum *Rifugio Contrin* (2016 m, ANA, bewirt. vom 20.6. bis 20.9., 100 Schlafpl. Tel. 0462-61101).
Von dort nordostwärts durch das Val Rosalia mit Mark. 610, bei Gabelung links, mit Mark. 606 (Variante Dolom. Höhenw. 2) weiter. Unter der Südwand des Piccolo Vernel schräg rechts mühsam empor und zuletzt an Stiften und Eisenklammern steil zur Marmoladascharte (880 mH, 2.50 Std.).
Vom Val Pettorina (1560 m, kleiner Parkplatz im Talschluß westlich vom Hoteldorf Malga Ciapela, Brücke) mit Mark. 610 (515 mH, 1.30 Std.) über die Steilstufe in das Val Ombretta zum *Rif. O. Falier* (2074 m, CAI Venezia, bewirt. vom 15. 6. bis 30. 9. 54 Schlafpl., Tel. 0437-722005).
Von dort mit Mark. 610 weiter zum Passo Ombretta (2704 m), danach auf Steigspuren in unangenehmer Querung der Hänge und Halden unter der Südwestwand entlang, zuletzt an Stiften und Eisenklammern steil zur Marmoladascharte (820 mH, 2.30 Std.).
Vom Rifugio Pian dei Fiacconi (2626 m, Korblift-Bergstation) in westlicher Richtung auf schwach rot markierten Spuren etwas absteigend im Moränen- und Gletscherschliffgelände queren (Variante Dolomiten-Höhenweg 2), um den Fuß des tiefsten Nordsporns des Hauptgipfels (Punta Penia) herum und westlich davon über den Vernelgletscher (bei Blankeis gemein, steil und mit Kies bedeckt) hinauf zum Firnbecken und rechts der Schartenrinne über die Felsstufe (Drahtseil) zur Marmoladascharte (420 mH, 2 Std.).

Gipfelroute über den Westgrat: Von der engen Scharte (Kriegskavernen) quert man im steilen, meist nassen Fels kurz nach links zur Nordflanke. Nach einer Rinne führt die erste lange Bügelreihe bis nahe an die Gratschulter. In kurzen Linksquerungen gelangt man zu weiteren, durchgehend von Drahtseilen begleiteten Bügelreihen, auf denen man die steilen Plattenschüsse der Nordwestflanke erklimmt. Nach Überwindung der langen, ausgesetzten Steilstufe führen die Sicherungen (teils etwas durchhängende Drahtseile) über einige Gratköpfe und durch kleine Einsattelungen, mit eindrucksvollen Tiefblicken zur Südwestwand und zum Vernelgletscher, zum Firnfeld am Rande des Gletschers, der hier bis nahe an den Südabbruch heranreicht. Weiter am Firnhang mäßig steil ansteigend, bei Ausaperung auf Steig in Kehren über den Schutthang zum Gipfel (450 mH, 1.30 Std., *Cap. Punta Penia*). (*Kammerer*)
Aussicht: Wenn man einen klaren Tag erwischt, dann sind von hier aus fast alle großen Gipfel der Dolomiten zu sehen, im Westen hinter dem Gran Vernel der Rosengarten, im Nordwesten Langkofel und Sella, im Norden der Padonkamm, im Nordosten die Ampezzaner Berge, im Osten Antelao und Pelmo sowie Civetta und im Süden hinter den nahen Bergkämmen die Pala.
Abstieg: Mit Zustieg zur Marmoladascharte und Aufstieg über den Westgrat sowie Abstieg über den Normalweg (oder umgekehrt) ergibt sich eine lohnende Überschreitung als Rundtour.

Nebengipfel: Die wenig bedeutenden Gratbuckel *P. 3240* und *P. 3167* des Westgrates lassen sich vom Klettersteig her ohne besondere Mühe erreichen.
Andere lohnende Routen: *Südwand Klassische Route* (V– und IV, 650 mH), *Südpfeiler Micheluzziroute* (VI/A0, 550 mH), *Südwestwand Soldàroute* (VI, 550 mH).

Punta Rocca, 3309 m

Der Ostgipfel der Marmolada, auch Marmolada di Rocca genannt, wird vom Hauptgipfel durch eine tiefe Firnscharte getrennt und besitzt auch einen selbständigen Normalweg, der allerdings bei Benutzung der Seilbahn bis zur obersten Station auf einen hochgelegenen Spaziergang reduziert worden ist.
Die erste Besteigung erfolgte 1862 durch P. Grohmann und den Führer P. Pellegrini über die Nordostflanke. Den Übergang von der Marmolada di Penia her begingen 1892 erstmals die Führer-

losen E. und O. Zsigmondy und L. Purtscheller. Der gewaltige, grimmigglatte Plattenpanzer der Südwand wurde 1936 von G. B. Vinatzer und E. Castiglioni erstmals durchstiegen, womit sie die wohl schwierigste Dolomitenroute der 30er Jahre eröffneten. Der beim Bau und Betrieb der Seilbahn angefallene Schrott und Müll wurde, wie die Umweltschutzorganisation »Mountain Wilderness« 1988 entdeckte, südseitig in einer Schlucht abgelagert, ebenso wie die Fäkalien und die Ölrückstände in eine Rinne der Südwand »entsorgt« werden – alles im Wassereinzugsgebiet des Tales.

Schwierigkeiten: Gletscheraufstieg in Spaltengelände, am Gipfelgrat Stellen leichter Kletterei (I).
Mühen: Gipfelaufstieg vom *Rifugio Pian dei Fiacconi* 680 mH (2.30 Std.), von der obersten Seilbahnstation 50 mH (0.30 Std.).
Gefahren: Am Gletscher ernstzunehmende Spalten. Bei schlechter Sicht auf dem Gletscher schwierige Orientierung.
Freuden: Ein leicht – wenn auch nicht billig – zu erreichender, hochgelegener Aussichtspunkt.

Karten, Skizze: Siehe Marmolada di Penia.
Anreise: Von Canazei über den Passo di Fedaia oder vom Val Cordevole (Bus in beiden Richtungen) nach Malga Ciapela, Hoteldorf und Talstation der Seilbahn »Funivia della Marmolada« (1400 m, Sommerbetrieb vom 10.6. bis 23.9. Fahrten ab 8.30 bis 15.30 Uhr, Tel. 0437-722144).
Gipfelroute: Seilbahn-Auffahrt von Malga Ciapela zur obersten Station (3265 m, Stazione Marmolada).
Zugang hierher auch von Norden: vom *Rifugio Pian dei Fiacconi* (2626 m) zur Capanna del Ghiacciaio (2700 m) und in südöstlicher Richtung links um eine Spaltenzone herum zur sanfteren Nordostabdachung und dort zum flachen Firnboden unterhalb der Bergstation (640 mH, 2 Std.); oder von der Mittelstation Forc. Serauta (2950 m) unterhalb der Gratköpfe der Marmolada d'Ombretta entlang über den Gletscher aufsteigend (315 mH, 1 Std.).
Von der obersten Station (3265 m) über das Firnplateau und den felsigen Gipfelgrat zum höchsten Punkt. (*Goedeke, z. T. nach Mariacher*)

Andere lohnende Routen: *Übergang von der Punta Penia* (III und II, 100 mH; vom Hauptgipfel heikel abklettern zur Südwandscharte, dort nordseitig absteigend zu Rinne, diese meist vereist, und teilweise über Kriegsrelikte zum Gipfel), *Südwand Vinatzerroute* (VI+, 800 mH).

Marmolada d'Ombretta, 3230 m

Der Sägegrat mit 11 (in Worten: elf) niedrigen, aber teilweise durchaus schroffen Gratzacken zwischen Punta Rocca und der markanten Forcella Vu. Trotz der Nähe zu den beiden oberen Stationen der Seilbahn ist diese Serie von gar nicht so leichten Bruchgipfelchen kein populäres Ziel geworden.
Die Überschreitung des gesamten Grates wurde erstmals im Jahre 1909 von K. Leuchs und K. Finckh durchgeführt (bei jeweils günstigster Wegwahl etwa III, im Detail selbst zu suchen, nordseitige Passagen oft vereist). Ein Happen ernsthaften, alpinen Geländes mit Herausforderung an eigenes kreatives Routensuchen gleich neben der abgelatschten Zivilisationsinsel. (*Goedeke*)

Monte Serauta, 3069 m

Der von Norden relativ zahme höchste Gipfel des östlichen Marmolada-Hauptkammes ist von der Mittelstation der Seilbahn (siehe Punta Rocca) über den behäbigen Schuttrücken des Nordostgrates zu besteigen (0.30 Std.). Der Übergang von der Scharte La S'cesora über die Ostseite ist gleichfalls leicht (0.30 Std.). (*Goedeke*)

Piz Serauta, 3035 m

Kecker Felskopf östlich vom Monte Serauta und von diesem durch die tiefe Scharte La S'cesora abgetrennt. Klettergipfel.
Die erste Besteigung erfolgte 1913 durch A. Andreoletti und G. Pasquali mit dem Führer F. Jori.

Schwierigkeiten: Ernstzunehmende, luftige, nicht präparierte Kletterei (II), oft vereist.
Mühen: Gipfelaufstieg 250 mH (1.30 Std.), davon auf ca. 100 mH Kletterei.
Gefahren: Wegen Tendenz zu Vereisung Steigeisen ratsam. Eventuell vorgefundene Abseilverankerungen überprüfen.
Freuden: Ein anspruchsvoller, selten bestiegener Gipfel.

Gipfelroute: Von der Forc. Serauta (2950 m, Mittelstation, siehe Punta Rocca) über den Nordostgrat des Monte Serauta bis zu einer Schulter. Von dort links (südwärts) über Schrofen, an den Resten von Kriegsstellungen vorbei und dann über eine Rampe abwärts in die weite Mulde und aus dieser hinauf zur Scharte La S'cesora (0.45 Std.). Nordseitig um den Vorbau des Piz herum, über Bruch und Firn querend, in die Nordseite des Gipfelaufbaus. Dort über eine Rampe schräg links empor, an einer Höhlung vorbei (oft vereist) und weiter bis nahe an die Nordostkante. Über ein Wandl zu Kaminrinne, dieser zu Gratscharte folgen und über eine Stufe und eine geneigte Platte zum Gipfel (0.45 Std. von der Scharte La S'cesora). (*Goedeke, z. T. nach Pellegrinon und Mariacher*)
Abstieg: Am besten durch Abseilen (für Verankerung ist selbst zu sorgen).

Piccolo Vernel, 3098 m

Etwas plumpe Berggestalt im westlichen Teil des Hauptkammes, zwischen Marmoladascharte und Gran Vernel.
Erste Besteigung vor 1892.

Schwierigkeiten: Unpräparierte Kletterei (II) auf 20 m, ansonsten alpines Gehgelände.
Mühen: Vom *Rifugio Contrin* 1100 mH (3.30 Std.), ab Marmoladascharte 220 mH (0.50 Std.).
Gefahren: Kugellagereffekte auf schuttbestreutem Fels.
Freuden: Netter Abstecher, von dem aus der Marmolada-Westgrat ganz kühn aussieht.

Gipfelroute: Anstiege zur Marmoladascharte wie zum Westgrat (siehe dort), ab Scharte (2896 m) westseitig rechts über schutt- oder schneebedeckte Plattenstufen bis hinter den Grat. Über diesen leicht zum Gipfel. (*Goedeke*)

Gran Vernel, 3210 m

Grandiose Felspyramide mit scharfgeschnittenen Graten, die den westlichen Abschnitt des Marmolada-Hauptkammes beherrscht.
Die erste Besteigung erfolgte 1879 durch C. Tomé, G. und B. Bernard und den Klienten G. Merzbacher auf dem heutigen Nor-

Der westliche Marmoladakamm. In der Bildmitte die abweisenden Südabstürze des Gran Vernel, links Punta Cornates, rechts Piccolo Vernel und Marmoladascharte.

malweg. Die lange, schnittige Nordkante wurde 1926 von E. und B. Castiglioni eröffnet, ebenso 1935 der lange Westgrat.

Schwierigkeiten: Hauptsächlich an der Steilstufe beim Wiederaufstieg von der Forc. Vernel zum Piccolo Vernel (III+ auf 20 m), ansonsten II, allerdings in plattigem, splitterbrüchigem Gelände.
Mühen: Vom *Rifugio Contrin* 1250 mH (5 Std.), mit 100 mH Wiederaufstieg beim Rückweg.
Gefahren: Der splittrige Fels bietet oft nur spärliche natürliche Sicherungsmöglichkeiten, deshalb Hammer und Haken ratsam. Bei Schneelage oder Vereisung rasch extrem riskant und dann unbedingt abzuraten. Bei Gewitter blitzgefährdet. Für die Abseilstelle eventuell zusätzliches Material bereithalten.
Freuden: Ein formschöner, selten besuchter Gipfel.

Gipfelroute: Über die Marmoladascharte auf den Piccolo Vernel (siehe dort). Am Westgrat über schuttige Platten abklettern und

zuletzt nordseitig 20 m über Steilstufe abseilen (Wiederaufstieg III+, eventuell ein Seil für den Rückweg hängen lassen). Danach links rasch hinauf zur Forc. Vernel (3003 m).
Nun vor dem Gran Vernel etwa 50 m nordseitig absteigen. Dann über gestuften Fels schräg links zur Gratkante, die man vor einer Steilstufe erreicht. Auf der anderen Seite in eine brüchige, schuttige Rinne und darin über kurze senkrechte Stufe zum luftigen Grat. Am brüchigen, aber nicht steilen Grat in nördlicher Richtung zum Gipfel. (*Goedeke, z. T. nach Pellegrinon und Mariacher*)
Abstieg: Wiederaufstieg zum Piccolo Vernel!

Nebengipfel: Die *Punta Cornates (3039 m)* und einige kleinere Erhebungen werden bei einer Begehung des Westgrates (ca. IV+) überschritten.

Cima Ombretta, 3011 m

Der den Südabstürzen der Marmolada vorgelagerte Bergkamm bietet besonders mit seinem östlichen und höchsten Gipfel einen idealen Aussichtspunkt. Von Westen her kann er gut in einer Rundtour überschritten werden.
Die erste Besteigung holten sich 1893 O. Schuster, H. Meinow und G. Unterwurzbacher mit L. Bernard. Im Ersten Weltkrieg wurde hier intensiv gewühlt.

Schwierigkeiten: Teilweise luftiger Steig, streckenweise mit Drahtseilen versichert, Klettersteigausrüstung ratsam. Im Frühsommer bei Firnauflage heikel, dann auch Eisausrüstung nötig.
Mühen: Hüttenaufstieg von Alba (1500 m) zum *Rif. Contrin* 520 mH (1.45 Std.), Gipfelaufstieg 1025 mH (3.15 Std.).
Gefahren: Bei Firn oder Vereisung heikel.
Freuden: Phantastischer Blick auf die Marmoladasüdwände.

Karten, Skizze, Anreise, Hüttenzustieg: Siehe Marmolada di Penia.
Gipfelroute: Der Normalweg führt vom Passo Ombretta über die Nordseite und den Westgrat zum Ostgipfel. – Vom *Rif. Contrin* auf Fahrweg nach Osten und links auf Steig Mark. 610 (Hinweise), über Weidehänge nach Nordosten, dann durch eine Schlucht über Geröllhänge ostwärts und am schwarzen Vulkanschutthang in Kehren steil zum Passo Ombretta (2702 m, Hin-

weise, hierher auch vom *Rif. O. Falier*, siehe Marmolada di Penia). Auf ausgesetzter, sandiger Steigspur kurz ostseitig am Felskamm entlang nach Süden zum versteckten *Bivacco M. Dal Bianco* (2730 m, 9 Lager, offen, für Kletterer der Südwandrouten eingerichtet). Der Steig führt zum Hang an der Westseite des vom Mittelgipfel herabziehenden Felskammes, der über Schrofen und Platten nach Osten im Anstieg überquert wird (Sicherungen). Am schrofigen Kamm südwärts ansteigend (Mark. rot) wird der steile, nordseitige Karkessel erreicht. Der Steig führt hinauf zum schuttbedeckten Felshang (im Frühsommer Firn), dort in Kehren zum Gipfelkamm und links zum Ostgipfel. (*Kammerer*)

Aussicht: Beherrscht von den gegenüber aufragenden Marmolada-Südwänden, in denen man von hier mit einem guten Fernglas jede Bewegung der dort agierenden Kletterer genau verfolgen kann. Im Osten in der Ferne die Civetta.

Abstieg nach Süden: Vom Sattel westlich des Gipfels am Geröllhang auf Steigspur südwestwärts hinab. Im flachen Moränenbereich des stark geschwundenen Vernalegletschers (Gletschersee links drüben am Eisrand) verliert sich die Spur, die verblaßte Markierung und einzelne Steinmännchen weisen nach Süden zur Hangterrasse am Sasso-Vernale-Westgrat (2620 m). Von der Abbruchkante der 50 m hohen Steilstufe führt der Abstieg über einen gut gesicherten, gestuften Kamin zum Wandfuß (Höhle). Weiter südwärts auf Steig zu einem Blockfeld und über ein Schneefeld. Dann im Bogen nach rechts. Im Bereich eines Grabens wird der Steig Mark. 607 erreicht (2480 m, Hinweispfeile auf einem Felsrücken). Nun nordwestwärts zu einem Graben, dann im Block- und Geröllfeld unter den Wänden zu den Weidehängen und im Hochwald absteigend zur Contrinalm und zum Schutzhaus (2.30 Std.). (*Kammerer*)

Nebengipfel: Der *Mittelgipfel (2983 m)* ist vom Steig aus rasch erreichbar, der *Westgipfel (2998 m)* dagegen nur mit richtiger Kletterei (II, brüchig und schuttig; zuerst südseitig unterhalb vom Grat, dann Rinne).

Sasso Vernale, 3058 m

Markante Felspyramide mit geneigten Flanken und einem dekorativen Eisfeld auf der Nordwestseite. Die erste Besteigung erfolgte 1878 durch G. und B. Bernard, C. Tomè und G. Merzbacher vom Gletscher aus über die Nordwestflanke. Der heute übliche Aufstieg über den Südgrat wurde erstmals 1888 durch L. Darmstädter und Gefährten begangen.

Schwierigkeiten: Verfallene Kriegssteiganlage mit Stellen I, die wegen Schuttauflage und einiger Luftigkeit Sorgfalt und Vorsicht erfordert.
Mühen: Gipfelaufstieg über den Südgrat vom *Rif. Contrin* 1040 mH (3.30 Std.), vom *Rif. O. Falier* 985 mH (3.20 Std.).
Gefahren: Umgang mit alpinem Gelände sollte geläufig sein.
Freuden: Nicht allzuviel Gedränge zu erwarten.

Karten, Skizze, Anreise, Hüttenzustieg: Siehe Marmolada di Penia.
Gipfelroute: Für den Aufstieg über den Südgrat gilt es zunächst, den Passo di Ombrettola (2864 m) zu erreichen:
Vom Rif. Contrin (2016 m) auf Fahrweg ostwärts an der Malga Contrin vorbei (Hinweis zum Passo delle Cirelle), nach dem Bachbett südostwärts durch die Wiese zu zwei weiteren Bachgräben und im noch bewaldeten Felsblockgelände auf Steig Mark. 607 ansteigend zu den Weidehängen (2100 m). Die Richtung beibehaltend, führt der Steig, im Blockfeld unter den Wänden ansteigend, zur Wegverzweigung auf einem Felsrücken im Bereich eines Grabens (2480 m, Pfeile mit Beschriftung am Boden). Nun links von Mark. 607 abzweigend auf Steigspuren im Moränen- und Felsblockgelände (Schneefelder, gute Markierung) nach Osten und im Bogen nach Norden zum Kar unter den Vernalewänden zum Einstieg der Ferrata Ombretta (2570 m, Höhle). Der Steig führt am steilen Schutthang unter den Wänden ansteigend nach Osten, quert dann am Geröllhang nach rechts zum flachen Kammrücken (Steinmännchen) und führt dort kurz nach Norden zum Passo di Ombrettola (850 mH, 2.40 Std.).
Vom *Rif. O. Falier* (2074 m) auf Steig Mark. 612 zum Taleinschnitt westlich der Hütte und südwärts queren zur Steilstufe am Gegenüberhang. Erst noch im Waldbereich, dann über Weidehänge ansteigen in das Hochtal Valle Ombrettola. In Kehren über Steilstufen, dann im Schutt- und Felsgelände am Ostfuß des Sasso Vernale entlang südwestwärts zum aufsteilenden Karkessel. Im steilen Schutt führen mehrere Steigspuren in Kehren zum Passo di Ombrettola hinauf (790 mH, 2.30 Std., im Frühsommer Firn).

Der *Anstieg über den Südgrat* beginnt im ostseitigen Kar, unterhalb der Paßhöhe (2850 m) am nördlichen Ende einer Schutterrasse (Kaverne, Kriegsreste). Der schotterige Steig führt in Kehren durch eine Rinne (zwei Eisenstäbe) zwischen Felszacken steil hinauf und rechts über ein Schichtband weiter zur Grathöhe. Die Trittspur verläuft dann am abschüssigen, felsigen Ostabhang. Nach einer Höhle mit Fenster (Terrasse, Kriegsreste) folgt man teils alten Sicherungen am Felshang. Die Spur führt wieder kurz zum Grat und folgt dann, ständig etwas ausgesetzt, dem Ostabhang bis zum Gipfel (210 mH, 0.50 Std.). (*Kammerer*)
Abstieg: Entlang der Aufstiegsroute.

Sasso di Valfredda, 3009 m

Als ausgesprochen brüchig verschrieener Gipfel, südlich vom Sasso Vernale. Wer seinen Dornröschenschlaf mal kurz stören möchte, sollte im Umgang mit mobilem Schutt und ähnlichen Schikanen wirklich erfahren sein. Ein technisch leichter (I), aber sicher nicht ganz problemloser Aufstieg wird vom Kar östlich des Passo di Ombrettola aus versprochen: Links vom Nordwest-

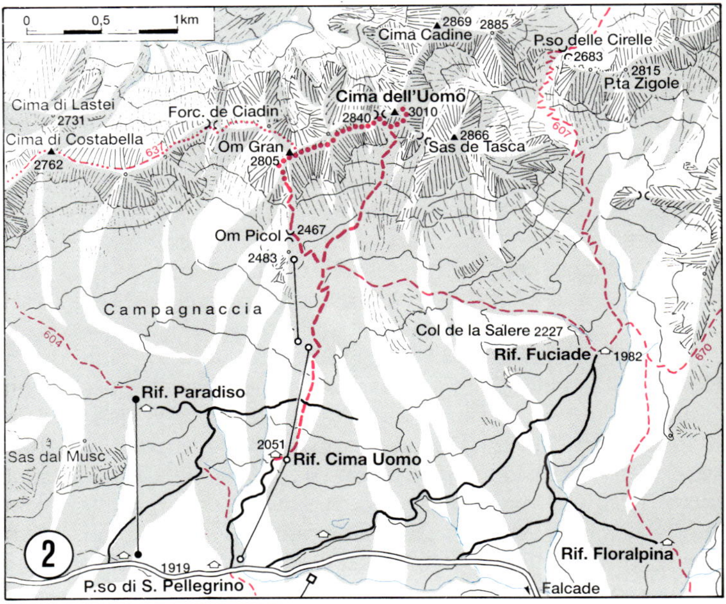

grat unter den Felsen querend und den langen, von Platten und meist auch Schnee durchsetzten Steilhang daneben schräg links hinauf in Richtung auf die Scharte östlich vom großen Gratturm. Von dort am Grat zum Gipfel.
Eine andere, brüchige, aber weniger oft durch Schnee verschärfte Aufstiegsmöglichkeit bietet die Südwestflanke, vom Kar südlich der Forcella del Bachet aus. (*Pellegrinon und Visentini*)

Cima dell'Uomo, 3010 m

Der südlichste hohe Felsklotz der östlichen Fassaner Berge, auch Ponta (oder Punta) de l'Om oder Zima de l'Om genannt, erhebt sich über dem weitläufigen Weidegebiet der Campagnaccia (Wintersportgebiet) nördlich des Passo di S. Pellegrino. Aus dessen profanem Ambiente muß man sich bei einer Bergtour erst mühsam entfernen.
Die erste Besteigung des Berges führten 1879 B. Bernard, S. Siorpaes, C. Tomè und G. Merzbacher über den Südgrat durch. Ein vor einigen Jahren angelegter Klettersteig ist wegen zu großer Gefährlichkeit inzwischen vernünftigerweise wieder demontiert worden. Im Kammbereich gibt es Steinböcke.
Schwierigkeiten: Einige Kletterei mit Stellen I, teils mit Drahtseil gesichert (nicht überall zuverlässig!), wenig abgenutztes Gelände mit Bruch und Schutt, im alpinen Gelände rot-weiß markiert.
Mühen: Vom Passo di S. Pellegrino 1090 mH (4 Std.). Der Normalweg zur Forc. dell'Uomo im steilen, langen Kar (Spur sichtbar) ist nicht so lohnend und anstrengender, wenn auch direkter verlaufend als der hier empfohlene, interessantere Bepi-Zac-Steig über den Om Gran.
Gefahren: Teils schuttiger Bruch, meist auch mit Firnrinnen gewürzt. Trittsicherheit und Vertrautheit im Umgang mit alpinem Gelände sind unabdingbare Voraussetzung. Die Drahtseile sind teilweise nicht über jeden Verdacht erhaben (1992).

Karten: Siehe Marmolada di Penia.
Skizze 2
Anreise: Von Westen (Brennerbahnlinie) vom Etschtal ins Fassatal oder von Osten vom Val Cordevole zum Passo di S. Pellegrino (1919 m, Bus in beiden Richtungen).
Die Benützung des Costabella-Sessellifts (Bergstation 2170 m, Sommerbetrieb 15.7.–15.9., Fahrten 8.30–17.50 Uhr, Tel. 0462-53016) verkürzt den Anstieg nur um gut ein halbe Stunde.

Zustieg: Vom Parkplatz nahe der Kapelle östlich der Paßhöhe (Talstation einer Liftanlage) folgt man der nach einigen hundert Metern mit Schranke gesperrten Asphaltstraße nach Norden bis zum Hotel Cima Uomo (2030 m, im Sommer geschlossen).
Man folgt von dort der anfangs steilen Liftbedienungstrasse, dann auch der mäßig ansteigenden Straße bis zur Bergstation (2230 m). Eine nicht markierte Steigspur führt am Ostabhang des Om Picol zum Bereich einer Skipiste, man folgt dieser weglos zum flach planierten Sattel hinter dem Grashügel des Om Picol (2467 m, Liftstation).
Gipfelroute: Hier beginnt der rot-weiß markierte Bepi-Zac-Steig (verwitterter Hinweis) und führt über den steilen Bergrücken hinauf. Nach einer Naturhöhle, einem schmalen Felsdurchgang und einem kleinen Sattel erreicht man den ersten Felsaufschwung (2650 m). Mit weißem Kunststoff verkleidete, aber teils rostige Drahtseile (Vorsicht) leiten links, westseitig der brüchigen Felsschichtung folgend, dann kurz über die Kante und wieder links ausweichend zur Kammhöhe des Om Gran (2810 m, auch Col Bel genannt, Sattel mit Wegverzweigung und Hinweisen).
Der Steig führt ostwärts unter den senkrechten, graugelben Wänden der Punta Ciadin teils gesichert an- und absteigend entlang. Am schlanken, schwertartigen Torre California vorbei gelangt man in längerer Querung zur Forc. dell'Uomo (2840 m, kleiner Unterstand aus Brettern, alte Drahtseile). Der Steig führt leicht abwärts (Hinweis Passo Cirelle), bis die markierten Spuren des Normalweges zum Kar hinabführen (2830 m, Abstiegsweg). Die Markierung führt dort ostwärts im Felsgelände steiler ansteigend, über Rinnen und Steilstufen zu einer Scharte im Südostgrat (2910 m, auf lockeres Drahtseil achten). Gut erkennbare, markierte Steigspuren führen am Nordostabhang über mäßig steiles Schrofengelände und viel Geröll ohne Sicherungen zum Gipfel. (*Kammerer*)
Aussicht: Im Norden der westliche Teil der Marmolada und des Gran Vernel, im Südosten die Pala.
Abstieg: Auf dem Anstiegsweg bis knapp unterhalb der Forc. dell'Uomo (2830 m), dort auf den rot markierten Spuren des Normalweges. Anfangs noch über Felsgrund, dann im feinen Geröll auf Rutschspuren hinab, rechts an einem Felskopf vorbei zum Auslauf des langen Kares (2380 m). Auf Steigspur südwestwärts durch ein Blockfeld (Murmeltiere), dann weglos durch Wiesenmulden, in Sichtverbindung hinab zu den Pistenstraßen und dort auf dem Anstiegsweg zum Ausgangspunkt (2.30 Std.).

Rosengarten

Diese Gruppe – sieht man von der westlich des Etschtales gelegene Brenta ab – liegt am westlichen Rand der Dolomiten. Über einem ausgedehnten Waldgebiet aufragend, bildet die Westflanke des Rosengartenmassivs die malerische Berglandschaft im Osten von Bozen: eine einmalig schöne, sehr eindrucksvolle Visitenkarte der Dolomitenwelt, an der europäischen Verkehrsader der Brennerlinie gelegen. Die zerklüftete Südostflanke prägt mit der nördlich anschließenden Langkofelgruppe das Bild der Westseite des ladinischen Fassatales.

Kesselkogel, 3002 m

Der höchste Berg der Rosengartengruppe. An Einprägsamkeit wird diese breit aufgebaute Felsmasse allerdings von der weiter südlich aufragenden Rosengartenspitze – und mehr noch von den ihr benachbarten Vajolettürmen – glatt übertroffen. Die erste Besteigung erfolgte 1878 durch J. Santner.

Schwierigkeiten: Der im steileren Fels gut gesicherte West-Klettersteig ist mäßig schwierig. Durch Steigspuren und Steinmännchen sowie Drahtseil kaum Orientierungsprobleme.
Mühen: Hüttenzustieg 650 mH (2.40 Std.), Gipfelaufstieg 400 mH (1.30 Std.).
Gefahren: Die an Klettersteigen üblichen wie Steinschlag, Gedränge usw., wegen der relativen Kürze des Anstieges gewöhnlich in milderer Form.
Freuden: Ein überschaubares Unternehmen für Freunde von Klettersteigen in relativ ruhiger Umgebung.

Karten 1:25 000: Tabacco 06 Val di Fassa, Mapgraphic 11 Rosengarten – Schlern.
Skizze 3
Anreise: Von Norden (Brennerbahnlinie) aus dem Eisacktal durch das Grödner Tal und über das Sellajoch, von Bozen durch das Eggental und über den Karerpaß oder von Süden aus dem Etschtal ins Fleims- und Fassatal (Bus auf allen Strecken) zur Ciampedie-Seilbahn in Vigo di Fassa (1400 m, Sommerbetrieb 10.6.–15.10., Fahrten 8.30–19 Uhr, Tel. 0462-63242).

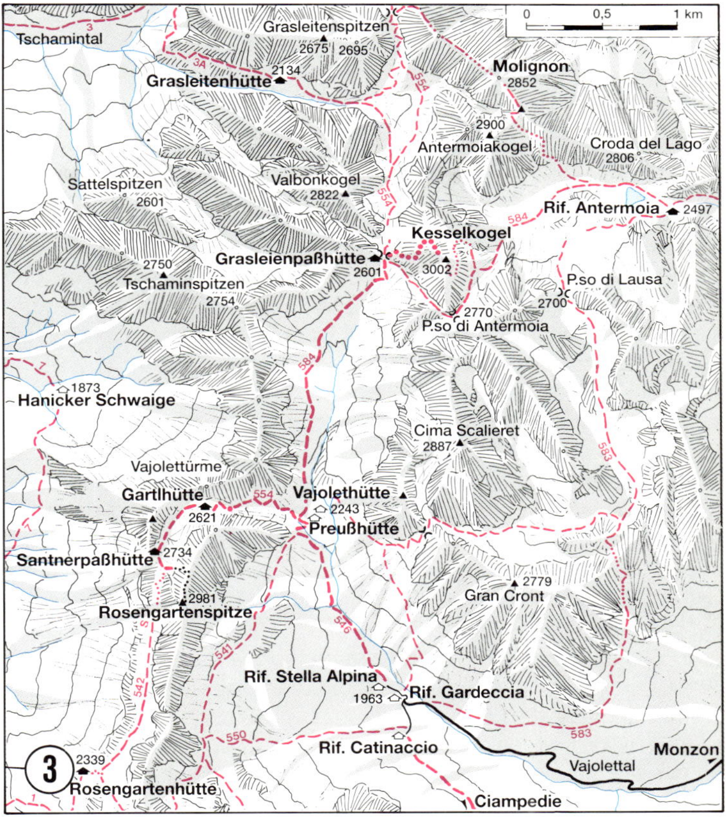

Hüttenzustieg: Von der Bergstation der Ciampedie-Seilbahn (2000 m) auf meist ebenem Fahrweg nach Norden zum *Rif. Gardeccia* (1963 m, Gasthof, mehrere Betriebe). Hierher auch zu Fuß (630 mH, 1.45 Std.) über Monzon, vom Parkplatz an der Talstraße (1335 m). Weiter auf Fahrweg Mark. 546 über die Steilstufe zum *Rif. Vajolet* (2243 m, CAI/SAT Trento, bewirt. 20.6. bis 20.9., 100 Schlafpl. Tel. 0462-63292). Nun auf Fußweg Mark. 584 in nördlicher Richtung durch das Tal hinauf zum *Rif. Passo Principe* am Grasleitenpaß (2601 m, privat bewirt. vom 25.6. bis 30.9., 14 Schlafpl., Tel. 0462-64244).

Gipfelroute: Der Klettersteig führt über die Westflanke. – Vom Grasleitenpaß (Hinweise) zum Einstieg gegenüber der Hütte. Über ein schräges Band (Drahtseile) nach links, dann nach rechts hinauf zu einer Rinne und über die folgende Felsterrasse zur Scharte im Wandvorbau. Nach kurzem Abstieg zur Westflanke des Gipfelaufbaus queren. (Man erreicht hier das markante Santnerband, das von rechts unten nach links oben rampenartig emporführt, Stellen I, einst Normalweg.) Weiter über Schrofen links ansteigen (Drahtseile) zu einem flachen Sattel. Am Nordwesthang über Schuttbänder nach links, dann über Schrofen rechts hinauf zum Gipfelkamm und zum Gipfel. (*Kammerer*)

Aussicht: Der höchste Gipfel der näheren Umgebung, jedoch von den markanten Berggestalten distanziert bzw. nur mit dem Anblick weniger aufregender Ansichten bedacht. Im Norden Grasleitenspitzen und Molignon, dahinter Schlern und Seiser Alm sowie die Westabdachung des Plattkofels, im Osten Gran Vernel und Marmolada, im Südosten die Pala, im Südwesten die Rosengartenspitze und ihre Trabanten.

Abstieg: Auf dem Anstiegsweg oder über die gesicherte Ostroute und Rückweg mit kurzem Gegenanstieg zum Passo di Antermoia. Von dort zurück in das Vajolettal und zum Ausgangspunkt (3 Std.).

Rosengartenspitze, 2981m

Der höchste Gipfel in dem zentral gelegenen Ensemble markanter Berggestalten, das diese Berggruppe berühmt gemacht hat. Erstersteigung 1874 durch Fr. Devouassoud mit C. C. Tucker und T. H. Carson. Die 600 Meter hohe Ostwand wurde erstmals 1896 von A. Dimai, L. Rizzi, A. G. S. Raynor und J. S. Philimore durchstiegen, 1909 dann von den Brüdern H. und K. Kiene auf einer Diagonalroute, aber erst 1929 auf der ideal direkten Linie von H. Steger und P. Wiesinger, F. Masè-Dari und S. Lechner.

Schwierigkeiten: Luftige, unübersehbar häufig begangene und entsprechend verschlissene Kletterei mit mehreren Stellen III, meist II. Die Politur macht das Sichverlaufen schwierig, gelegentlich aber auch das Sichfesthalten und das Sicherstehen. Einbetonierte Abseilhaken.

Mühen: Gipfelaufstieg 1040 mH, davon 185 mH Kletterei (4.30 Std.). Am Zustieg mehrere Hütten.

Gefahren: Vor allem solche, die sich aus der beängstigenden Beliebtheit des Gebietes ergeben.

Freuden: Eine hübsche Kletterroute von relativ geringer Schwierigkeit, mit großartigen Nahblicken.

Karten, Skizze, Anreise: Siehe Kesselkogel.
Hüttenzustieg: Von der Ciampedie-Seilbahn-Bergstation (2000 m) auf meist ebenem Fahrweg nach Norden zum *Rif. Gardeccia* (1963 m, Gasthof, mehrere Betriebe). Hierher auch zu Fuß (630 mH, 1.45 Std.) über Monzon, vom Parkplatz an der Talstraße (1335 m). Weiter auf Fahrweg Mark. 546 über die Steilstufe zum *Rif. Vajolet* (2243 m, CAI/SAT Trento, bewirt. vom 20.6. bis 20.9., 100 Schlafpl., Tel. 0462-63292). Im Hüttenbereich vom breiten Weg links abzweigen (Hinweise). Westwärts den meist dicht bevölkerten Steig Mark. 542/S, unter den berühmten Vajolettürmen vorbei, hinauf ins Gartlkar zur *Gartlhütte* (*Rifugio Re Alberto*, 2621 m, privat bewirt. vom 20.6. bis 30.9., 45 Schlafpl., Tel. 0462-63221), und schließlich zur kleinen *Santnerpaßhütte* (2734 m, privat bewirt. vom 20.6. bis 30.9., 8 Schlafpl., Tel. 0471-642230); großartiger Blick auf die Vajolettürme (von Ciampedie 770 mH, 3 Std.). Diese Hütte ist auch über den Santnerpaß-Klettersteig von der *Rosengartenhütte* an der Bergstation der Aufstiegsanlage Welschnofen–Rosengartenhütte erreichbar.
Gipfelroute: Der Normalweg führt vom Santnerpaß über die Westwand und den Nordgrat. – Von der Hütte über den Geröllhang auf Steigspuren zum Einstieg am Fuß der Westwand des Gipfelaufbaus, etwas links vom höchsten Schuttkegel (manchmal harter Firnhang). Über leicht überhängenden Fels (Schlüsselstelle, kann auch im engen Durchschlupf dahinter überwunden werden) und den folgenden kurzen, abgeschliffenen Kamin zur schluchtartigen Erweiterung. An der linken Wand über steilen, gut gestuften, abgegriffenen Fels linkshaltend ausgesetzt hinauf, im oberen Teil wieder nach rechts (einige Sicherungshaken) zurück zur Schlucht queren und kurz steil zur Scharte am Nordgrat. Weiter über die schrofigen und plattigen Felsbuckel des Nordgrates, teils in der mäßig geneigten Nordostflanke. Nach einem kleingriffigen, etwas brüchigen Plattenabbruch (Kettenringe zur Sicherung) in leichter Kletterei zum Gipfel (vom Santnerpaß 250 mH, 1.30 Std.). (*Kammerer*)
Aussicht: Wilde Dolomitenszenerie: im Süden Mugonispitzen, dahinter die Rotwand, im Südosten in der Ferne die Pala, im Osten die Marmoladagruppe.
Abstieg: Auf dem Anstiegsweg. Mehrere Stellen mit zementierten Abseilringhaken, kann aber auch abgeklettert werden.

Andere lohnende Routen: *Ostwand, Kieneroute* (IV– und III, 500 mH), *Ostwand Stegerroute* (VI–, 600 mH).

Die nördliche Rosengartengruppe von Nordwesten – in Bildmitte der Kesselkogel. Im Vordergrund die Grasleitenschlucht, links oben das Val Duron, rechts das Vajolettal.

Langkofel

Die rings von grünen Almhängen umgebene Langkofelgruppe ist eine relativ kleine, aber von allen Seiten imposante Dolomitengruppe. Der gewaltige, von Nordwest nach Südost gestreckte Langkofel über dem Sellajoch, die Türme der kleineren Fünffingerspitze, die zum Fassatal massiv vorspringende Grohmannspitze sowie die Zacken von Innerkoflerturm und Zahnkofel und der im Westen breit gelagerte Plattkofel bilden zusammen die Form eines nach Nordwesten offenen Hufeisens.

Langkofel, 3181 m

Einer der markantesten Felsriesen der Dolomiten (ital. Sassolungo) mit Tausendmeterkanten und Eisschluchten und einer der drei größten geschlossenen Wandfluchten in diesem Teil der Alpen. Zusammen mit den im Halbrund anschließenden Gipfeln ergibt das ein ganz besonders gelungenes Ensemble eindrucksvoller Dreitausender. Die beachtlichen Dimensionen und der ausgesprochen alpine Charakter dieser Gemäuer reduziert die Besucherzahlen auf diesem imposanten Thron.
Die erste Besteigung des Langkofels erfolgte am 13. August 1869 durch P. Grohmann mit den Führern F. Innerkofler und P. Salcher über die Südwestseite, im oberen Teil auf dem heutigen Normalweg. Die gewaltige Nordostwand wurde 1895 von A. Lorenz und E. Wagner erstmals durchstiegen, die Eisrinne der Nordwand 1896 durch S. und M. Innerkofler mit W. Wildt, der schwierige Pfeiler zum Westturm 1911 durch A. Dibona und L. Rizzi mit M. und G. Mayer, die lange Nordkante 1918 durch E. Pichl und R. Walzer und die düstere, klassisch-extreme direkte Nordwand 1936 durch G. Soldà und F. Bertoldi.

Schwierigkeiten: Einer der schwierigsten Normalanstiege auf einen Dolomiten-Dreitausender. Mehrere Stellen III und lange, ausgesetzte Strecken anhaltend II. Die Route ist lang und verwickelt und mit Ausnahme einer kurzen Drahtseilpassage frei von Steighilfen. Zügiges, sicheres Klettern in dieser Schwierigkeit ist angesichts der Länge der Route unerläßlich. Der Anstieg führt obendrein zumindest in einer langen Rinne ganzjährig über Firn oder Eis, so daß für den Aufstieg Eispickel und oft auch

Steigeisen nötig sind. Die Orientierung kann trotz der Begehungsspuren bei Nebel richtig spannend werden. Die im Abstieg nötigen Abseilstellen sind mit gebohrten Haken versehen.
Mühen: Hüttenzustieg 500 mH (1.30 Std.) oder Gondelbahn. Gipfelaufstieg 680 mH, Kletterstrecke ca. 1200 m (3–5 Std.).
Gefahren: Alles, was an solch einem alpinen Berg passieren kann, von Steinschlag und Verhauern bis zu Ausrutschen auf Firn oder Eis, und natürlich sollte man sich hier nicht von Schlechtwetter erwischen lassen. Umfassende alpine Erfahrung, guter Trainingszustand und Ausdauer nötig.
Freuden: Das erhebende Gefühl, den Scheitel dieses wilden Riesens unter die Füße gebracht und ihn wirklich erklettert zu haben. Der Fels ist angenehm fest.

Karten 1:25 000: Tabacco 05 Gröden-Seiseralm und 06 Val di Fassa, Mapgraphic 22 Grödner Tal–Sella und 25 Fassatal–Canazei.
Skizze 4
Anreise: Von Klausen oder Waidbruck (Bahn) im Eisacktal ins Grödner Tal nach Wolkenstein und hinauf (Bus) zum *Sellajochhaus* (2180 m, CAI Bozen, Tel. 0471-795136), Talstation des Gondellifts zur Langkofelscharte (2685 m, in Betrieb vom 1.7. bis 10.10., Fahrten von 8.15 bis 17.30 Uhr, Tel. 0471-795175).
Hüttenzustieg: Vom *Sellajochhaus* unter und etwas südlich der Gondelbahn auf dem Steig Mark. 525 im steilen Kar in Kehren zur *Toni-Demetz-Hütte* (2685 m, privat bewirt. vom 1.7. bis 30.9., 28 Schlafpl., Tel. 0471-795050), Langkofelscharte, Gondellift-Bergstation.
Gipfelroute: Der heute übliche Normalweg über das Fassaner Band führt von unterhalb der Langkofelscharte über ein Bändersystem in das Kar des Langkofelfirns und von dort über Schluchten und Rinnen der Südwestseite zum Gipfel.
Von der Toni-Demetz-Hütte auf Steig Mark. 525 westlich etwa 15 Min. absteigen und dann rechts auf Steigspuren zum Fels. Einstieg.
Meist über Firn zum Beginn des markanten Fassaner Bandes (Steigspuren). Auf diesem häufig unter Wasserfall hindurch und einige seichte Rinnen queren. Dann durch eine schluchtartige Rinne und mit kurzem Abstieg bis vor einen markanten Kamin. Hier links um die Ecke, um einen Zacken herum und an abgegrabbelter, glatter Rampe unter einem markanten gelben Fleck vorbei zu einer Nische hinter einer wenig ausgeprägten Kante.

Nun schräg links, steil und luftig, aber gutgriffig, der Politur folgend, mit mehreren Möglichkeiten (II oder III) hinauf in geneigtes Gelände und zur Fortsetzung des Bandes. Auf diesem nach links weiter bis vor die markante Venusnadel. Hier nach rechts etwa 30 m hinaufsteigen zu einer Scharte, hinter der ein Drahtseil beginnt. Diesem folgend ausgesetzt um eine Kante und durch eine Rinne queren. Danach wieder luftig kletternd, der Politur und einigen Steinmännchen nach (III– und II), insgesamt schräg links ansteigend und erst zuletzt wieder querend, in das große Kar des Langkofelfirns (1.30 Std. vom Einstieg).
Im Grunde des Kares den Firn queren und dann ansteigen zu einer markanten Schluchtrinne (»Eisrinne«; Schnee, später im Jahr auch Blankeis). Darin hinauf (hier freut man sich über den

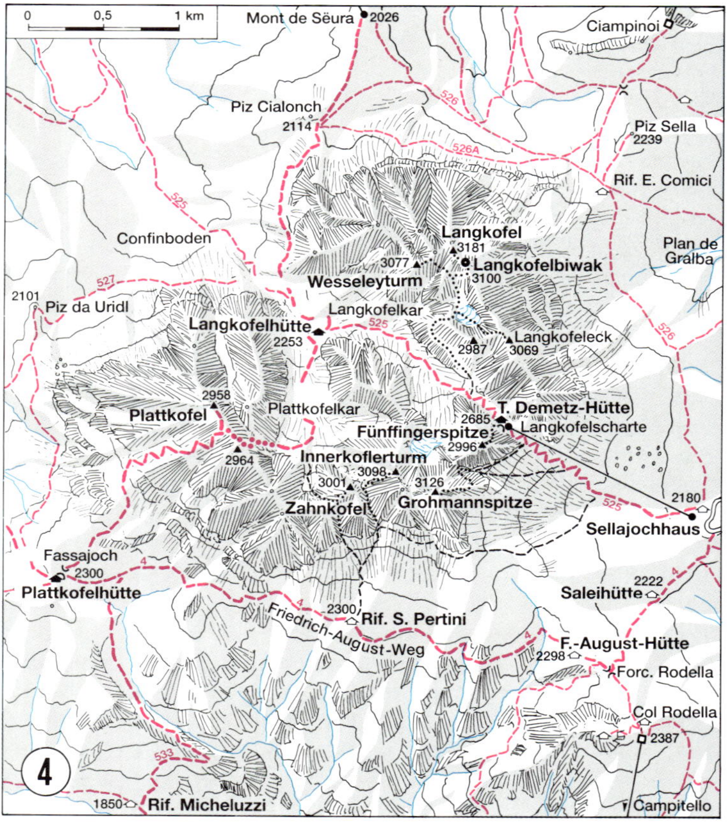

Nachmittagssonne am Langkofel-Normalweg, ausgesetzte Passage im Bereich des Fassaner Bandes.

Eispickel und eventuell auch über Steigeisen; an der rechten Schluchtwand gebohrte Ringhaken für Standsicherung und zum Abseilen), oben bei Gabelung der Schlucht links weiter zur markanten Scharte. Jenseits leicht hinab in ein kleineres Kar (»Amphitheater«; hierher auch auf dem alten Normalweg der Erstbesteiger, dem »Felsenweg«, auf der orographisch rechten, westlichen Seite der vom Kar herabziehenden Wandeinbuch-

tung in komplizierter Linienführung und durch die »Grohmannschlucht«; selten begangen, deshalb weniger abgeklettert und auch wegen der spärlicheren Begehungsspuren leichter zu verfehlen).
Das Kar am oberen Rand des Schuttes queren bis unter eine Wandeinbuchtung. Etwas links vom Grunde der Einbuchtung über Wandl in ein schräg nach rechts emporführendes Rinnensystem unterhalb von gelben Wänden. In der Rinne (»Führerrinne«; Stelle III– und anhaltend II) und über steile Wandstellen etwa 100 m hinauf zur »Fensterscharte«, links von einem markanten Felsturm. Von hier im Zickzack hinauf (II und I) zur Biwakschachtel (an der »Biwakscharte«, 3100 m; für Notfälle Funkgerät zur Bergwacht; 1.30 Std. vom großen Kar).
Aus der Scharte links hinter der Biwakschachtel an einem rötlichen Turm einige Meter ansteigen und dann oberhalb einer Rinne mit Rechts-Links-Schleife (III, Schlüsselstelle) luftig hinauf. Am Grat über einige Zacken (II) zu einem Kruzifix und später vom südlichen Vorgipfel rechts hinab in kleine Scharte. Danach einen kleineren Buckel links (W) umgehen und nach einer weiteren Scharte rasch hinauf zum Gipfel (30 Min. von der Biwakschachtel). (*Goedeke*)

Aussicht: Wilde Tiefblicke auf die in Gratrippen und Türmchen aufgelösten Felsflanken des Berges und auf die nahen anderen Felsgipfel der Gruppe. Im Osten die Sella, im Südosten die Marmolada und in der Ferne die Pala, im Südwesten der Rosengarten und der Schlern. Im Norden und Westen als irrer Kontrast zu den nahen Felswüsten grüne Matten und Zirbenwälder.

Abstieg: Abklettern über die beiden Scharten und dann links (O) am Kruzifix vorbei zum vordersten Turm des insgesamt fast horizontalen Grates. Dort von Haken 20 m abseilen zur Biwakschachtel.
Direkt nach Süden hinab in die Scharte vor dem markanten Pyramidenturm. Von hier rechts steil abklettern und in der »Führerrinne« zum »Amphitheater«. Aus diesem links (O) etwas ansteigend queren in eine lehmige Scharte. Aus dieser jenseits etwa 20 m absteigen und dann 4–5mal abseilend (Ringhaken) hinab ins Große Langkofelkar. Etwas höher als die Karschwelle den Steinmännchen und Steigspuren folgend, zuerst etwas ansteigen, dann queren und abklettern und zuletzt an den Drahtseilen zur Scharte über dem Fassaner Band.
Zu dem zuerst ausgeprägten Band hinab und ihm folgen bis zu einem die Trittspur sperrenden Mäuerchen. Hier unbedingt

rechts hinab und der Politur folgend linkshaltend steil und eindrucksvoll luftig etwa 40 m abklettern (oder von Zacken abseilen). Auf glatter Rampe schräg links zur Fortsetzung des Bandes. Den deutlichen Spuren folgend weiter ins Kar. (Goedeke)

Nebengipfel: Der *Rote Turm (3160 m)* und der *südliche Vorgipfel (ca. 3160 m)* werden auf dem Normalweg überklettert. Der gleichfalls wenig selbständige *Westturm (3162 m)* ist vom Gipfel über den Grat nach Südwesten absteigend rasch zu erreichen. Der *Nordturm (3130 m)* steht im oberen Teil der Nordkante, der *Ostturm (3120 m)* im oberen Teil des Nordostpfeilers. Die östlich der Biwakschachtel im langen Verbindungsgrat zum Langkofeleck befindlichen Grattürme *Apokalypsenturm (3158 m)*, *Mittelturm (3135 m)* und *Doppelturm (3082 m)* sind über den Grat zu besteigen (teilweise III, der Doppelturm am besten vom breiten Sattel vor dem Langkofeleck). Der *Pyramidenturm (ca. 3050 m)* unterhalb der Biwakschachtel dürfte konzentrierte Kletterei verlangen (ca. IV).
Andere lohnende Routen: *Nordkante* (1000 mH, IV), *Nordostpfeiler* (1000 mH; IV), *Direkte Nordwand* (1000 mH, VI/A1).

Wesseleyturm, 3077 m

Dieser südlich abgespaltene Turm wird durch eine 70 Meter tiefe Scharte und markante Eisrinnen vom Felskörper des Langkofels abgetrennt (ital. Gran Campanile del Sassolungo – nach Tabacco-Karte P. 3096).
Die erste Ersteigung erfolgte wahrscheinlich 1888 durch T. Borel und Kellerbauer über die Westschlucht. Die heute übliche Route vom Normalweg auf den Langkofel her eröffneten 1908 die Zweitbesteiger J. Fiedler und W. Pauli.

Schwierigkeiten: Im Fels bis II, dazu Firn- oder Eisrinne je nach Verhältnissen.
Mühen: Vom Langkofel-Normalweg her 200 mH zusätzlich.
Gefahren: Firn oder Eis und sehr selten begangenes, schuttiges Gelände.
Freuden: Ein Gipfel, der nur sehr selten Besuch erhält.

Karten, Skizze, Anreise, Hüttenzustieg: Siehe Langkofel.
Gipfelroute: Wie beim Langkofel-Normalweg zum »Amphitheater«. Nun in nordwestlicher Richtung die Eisschlucht hinauf zur

Die Langkofelgruppe von Norden: links der Langkofel mit dem Hauptgipfel und dem Langkofeleck, in der Mitte Fünffinger-, Grohmannspitze und Innerkoflerturm, rechts Zahnkofel und Plattkofel-Gipfelkamm.

Scharte und über brüchige Rinnen zum Gipfel. (*Nach Rabanser*)
Aussicht: Durch die erdrückende Nähe der höheren Nachbarn beengt, aber eindrucksvolle Umgebung.
Abstieg: Auf dem Anstiegsweg.

Langkofeleck, 3069 m

Der massige südöstliche Eckpunkt des gewaltigen Langkofelstockes steht dem Hauptgipfel an Majestät kaum nach. Die zum Sellajoch hin abbrechenden gelben Wände stehlen ihm von dieser Seite sogar die Schau (ital. Spallone del Sassolungo).
Die erste Besteigung erfolgte 1896 durch L. Purtscheller auf dem heutigen Normalweg. Die erste Begehung der Südostwand über die Rampenführe gelang 1907 H. Delago, R. Schietzold und A. Schmid. Die hohe Ostwand fiel 1909 an G. Haupt und K. Lömpel.

Schwierigkeiten: Bei optimaler Orientierung am Fassaner Band II, sonst überwiegend I und Gehgelände, teilweise über Firn oder Eis. Selten begangene Route mit einigen Steinmännchen gekennzeichnet, jedoch fast ohne Begehungsspuren.
Mühen: Gipfelaufstieg ab Langkofelscharte 500 mH (3 Std.).
Gefahren: Was es an einem ursprünglichen Berg so alles an Gefahren gibt. Der Fels ist kaum abgeklettert und könnte auch hier und da fester sein. Wenn der Langkofelgletscher ganz aper ist, wird an seinem oberen Ende möglicherweise der Eispickel erforderlich.
Freuden: Die ein ursprünglich gebliebener Berg bieten kann.

Karten, Skizze, Anreise, Hüttenzustieg: Siehe Langkofel.
Gipfelroute: Vom oberen Ende des Langkofelgletschers an Gratsporn zum Hauptgrat und dann südlich zum Gipfel.
Wie beim Langkofel-Normalweg über das Fassaner Band bis ins große Kar des Langkofelgletschers. Nun das Kar ganz hinauf und durch eine Rinne zur Scharte zwischen der Venusnadel (rechts, südl.) und dem Langkofeleck. Aus der Scharte zuerst etwas linkshaltend, dann geradeaus in Rinnen hinauf zu einem gestuften Grat. Auf diesem bis zu Schutterrasse. Auf dieser nach rechts (O) queren und zum Sattel zwischen Doppelturm und Langkofeleck. Über Schutt und Trümmerstufen hinauf zum Vorgipfel und auf dem lehmigen Rücken weiter zum höchsten Punkt. (*Goedeke*)

Aussicht: Der vom Langkofel aus ebenbürtig; besonders umfassend nach Osten zur Sella hin und zu den südlichen Trabanten des Massivs.
Abstieg: Auf der Aufstiegsroute. Abseilen ist nicht nötig.
Nebengipfel: Der *nördliche Vorgipfel (3051m)* wird beim Aufstieg überschritten. Der *südliche Vorgipfel (3054 m)* ist vom Hauptgipfel aus rasch über Gehgelände erreichbar. Der zwischen zwei Eisschluchten aufragende *Schulterturm (2996 m)* ist nur in komplizierter Kletterei zu besteigen. Der südlich vom Langkofelgletscher aufragende mehrgipflige Grat der *Venusnadel* (2987 m, in der Tabacco-Karte wenig überzeugend als P. 3018 verzeichnet) ist von der Scharte oberhalb des Gletschers über den Grat leicht (I) zu ersteigen.

Fünffingerspitze, 2996 m

Der wild zerhackte Zackengrat (ital. Cinquedita) zwischen Langkofeleck und Grohmannspitze hat weniger Masse und Höhe, besticht jedoch durch die Eleganz seiner spitzen Felstürme. Als hütten- und seilbahnnaher Kletterberg liegt er heute stärker im Trend und wird häufiger bestiegen als seine größeren Nachbarn.
Die erste Besteigung erfolgte nach mehreren Versuchen diverser Seilschaften 1890 durch den Führer J. Santner mit R. H. Schmitt über den »Schmittkamin« der Südseite. Der heutige Normalweg wurde erst später nach und nach ausgetüftelt. Die großartige klassische Route über den »Diagonalriß« der Südwand gelang 1912 K. Kiene und G. Haupt.

Schwierigkeiten: Luftige, präparierte Kletterroute an steilem Fels, mit Stellen III und längeren Strecken II. Das Routenfinden wird durch deutliche Begehungsspuren und Politur erleichtert, Standsicherung und Abseilen durch solide betonierte Haken von Streß befreit. Der Fels bietet auch öfters Gelegenheit für zusätzliche Keile oder Schlingen.
Mühen: Hüttenzustieg 500 mH (1.30 Std.) oder Seilbahnticket. Von der Bergstation der Gondelbahn 20 mH Zustieg. Kletterei 300 mH, Kletterstrecke etwa 400 m (2 Std.). Unterwegs gelegentlich Stau, besonders bei Gegenverkehr.
Gefahren: Am ehesten durch Steinschlag durch andere Seilschaften. Ansonsten für Seilschaften, die der Route gewachsen sind, bei gutem Wetter so sicher, wie Kletterrouten im Hochgebirge nur sein können. In der Einstiegswand gibt es oft kalte Finger.

Freuden: Luftige Genußkletterei an prächtigem Fels.
Karten, Skizze, Anreise, Hüttenzustieg: Siehe Langkofel.
Gipfelroute: Aus der Langkofelscharte oberhalb der *Toni-Demetz-Hütte* über Wand zu geneigtem Gelände. Südseitig am Sockel des Daumens schräg links zur Scharte westlich vom Daumen. Aus dieser über die Wand zum Gipfel. –
Oberhalb der Hütte auf gestuftem Vorbau bis unter Kaminrinne. In dieser 20 m empor zu Stand bei betoniertem Haken. Nun schräg rechts über Band zu Schärtchen (hierher auch von weiter rechts durch schräg links heraufführenden Riß). Danach linkshaltend über Wand 20 m (III) zu Stand bei Nische (H). Linkshaltend 20 m zu Stand an betoniertem Haken. Links auf Bändchen zur Kante queren und hinauf in das geneigte Gelände des »Daumenballens«. Etwa 100 m schräg links gestuft (I) und über geneigte Platten (II und III–) zu Stand bei betoniertem Ringhaken auf der Kante am oberen Ende der geneigten Platte unter Überhängen. Schräg links an poliertem Riß (III) in die Schlucht und in Rinne hinauf zur »Daumenscharte«. Dort an der westseitigen Wand an griffigem Fels 80 m steil, zuerst etwas links, später gerade hinauf (betonierte Stand- und Abseilhaken) und dann links (2 H) an die Kante (H) queren. Schräg links griffig aufwärts (II) zur »Zeigefingerscharte«, oberhalb des »Schmittkamins«. Von hier in Kamin direkt (III+) – oder auch mit Schleife über ein Felsfenster in der Nordseite (III) – zum Gipfel. (*Goedeke*)
Aussicht: Grandios, sowohl zum Langkofel als auch zur Sella und Marmolada sowie auf Grohmannspitze und Plattkofel.
Abstieg: Durch Abseilen über die Aufstiegsroute. Ein 40-Meter-Seil reicht, längeres besser, Doppelseil angenehm.

Nebengipfel: Der *Daumen (2953 m)* ist sehr markant, der *Zeigefinger (2980 m)* nur wenig ausgeprägt, der *Ringfinger (2953 m)* ebenso deutlich wie der *Kleine Finger (2943 m)*.
Andere lohnende Routen: *Daumen Nordkante* (150 m, IV– und III), *Überschreitung West–Ost* (IV und III), *Südwand, Schmittkamin* (IV+ und IV; 400 mH), *Südwand, Diagonalriß* (V–, 400 mH).

Grohmannspitze, 3126 m

Die wuchtigste Felsgestalt in der Reihe der Trabanten des Langkofels und nordseitig ebenso wie jener mit Eisschluchten bewehrt. Die große Länge auch der leichtesten Route und der

alpine Charakter des Geländes beschränken die Besteigungen. Der Name des Berges wurde bereits vor seiner ersten Besteigung zu Ehren des Dolomitenpioniers geprägt (der ital. Name Sasso Levante beruht nicht auf lokaler Tradition, er wurde unter Mussolini willkürlich erfunden, vor Ort ist aber auch die Bezeichnung Punta Grohmann geläufig).
Die erste Besteigung erfolgte 1880 über die Westwand durch den berühmten Sextener Dolomitenführer M. Innerkofler im Alleingang. Der heutige Normalweg wurde erst 1895 durch die Brüder J. und E. Enzensperger und L. von Chelminski eröffnet. Die elegante Route über die Südwand und Südkante fanden 1908 A. Dimai und J. Summer mit den ungarischen Baronessen Rolanda und Ilona von Eötvös, die erste über die Südwestwand 1911 A. Dibona und L. Rizzi mit den Brüdern Mayer, eine direkte Südroute 1936 H. Harrer und K. Wallenfels.

Schwierigkeiten: Reine Kletterroute. Eine Kaminpassage IV– und 7 luftige Seillängen III, dazu eine Menge II und I. Das Routenfinden ist durch eine rote Markierung überflüssigerweise versimpelt, was jedoch nicht über den alpinen Charakter der Kletterei hinwegtäuschen sollte.
Mühen: Zustieg vom Sellajoch 650 mH (1.30 Std.) oder von der Langkofelscharte 250 mH (1 Std.), Gipfelroute 350 mH, Kletterstrecke ca. 500 m (3 Std.).
Gefahren: Es ist zwar eine Abseilpiste mit betonierten Haken über den Normalweg eingerichtet, jedoch machen Länge und teilweise schrofiges, schuttiges Gelände den Aufstieg zu einem ernsten alpinen Unternehmen. Manche Stellen können bei ungünstigem Wetter rasch vereisen. Im Zustieg und im unteren Teil der Route meist Firn oder Eis, deshalb dort festes Schuhwerk nötig.
Freuden: Nur wer den vielfältigen Anforderungen des nicht überall abgekletterten Geländes gewachsen ist, kann die luftige Kletterei am griffigen Fels des Gipfelaufbaus richtig genießen.

Karten, Skizze, Anreise: Siehe Langkofel.
Zustieg: Am schönsten vom Sellajoch im Grunde der Wiesenmulde bis unter die Südostwand der Grohmannspitze. Dort auf Steigspuren rechts über die Halden ansteigen und in der oben meist mit Firn gefüllten Rinne hinauf zur Fünffingerscharte (1.30 Std.). Weniger stimmungsvoll und teuer (Seilbahn!), aber etwas kürzer von der Langkofelscharte: Östlich auf dem Steig

absteigen und rechts unter den Südwänden der Fünffingerspitze über Lockerschutt schräg aufwärts zur Fünffingerscharte.

Gipfelroute: Von der Scharte zunächst über geneigten Sockel und dann am Südostgrat des Gipfelaufbaus zum Gipfel. – Etwas nordseitig beginnen und dann linkshaltend über griffige Steilschrofen (II und I) etwa 150 mH hinauf bis unter die gelben Wände. Unter diesen nach links queren (Firn und Bruch) zu einer kleinen Scharte. Aus dieser schräg links in Kaminrinne (III) zu Stand oberhalb des Blocks (H) in der Scharte neben dem markanten gelben »Südturm«. Rechts in engem Kamin (IV–) 15 m zu Stand. In Spreizkamin (II) zu Scharte und links an luftiger Kante (III–) zu Stand an Zacken. Rechts über luftige Scharte und Kante 30 m hinauf bis vor Überhang (II). Mit Rechtsschleife weiter (III) und an gestufter Kante nach 40 m zu Stand. Gestuft (I) zum Gipfel des 3. Gratturms. Jenseits abklettern (II) und über steiles Wandl (III+) auf den 4. Gratturm. Über weitere Scharte und dann weniger schwierig (II, meist I) am gestuften Grat zum Gipfelplateau. (*Goedeke*)

Aussicht: Grandios sowohl in den Nahblicken zu den Nachbargipfeln, vor allem zur Fünffingerspitze und zum gegenüber majestätisch emporragenden Langkofel, als auch in den Fernblicken zur Sella (O) und zur Marmolada (SO).

Abstieg: Abklettern in der Aufstiegsroute. Die steilen Seillängen werden abgeseilt (ein 40-Meter-Seil reicht, 50 m besser).

Nebengipfel: Die durchaus deutlichen Südostgratgipfel *4. Turm (3121 m), 3. Turm (3103 m)* und der unauffällige *2. Turm (ca. 3040 m)* werden beim Aufstieg überklettert, der etwas deutlichere *1. Turm (ca. 3020 m)* nahe passiert. Die schlanke gelbe Felsnadel des *Südturms (ca. 3000 m)* sieht dagegen verdammt selten bestiegen aus.

Andere lohnende Routen: *Südwand, Dimairoute* (550 m, IV), *Südwestwand Dibonaroute* (550 mH, IV), *Direkte Südwand Harrer/Wallenfels* (600 mH, V+ und V).

Innerkoflerturm, 3098 m

Niedrigerer Nachbar der Grohmannspitze, mit geschlossener schroffer Südwand und ähnlich zerrissener, von Eisrinnen durchzogener Nordseite (im ital. Führer als Punta Pian de Sass bezeichnet). Inzwischen hat sich jedoch auch im Italienischen die Benennung nach dem Erstbesteiger M. Innerkofler durchgesetzt, der 1880 den Gipfel über die Ostseite erreichte. Der heutige Normalweg wurde 1888 durch den Bergführer L. Bernard eröffnet.

Schwierigkeiten: Sehr ursprüngliche, luftige Kletterei, noch wenig abgeklettert. Im Fels eine Passage III, sonst II und I. Außerdem eine steile, in der Schwierigkeit stark von den Verhältnissen abhängige und meist heikle Eis- oder Firnrinne. Die Orientierung wird durch Steinmännchen erleichtert, ist jedoch bei Nebel besonders im Abstieg nicht einfach.
Mühen: Zustieg vom Sellajoch zur Zahnscharte 600 mH (2.30 Std.), zuletzt in Lockerschutt oder über Firn. Kletterei 300 mH.
Gefahren: Bei Ausrüstungsmängeln kann die Eisrinne sehr tückisch werden, deshalb Steigeisen, Eispickel, Handschuhe und Helm unbedingt nötig. Die an den Wänden der Rinne steckenden, rostigen Haken sind als alleinige Sicherung mangelhaft. Steinschlaggefahr. Für den Abstieg ist die Beherrschung des Abseilens zwingend nötig. Vorgefundene Verankerungen und Schlingen sorgfältig prüfen und eventuell ergänzen!
Freuden: Der Fels oberhalb der Eisrinne ist für die relativ geringe Schwierigkeit und den geringen Benutzungsgrad überdurchschnittlich fest und griffig.

Karten, Skizze, Anreise: Siehe Langkofel.
Hüttenzustieg: Mögliche Stützpunkte sind die südseitig am Rundweg um das Langkofelmassiv gelegenen Hütten *Rifugio Friedrich August* (2298 m; 0.30 Std. vom Sellajoch) und *Rifugio Sandro Pertini* (2300 m; 1 Std. vom Sellajoch). Man kann jedoch auch vom Sellajoch direkt aufbrechen.
Gipfelroute: Der Normalweg führt von der Zahnscharte über die Westseite. – Zustieg vom Sellajoch aus am angenehmsten zunächst durch das Wiesentälchen in Richtung Grohmannspitze, dann links auf dem schmalen Mergelrücken ansteigen bis unter die Felsen. Nun auf Steigspuren die Halden unter den Südwänden von Grohmannspitze und Innerkoflerturm queren und zur breiten Rinne zwischen Innerkoflerturm und Zahnkofel (hierher auch weglos vom Langkofelrundweg). In der schluchtartigen Rinne etwas mühsam über Firn oder Schutt hinauf zur Zahnscharte.
Nordseitig von der Scharte ein Stück absteigen und dann rechts (östlich) zur Mündung einer steilen Eisrinne. Darin etwa 90 m (2–3 SL) hinauf bis kurz vor ihr Ende. Nun rechts hinausqueren zu einem Schrofenvorbau und über Kante und gestufte Rampe

empor zu einer Schutterrasse. Von dieser einen steilen, seichten Rißkamin 15m hinauf (schwierigste Kletterstelle, III). Nun in einer Schluchtrinne und rechtshaltend weitere Rinnen querend (Steinmännchen) ansteigen. Über ein Wandl auf eine Felsrippe und daran gestuft luftig zum Gipfel. (*Goedeke*)
Aussicht: Durch die fast gleich hohen Nachbargipfel teilweise eingeengt, jedoch gerade deswegen mit eindrucksvoll wilden Nahblicken. Nördlich gegenüber der Langkofel, südöstlich die Marmolada.
Abstieg: Abklettern auf der Aufstiegsroute, über den 15-Meter-Rißkamin abseilen, dann am besten vom Vorbau unterhalb zweimal abseilen (45 m, angenehmer mit Doppelseil) direkt in die Zahnscharte.

Andere lohnende Routen: *Südostkante, Dibonaroute* (400 m, IV+ und III), *Südwand, Rizzikamin* (400 mH, V).

Zahnkofel, 3001 m

Aufregend schlanker Felsturm, wohl der hagerste Dolomiten-Dreitausender (ital. Il Dente). Die erste Besteigung holte sich 1889 L. Bernard.

Schwierigkeiten: Recht ursprüngliche, selten begangene Felskletterei mit zwei längeren Passagen III, überwiegend II. Der Fels ist kaum abgeklettert, jedoch angenehm fest. Der Zugang erfolgt sowohl von Norden als auch von Süden über eine Firnrinne.
Mühen: Hüttenzustieg zur *Langkofelhütte* von Monte Pana 600 mH Aufstieg, von der Langkofelscharte 450 mH Abstieg; zum *Rifugio Sandro Pertini* 200 mH. Gipfelaufstieg jeweils etwa 700 mH, davon 130 mH Kletterei (Kletterstrecke 190 m).
Gefahren: Erfahrung im Umgang mit Firn und wenig bekletter-tem Felsgelände nötig. Ansonsten eine Route mit relativ geringen objektiven Gefahren.
Freuden: Ein formschöner Berg mit für die relativ geringe Schwierigkeit sehr hübscher, luftiger Kletterei – und ohne Gedränge.

Hüttenzustieg: Zur *Langkofelhütte* siehe Plattkofel, zum *Rif. Sandro Pertini* siehe Innerkoflerturm.
Gipfelroute: Der Normalweg führt von der Östlichen Plattkofelscharte über die Westseite zum Gipfel. – Zustieg von der *Lang-*

kofelhütte zunächst wie zum Oskar-Schuster-Steig, dann in der Firnrinne bis kurz unter die Westliche Plattkofelscharte. Dort links abzweigen und in einer anderen Firnrinne rasch zur Östlichen Plattkofelscharte (1.30 Std.; hierher auch etwas schwieriger von Süden durch die längere und steilere Rinne westlich des Zahnkofels).
Von der Scharte über einen Felsvorbau und rechts etwas absteigend über großen Block hinab in eine Rinne. Aus dieser in einer Rechtsschleife über geneigte Wand (II) in eine andere, nach oben hin steiler werdende Rinne, die nach links emporzieht. In der Fortsetzung dieser Rinne in oder nahe einem fast senkrechten Kamin hinauf (III) zu einer kleinen Gratscharte. Über eine luftige, plattige Wand 25 m (III, Schlüsselstelle) hinauf in einen Schuttkessel und über eine gestufte Felsrippe (II) zum Gipfel. (*Goedeke*)
Aussicht: Ringsum eine Menge steile Wände, nordöstlich gegenüber der Langkofel und östlich jenseits der weltentiefen Zahnscharte der Innerkoflerturm.
Abstieg: Entlang der Aufstiegsroute. Abklettern bis zum Schuttkessel, Abseilen über die plattige Wand (50-Meter-Seil ratsam!) und von der kleinen Scharte über den Kamin in die Rinne.

Weitere lohnende Routen: *Ostwand, Delagoroute* (200 mH, IV+ und III).

Plattkofel, 2964 m

Ein Nicht-ganz-Dreitausender, von zwei Seiten leicht erreichbar und daher meistbestiegener Berg der Langkofelgruppe. Als westlicher Eckpfeiler in der Runde, mit schroffen Wänden und Schluchten an Nord- und Ostseite und einer riesigen, zur Seiseralm gerichteten Schutt- und Felsabdachung an der Südwestseite, ist der Plattkofel (ital. Sasso Piatto) ein Berg mit unverkennbarem Profil. Der höchste Punkt ist der Südostgipfel, der gewöhnlich ausschließlich besuchte Mittelgipfel ist sechs Meter niedriger. Die beliebte Nord-Süd-Überschreitung erlaubt, die recht öde Südwestroute nur im kurzweiligen Abstieg zu begehen.

Schwierigkeiten: Auf der Südwestabdachung leichter Hatsch über Steig in geneigtem Gelände. Der Oskar-Schuster-Klettersteig über die Nordostseite ist ein relativ leichter, nur an wenigen Stellen ausgesetzter Anstieg (ohne Benutzung der künstlichen

Steighilfen einige Stellen II, meist I und Gehgelände, durch Abnutzung, Markierung und Drahtseil leicht zu finden).
Mühen: Aufstieg zur *Plattkofelhütte* von der Florianlift-Bergstation (Williamshütte) 260 mH (0.45 Std.). Zur *Langkofelhütte* mit der Gondelbahn zur Langkofelscharte, von dort 430 mH Abstieg. Gipfelaufstieg von Südwesten 670 mH, monoton (2 Std.); von Nordosten 710 mH, davon 250 mH Klettersteig (2.30 Std.).
Gefahren: Auf der Südwestabdachung im Frühsommer unfallträchtige Firnfelder, am Oskar-Schuster-Klettersteig Steinschlaggefahr.
Freuden: Ein Gipfel in der Langkofelgruppe, der für weniger extreme Leute auch erreichbar ist.

Karten, Skizze, Anreise: Siehe Langkofel.
Hüttenzustiege: Vom Florian-Sessellift (Bergstation, Williamshütte, 2100 m, Bus vom Seiseralm-Parkplatz in Kompatsch zur Talstation in Saltria, 1680 m, Liftbetrieb vom 1.6. bis 30.9., Fahrten von 8.30 bis 17.30 Uhr, Tel. 0471-727941). Auf der Straße südostwärts zum Sattel oberhalb der *Zallinger Hütte* und auf dem von Saltria kommenden Fahrweg steil zur *Plattkofelhütte* am Fassajoch (2297 m, privat bewirt. vom 15.6. bis 10.10., 48 Schlafpl., Tel. 0462-61721).
Vom Sellajoch mit Mark. 4 über Forc. Rodella und den Friedrich-August-Höhenweg an der Südseite der Langkofelgruppe leicht an- und absteigend entlang zum Fassajoch (230 mH, 1.30 Std.).
Von Campitello di Fassa (Parkplatz im Val Duron, 1500 m) über *Rif. Micheluzzi* (1850 m, bis dort Taxidienst). Auf Fußweg Mark. 533 im Wald nordwärts zum Bergrücken, rechts am Bachgraben entlang zur Plattkofelalm und nach Westen ansteigend zum Schutzhaus (800 mH, 2.20 Std.).
Für den Oskar-Schuster-Klettersteig von der *Toni-Demetz-Hütte* (Gondelbahn vom Sellajoch zur Langkofelscharte) nordseitig durch das steile Felsbruchgelände, im Frühsommer über Schneereste, in das Langkofelkar und zur *Langkofelhütte* (2253 m, Rif. Vicenza, CAI Vicenza, bewirt. vom 20.6. bis 30.9., 50 Schlafpl., Tel. 0471-797315).
Gipfelrouten: Normalweg (von Südwesten): Von der *Plattkofelhütte* (2297 m), anfangs über Grashänge, dann über Schutt- und Felsgelände nach Norden zum Ansatz der Südwestabdachung (2470 m). Auf gut erkennbarem, markiertem Steig am Felshang über Schutt ostwärts ansteigend zum Gipfelkamm und links zum Mittelgipfel. (*Kammerer*)

Oskar-Schuster-Klettersteig (von Nordosten): Von der *Langkofelhütte* (2253 m) auf markiertem Steig südwestwärts ansteigen in das Plattkofelkar. Beim Steilaufschwung nach rechts, Schneefelder querend zum Einstieg am Felsvorbau rechts der Mündung einer Schlucht, am Fuße der gegliederten Nordostflanke (2500 m, Felsnische, auf Steinschlag achten). Über gut gestufte Felsen rechts hinauf, dann über eine Rinne (markiert), nach einem Schutthang über eine weitere Rinne und rechts zur ausgeprägten Scharte (2750 m) mit nach Norden steil abfallender Trennschlucht zwischen Vorbau (Plattkofelturm) und Nordostwand. Nun über steile Platten nach oben (Drahtseile). Dann nach links queren über Rinnen, kurze Kamine und Bänder in der Ostflanke nach Süden. Am Ende der Querung rechts über die gesicherte Rampe ansteigen zu einer Kanzel (2810 m, Anstiegsübersicht). Über eine mäßig geneigte Rinne westwärts zum Grat und rechts zum Gipfel. (*Kammerer*)
Ausblick: Beherrschend der nördlich gegenüberliegende Langkofel und die östlich anschließenden Felsflanken von Zahnkofel und Grohmannspitze. Im Westen bieten die Wiesen der Seiser Alm einen erholsamen Kontrast zu all den nahen Felswüsten. Im Süden gegenüber der Rosengarten.
Abstieg: Im Zuge einer Überschreitung auf dem Normalweg nach Südwesten.
Nebengipfel: Der höhere Südostgipfel ist vom Mittelgipfel über den Grat in etwa 0.20 Std. unschwierig zu erreichen.

Geisler – Puez

Die am Ursprung mehrerer Täler liegende Geislergruppe teilt sich in zwei Kämme auf. Im Osten hängt sie mit der Puezgruppe zusammen und bildet mit dieser den Naturpark Puez-Geisler. Der Hauptkamm, als Villnösser Geisler bekannt, bildet mit den mächtigen Nordwänden den eindrucksvollen Talschluß von Villnöß – eine der schönsten Dolomitenlandschaften. Die dem Grödner Tal zugewendete Südseite ragt über den hügeligen Weiden der Aschgler und Cislesalm auf. Der nordseitig schroffe, aber niedrigere Kamm der Aferer Geisler (Ruefen) findet sich mit dem Peitlerkofel an der nordwestlichen Grenze des Dolomit-Kalkgesteins. Die weniger bekannte Puezgruppe liegt in der östlichen Hälfte des Naturparks. Besonders charakteristisch ist die rauhe, zerklüftete, nach allen Seiten von Steilwänden umgrenzte Gardenazza-Karsthochfläche.

Sass Rigais, 3025 m

Massive Felspyramide im Villnösser Geislerkamm. Auf zwei verschiedenen Klettersteigen verhältnismäßig leicht erreichbarer, viel besuchter Hauptgipfel der Gruppe. Der etwas schwierigere Ostanstieg eignet sich für die Überschreitung mit Abstieg über die Südflanke.
Die erste Besteigung von Süden erfolgte schon vor 1878, vermutlich durch Jäger. Über den Ostgrat stiegen 1888 H. Heß, R. H. Schmitt und C. Schulz.

Schwierigkeiten: Von Süden mäßig schwieriger Klettersteig, viel Gehgelände, keine Orientierungsprobleme. Mitunter etwas Gedränge. Von Osten ebenfalls mäßig schwieriger, kurzer Klettersteig mit etwas steilerer Wegführung; bei einer Überschreitung ist dies der Anstiegsweg. Im Frühsommer ist die nach Nordosten gewendete Felsflanke firnbedeckt (je nach Verhältnissen Seil und Eispickel erforderlich).
Mühen: Aufstieg Cislestal–*Regensburger Hütte* 350 mH (1 Std.) bzw. ab Umlaufbahn leicht abwärts zur Hütte (0.15 Std.). Ab Col-Raiser-Umlaufbahn zum Einstieg des Süd-Klettersteigs 400 mH (1.15 Std.), Klettersteig 530 mH (1.45 Std.), zum Einstieg des Ost-Klettersteigs 620 mH (2.15 Std.), Klettersteig 310 mH (1 Std.).

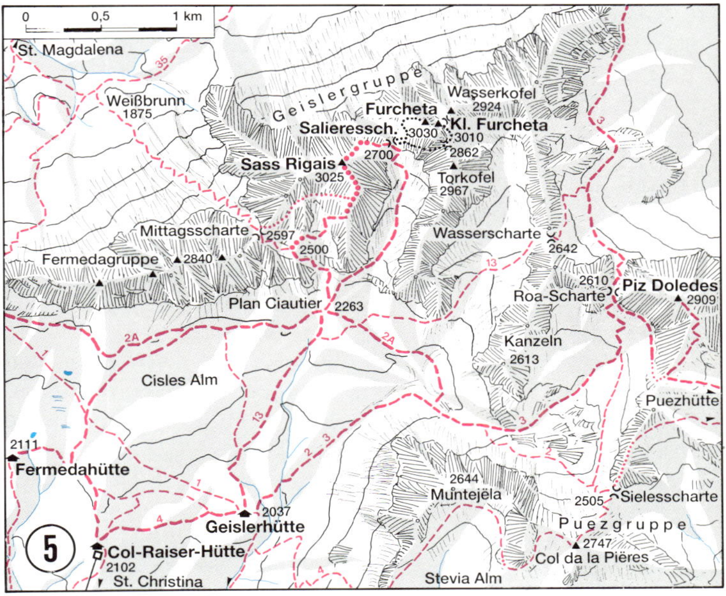

Gefahren: Durch Gedränge und Steinschlag nicht selten Unfälle. Bei Gewitter wegen der Eisenanlagen akute Blitzgefahr, besonders am Gipfelgrat.
Freuden: Schöner Aussichtsberg.

Karten 1:25 000: Tabacco 05 Gröden–Seiser Alm, Mapgraphic 22 Grödner Tal–Sella und 12 Brixen und Umgebung.
Skizze 5
Anreise: Ab Klausen oder Waidbruck (Bahnhöfe) im Eisacktal ins Grödner Tal nach St. Christina (Bus). Ab Ortsmitte (Kreuzung bei Hotel Dosses) auf Nebenstraßen in das Cislestal zum Parkplatz der Col-Raiser-Umlaufbahn (1550 m) oder kurz weiter zum Parkplatz beim Fahrverbot (1687 m).
Hüttenzustieg: Auffahrt zur *Col-Raiser-Hütte* (2102 m, Gastbetrieb, Tel. 0471-796302) mit der Umlaufbahn (Sommerbetrieb vom 1.6. bis 15.10., Fahrten von 8 bis 16.30 Uhr, Tel. 0471-796589). Auf Steig Mark. 4 leicht absteigend nach Osten (0.15 Std.) zur *Regensburger Hütte* (2037 m, Rif. Firenze, CAI Firenze, bewirt. vom 1.6. bis 15.10., 90 Schlafpl., Tel. 0471-796307).

Zu Fuß vom Parkplatz im Cislestal (1687 m) auf dem Zufahrtsweg Mark. 1 (Hinweise) im Bereich des Bachgrabens zur Hütte (350 mH, 1 Std.).
Die Gipfelanstiege auf den Normalwegen können bei Benutzung der ersten Bahn auch vom Tal aus gemacht werden.

Gipfelrouten: Sowohl der Süd-Klettersteig als auch der Ost-Klettersteig dienen als Normalanstiege.
Südanstieg: Von der Col-Raiser-Bergstation (2102 m) mit Mark. 2 nach Norden, beim Hinweis »Sass Rigais« rechts auf Steig nordostwärts zum Kar am Fuße der Fermedagruppe.
Weiter mit Mark. 2A, eine Anhöhe ostwärts überschreitend, zur ebenen Wiesenmulde des Plan Ciautier am Sass-Rigais-Südfuß (2263 m, 1 Std., Hinweise, Steigkreuzung).
Hierher auch von der *Regensburger Hütte* auf Steig Mark. 13 in nordöstlicher Richtung; oder von der Secëda-Seilbahn-Bergstation auf Steig Mark. 2A.
Vom Plan Ciautier zum Kar der Mittagsscharte und in Kehren bis zum Einstieg (2500 m, rote Zeichen rechts an der Wand). Über die abgeschliffenen Felsen einer Schlucht (Drahtseile) und rechts durch schroffes, gegliedertes Felsgelände zum begrasten Südabhang. Weiter auf gut begehbarem Steig in Kehren, im oberen Teil über Schrofen zum felsigen Gipfelaufbau. Nun über einige steile Felsabsätze (Drahtseile) zum Südgrat und über diesen ausgesetzt zum Gipfel (2 Std. vom Plan Ciautier).
Ostanstieg: Bis zum Plan Ciautier (2263 m, 1 Std.) wie zum Südanstieg. Weiter auf markiertem Steig ostwärts, am Sockel des Sass Rigais entlang zum Val Salieres (Wasserrinnental). Über anfangs flache, dann steilere Schutthänge (Schneefelder) nach Norden zum Schrofengelände und steiler in Kehren zur Salieresscharte zwischen Sass Rigais und Furchetta (2700 m, 1.15 Std.). Der Steig führt links über den Felsvorbau zum Gipfelaufschwung. Nach der ersten glatten Steilstelle (Eisenklammern) führt der gesicherte Anstieg über eine trichterartige, gut gestufte Felsrampe zum schotterigen Gipfelhang und auf Steigspuren zum Gipfel (1 Std.). (*Kammerer*)
Aussicht: Weite Rundsicht. Besonders eindrucksvoll der Blick nach Osten auf die nahe Furchetta, nach Westen auf Fermeda und ihre Nachbarn. Im Norden etwas ferner der Peitlerkofel. Markant der Kontrast zwischen den öden Felsen und Halden und den grünen Matten von Villnösser Tal und Cisler Alpe. Im Süden Sella, Langkofel und Seiser Alm.

Abstieg: Auf einem der Klettersteige. Beliebt ist die Überschreitung von Ost nach West mit Abstieg über den Süd-Klettersteig.

Furchetta, 3030 m

Dies ist einer der herben Dolomitenriesen, von der Grödner Seite gesehen fast versteckt hinter dem Sass Rigais, von der Villnösser Seite mit seinen wilden, 800 Meter hohen Nordabstürzen eines der Schaustücke der Dolomiten. Der Name des Berges ist von der ladinischen Bezeichnung für die tief eingehauene Scharte zwischen ihm und der Kleinen Furchetta abgeleitet.
Die erste Besteigung erfolgte 1880 durch I. Santner. An der Nordwand mußte 1914 sogar das Klettergenie Hans Dülfer, begleitet vom unverwüstlichen Luis Trenker, passen – ihre Durchsteigung gelang erst 1925 dem Münchner H. Solleder und dem Sachsen F. Wiessner.
Schwierigkeiten: Die technischen Schwierigkeiten übersteigen auf der leichtesten Linie nirgends den II. Schwierigkeitsgrad – wenn man diese denn findet (was nicht einmal dem Autor des Spezialführers für das Gebiet überall gelang). Dies ist einer der ursprünglichen Dolomiten-Normalwege, und es wäre ein Jammer, wenn er kaputtmarkiert und -geputzt würde. Denn Feinorientierung und pfleglicher Umgang mit dem weithin herumliegenden Schutt gehören hier zu den wesentlichen Anforderungen. Am Gipfelaufbau ausgesetzt.
Mühen: Auch bei Benutzung der Kabinenbahn bis zum Col Raiser bleiben 620 mH Zustieg (2.15 Std.) bis zum Einstieg und 310 mH zum Gipfel, Kletterstrecke 450 m (1.45 Std.).
Gefahren: Steinschlag, ausgelöst von anderen Seilschaften oberhalb. Teilweise im leichten, schuttigen Gelände nur spärliche Sicherungsmöglichkeiten. Es gibt stellenweise falsch stehende Steinmännchen.
Freuden: Man braucht kein Eisen anzufassen. Wer die Breite der Anforderungen souverän bewältigt und auch Befriedigung daraus ziehen kann, etwas Schutt und Bruch zu bändigen, erlebt hier die Exklusivität solcher Leistung um so mehr, weil die gegenüber ausgebaute Eisenstraße am Sass Rigais demonstriert, wie leicht das Bergerlebnis im Gedränge verloren gehen kann.

Karten, Skizze, Anreise, Hüttenzustieg: Siehe Sass Rigais.
Gipfelroute: Die Normalroute führt über die Südseite und oben nahe am Westgrat zum Gipfel.

Die Geisler-Puez-Gruppe bei Sonnenuntergang, links Furchetta und Sass Rigais (dahinter die Puezgruppe), rechts Odle-di-Cisles- und Fermedatürme. Am Horizont von links Tofana, Antelao, Pelmo und Civetta.

Zugang: Wie zum Sass-Rigais-Ostgratsteig zur Salieresscharte (ca. 2700 m, 1.30 Std. – 2 Std. vom Col Raiser). Etwas rechtshaltend über Schutt zu Rinne. Beginn der Kletterroute.
Die Rinne hinauf und linkshaltend zu geneigter Kaminrinne. Darin (II) hinauf zu Nische unter nassen Überhängen (Sanduhr). Nun links an geneigtem, griffigem Fels (II) etwa 30 m ab- und aufsteigend queren bis in glatte Wasserrinne oberhalb eines steilen Kamins. In der Rinne 20 m hinauf und dann links in schräger Rinne zu Schuttabsatz. Links querend zum Beginn einer schräg links emporführenden Rinne. Diese hinauf und in gleicher Richtung etwa 80 m auf Schuttbändchen (Steigspuren) weiter bis zu Blöcken in der Nähe der abgerundeten Kante. Daran etwa 100 m hinauf und dann rechts aufwärts zu Band. Diesem 20 m nach rechts folgen und dann schräg rechts aufwärts zu Blöcken, etwa 10 m unterhalb des Westgrates. Rechts querend über Bänder (II) zur Scharte zwischen Westzacken und Hauptgipfel. Schräg rechts aufwärts zur steilen Gratkante (II) und daran luftig zum Gipfel. (*Goedeke*).
Aussicht: Im Westen der ebenso hohe Sass Rigais, im Norden das samtene Grün des Villnösser Tales, im Süden – etwas ferner hinter Fels und Schutt – die lieblichen Matten der Cisler Alpe und in der Ferne der Langkofel.
Abstieg: Abklettern über den Normalweg. Bei richtiger Routenfindung kein Abseilen nötig.

Nebengipfel: Der *westliche Vorgipfel (ca. 3005 m)* ist nur eine Gratzacke.
Andere lohnende Routen: *Nordwand*, Sollederroute (800 mH, VI und V+).

Kleine Furchetta, ca. 3010 m

Dies ist einer der wenig bekannten und gewürdigten Dolomiten-Dreitausender. Aber die beachtliche Tiefe und Schroffheit der trennenden Scharte und der völlig andere Aufstieg geben diesem östlichen Nachbar der Furchetta Selbständigkeit.
Die erste Besteigung erfolgte 1886 durch L. Purtscheller mit dem Führer G.B.Vinatzer senior.

Schwierigkeiten: Eine Stelle III–, sonst II und I. Nur anfangs brüchiger, aber durchwegs nicht abgekletterter Fels, der im Gegensatz zur Furchetta besser gegliedert ist und deshalb mehr

natürliche Sicherungsmöglichkeiten bietet. Orientierung relativ einfach.
Mühen: Zustieg von der Col-Raiser-Bergstation 850 mH, von der *Regensburger Hütte* 900 mH, davon die letzten 100 mH zur Torscharte über Lockerschutt oder Firn (2.45 Std.). Höhe der Kletterei 160 mH, Kletterstrecke ca. 250 m (0.45 Std.).
Gefahren: Unverfälschtes Hochgebirge, aber gut sicherbar.
Freuden: Nette Kletterei. Mehr Exklusivität als auf der Furchetta.

Gipfelroute: Die Normalroute führt von der Torscharte über den Südostgrat. – Zustieg zunächst wie beim Ostanstieg auf den Sass Rigais zur Salieresscharte (2700 m, 2.15 Std.). Von dort schräg rechts (südostwärts) ansteigend den Steigspuren folgen und zuletzt etwas absteigend in die breite Rinne zwischen Kleiner Furchetta und Torkofel. Darin über Firn oder Lockerschutt schweißtreibend zur Torscharte (2862 m, 0.30 Std. ab Salieresscharte) und zum Beginn der Kletterei.
Kletterroute: Wo die erdige Scharte an den Südostgrat der Kleinen Furchetta stößt, über mürben Fels einige Meter hinauf in ein Schärtchen. Von dort rechts gestuft 5 m zu Absatz. Nun links über geneigte kompakte Platte, mit guten Griffen nach links um die Kante und an griffigen, gestuften Rissen rasch zu einer Felsschulter. Dann immer knapp links vom Grat, einmal direkt an der Nordwand, zu einem Gratturm und danach links des Grates weiter. Erst auf den letzten Metern wieder sensationell luftig direkt an der Kante, hoch über der Nordwand, aber beruhigend griffig, zum Gipfel (0.45 Std.). (*Goedeke*)
Aussicht: Beengt durch die benachbarte Furchetta und die übrigen Nachbargipfel.
Abstieg: Abklettern auf der Aufstiegsroute.

Peitlerkofel, 2875 m

Obwohl kein richtiger Dreitausender, ist der Peitlerkofel als nordwestlicher Eckpfeiler der Dolomiten ein Aussichtsberg allerersten Ranges und ein daher viel bestiegener Gipfel. Mit hohen Wänden an der Nord- und Westseite ist er an seiner weniger schroffen Südseite über felsdurchsetzte Grashänge leicht zugänglich, der felsige Gipfel ist auf kurzem Klettersteig erreichbar.

Schwierigkeit: Ein auch für weniger geübte Bergwanderer empfehlenswerter Gipfel. Großteils Gehgelände. Der abweisend er-

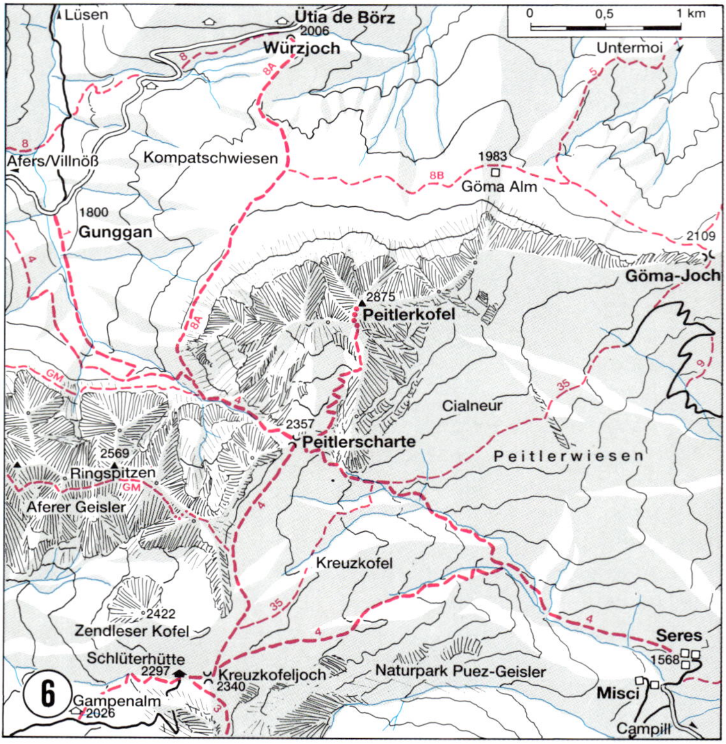

scheinende, kurze Felsabsatz zum Gipfel wird auf gut gesichertem, kurzem Klettersteig überwunden. Voraussetzung ist Trittsicherheit und Schwindelfreiheit.

Mühen: Zustiege zur Peitlerscharte: Von der Zanser Alm über die *Schlüterhütte* 700 mH (2.30 Std.), von Gunggan 560 mH (1.15 Std.), vom Würzjoch 350 mH (1.15 Std.); Gipfelaufstieg 520 mH (1.30 Std.).

Gefahren: Für gesunde, vernünftige Leute bei gutem Wetter minimal. Am Gipfelaufbau Steinschlag möglich.

Freuden: Eindrucksvolle Rundsicht, allerdings oft von vielen Leuten gleichzeitig angestrebt.

Karten: Siehe Sass Rigais.

Skizze 6

Anreise: Von Brixen im Eisacktal über Afers – Halsl nach Gung-

Peitlerkofel und Kleiner Peitler von Nordwesten, Sonnenuntergang.

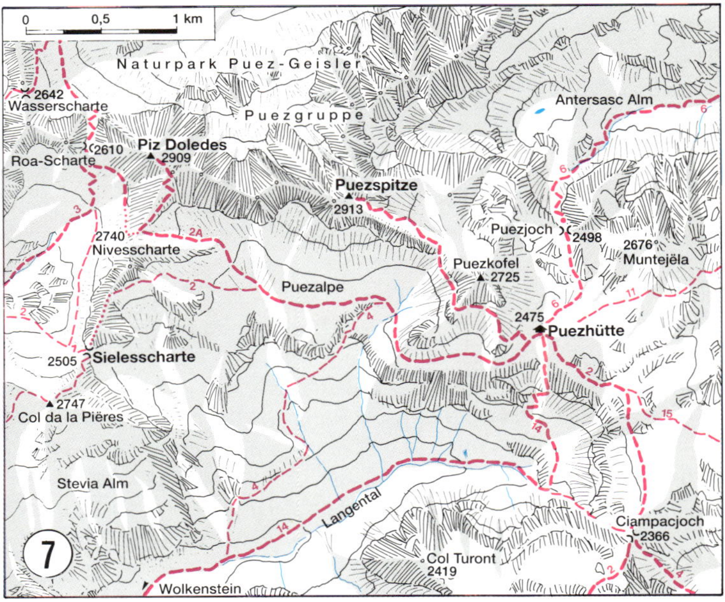

gan (1800 m). Von Klausen oder Brixen über St. Magdalena in Villnöß (Bus) zur Zanser Alm (1685 m). Vom Gadertal/St. Martin in Thurn über Untermoi zum Würzjoch (2006 m).

Zustiege: Für den Gipfelanstieg gilt es zunächst zur Peitlerscharte (2357 m) anzusteigen.

Von der Zanser Alm (1685 m) mit Mark. 35 auf der Straße über Tschantschenon zur Gampenalm (2026 m, Gastwirtschaft), von dort auf Steig über einen felsigen Steilhang zur *Schlüterhütte* (2297 m, Rif. Genova, CAI Brixen, bewirt. vom 1.7. bis 30.9., 68 Schlafpl., Tel. 0472-40132). Weiter auf Steig Mark. 4 zum Kreuzkofeljoch (Hinweise), dort nordwärts zur Kreuzberg-Anhöhe (2392 m) und leicht an- und absteigend am Ostabhang des Aferer Geislerkammes entlang zur Scharte.

Von Gunggan (1800 m): Vom kleinen Parkplatz bei der Brücke am Schartenbach auf Steig Mark. 1 durch die Wiesen in südlicher Richtung zum Wildbachgraben und am Nordhang hinauf zum Steig Mark. 4 (Dolomiten-Höhenweg 2). Die felsige Klamm rechts umgehen, dann links zum Sonnenhang und weiter im Kar zur Scharte.

Vom Würzjoch (2006 m, Gastbetrieb): Vom Parkplatz auf Fahrweg Mark. 8A (Hinweise) südwärts durch die Wiesen zum Kar an der Westseite des Kleinen Peitlers. In längerer Querung südwärts zum Steig Mark. 4 (2080 m) und wie von Gunggan her zur Scharte.

Gipfelroute: Normalweg über die Südflanke und den felsigen Gipfelaufbau. – Von der Peitlerscharte (2357 m, Hinweise) auf markiertem Steig nordostwärts zum teils felsigen Schluchteinschnitt am Südabhang des Berges. Dort in Kehren über Grashänge, im höheren Teil rechts über die Schrofen eines vorspringenden Kammes zum Sattel am Gipfelaufbau (2765 m). Der Klettersteig folgt einer Rinne rechts vom Südgrat, führt dann über gut gestufte Felsen zu einer kleinen Scharte, dort rechts über eine kurze Steilstufe zur Schuttabdachung und zum Gipfel. (*Kammerer*)

Aussicht: Eine ganze Menge allerseits. Im Osten Pragser und Ampezzaner Dolomiten, im Süden im Vordergrund die Geislerspitzen, dahinter Sella, Marmolada und Langkofel, im Westen Presanella, Ortlergruppe und Ötztaler, im Norden Stubaier, Zillertaler, Rieserferner und Tauern.

Abstieg: Entlang der Aufstiegsroute.

Östliche Puezspitze, 2913 m

Einsamer, aber von der Puezhütte ausgehend leicht erreichbarer Hauptgipfel einer wenig bekannten Berggruppe. Er bietet interessante Einblicke in unbekannte Bereiche der Puez- und Geislergruppe (Naturparkgebiet).

Schwierigkeiten: Markierter Steig über Gehgelände. Trittsicherheit erforderlich.
Mühen: Hüttenaufstieg von Wolkenstein durch das Langental 870 mH (3 Std.), Gipfelaufstieg 440 mH (1.30 Std.).
Gefahren: Bei gutem Wetter keine.
Freuden: Meist einsamer Gipfel.

Karten: Siehe Sass Rigais.
Skizze 7
Anreise: Ab Klausen oder Waidbruck im Eisacktal ins Grödner Tal (Bus) nach Wolkenstein. Ab Ortsmitte (Hinweise) mehrere Zufahrten zum Langental-Parkplatz (1610 m, Eintritt zum Naturpark Puez-Geisler).
Hüttenzustieg: Auf Fahrweg im Langental zum Plan Ciajëies im Talschluß (1850 m). Weiter auf Steig Mark. 14 am Bach aufwärts und rechts zum Graben, der vom Ciampacjoch herabzieht. Dort links, nordwärts in Kehren über die Steilstufe zur einer Hangterrasse. Nun im Kar zur Felsstufe und links durch eine kurze Schlucht zur alten Schutzhütte und nebenan zur *Puezhütte* (2475 m, CAI Bozen, bewirt., vom 20.6. bis 30.9., 90 Schlafpl., Tel. 0471- 847059).
Gipfelroute: Über den Ostabhang. – Vom Steig Mark. 2 durch die Puezalpe, südwestlich unweit der Hütte rechts abzweigen, auf markiertem Steig (Hinweis) über den Steilhang am Puezkofel zum Kamm. Weiter am Südwesthang queren und hinauf zum Sattel zwischen Puezkofel und Puezspitze (2600 m). Nun links über den steilen ostseitigen Fels- und Schutthang auf Steigspuren zum Gipfel. (*Kammerer*)
Abstieg: Entlang der Aufstiegsroute.

Andere lohnende Gipfel: Der weiter westlich gelegene *Piz Doledes (2909 m)* wird häufig als Abstecher vom Dolomiten-Höhenweg 2 oder von der *Regensburger Hütte* aus bestiegen (880 mH, 3 Std.).

Sella

Der kompakte Sellastock, charakterisiert durch seine breite Hochfläche und die markanten, nahezu rundherum vorhandenen Bänder und breiten Schutterrassen, liegt am Ursprung der vier ladinischen Dolomitentäler Fassa, Gröden, Abtei und Buchenstein. Am Piz Boè, einer der leichtesten Dreitausender in den Dolomiten, treffen die Grenzen der Provinzen Trient, Bozen und Belluno zusammen.

Piz Boè, 3152 m

Hauptgipfel der Sellagruppe, eine mit einer Antennenanlage verunzierte, breite Fels- und Schuttpyramide. Infolge der vorhandenen Aufstiegsanlagen und dem Rif. Piz Fassa auf dem Gipfel ist der Piz Boè einer der meistbesuchten Dolomiten-Dreitausender. Er ist von der Pordoi-Seilbahn-Bergstation bei guten Verhältnissen auch für weniger Geübte in einer Höhenwanderung zu erreichen.
Erstmals bestiegen wurde der Piz Boè von Jägern. Die erste touristische Besteigung erfolgte vermutlich 1864 durch P. Grohmann mit G. Irschara.

Schwierigkeiten: Am Südwestgrat Gehgelände mit leichten Felsstufen. Bei guten Verhältnissen ein leichter, viel begangener Gipfelanstieg, der kein besonderes Training, aber nach Auffahrt mit der Pordoi-Seilbahn etwa eine Stunde Gewöhnung an die Höhe und dem Hochgebirge entsprechende Bekleidung erfordert.
Der Aufstieg von Nordwesten, vom *Rif. Boè*, ist ein Steig mit einer Felsstufe. Der Aufstieg von Nordosten, vom Vallon, teilweise leichte Kletterei und Drahtseil.
Mühen: Vom Pordoijoch Seilbahnfahrt zur Pordoispitze, von dort 130 mH Abstieg und 330 mH (1.30 Std.) Gipfelaufstieg, beim Rückweg 130 mH Gegensteigung. Von Kurfar mit Umlaufbahn und Sessellift zum Vallonkar und zur *Franz-Kostner-Hütte* oder Hüttenaufstieg vom Campolongopaß 680 mH (2 Std.) und über die Eisseespitze zum Piz Boè 620 mH (2 Std.).
Gefahren: Bei gutem Wetter für trittsichere Geher keine Probleme, zumal die große Zahl anderer Menschen auch ein Sicherheitselement bedeutet. Bei Gewitter rascher Temperatur-

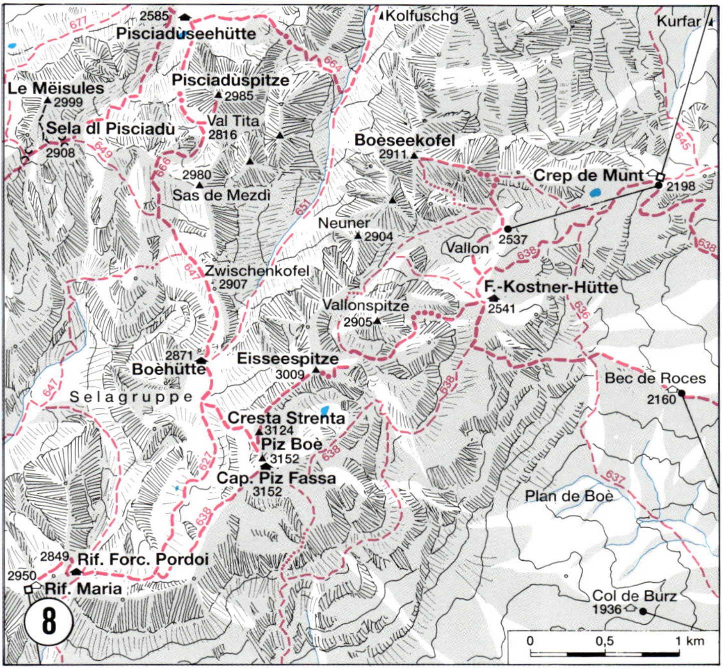

sturz möglich und am Gipfel, auf den Graten, auf der Hochfläche sowie auf der Abdachung der Pordoispitze hohe Blitzgefahr.
Freuden: Großartige, durch die rundum freistehende Lage des Gipfels einmalige Rundsicht im südlichen Alpenraum. Bei sicherem Schönwetter ermöglicht die Übernachtung im *Rif. Piz Fassa* das unvergeßliche Erlebnis der untergehenden und aufgehenden Sonne in den Dolomiten.

Karten 1:25 000: Tabacco 06 Val di Fassa e Dolomiti Fassane, Mapgraphic 25 Fassatal, Alpenvereinskarte Sellagruppe.
Skizze 8

Anreise: Von Klausen oder Waidbruck (Bahnhöfe) im Eisacktal ins Grödner Tal und über das Grödner Joch nach Kurfar (1540 m) bzw. zum Campolongopaß (1875 m). Vom Grödner Tal über das Sellajoch oder von Bozen durch das Eggental und über den Karerpaß ins Fassatal nach Canazei und zum Pordoijoch (2239 m, Bus auf allen Strecken).

Hüttenzustiege: Die Besteigung auf dem Normalweg wird gewöhnlich vom Pordoijoch ausgehend, per Seilbahn (2950 m, Sommerbetrieb vom 15.5. bis 15.10., Fahrten von 9 bis 17 Uhr, Tel. 0462-61130) als kurze Tagestour gemacht.
Zum Lichtenfelser Steig über die Eisseespitze und die Cresta Strenta steigt man über die *Franz-Kostner-Hütte* an.
Von Kurfar (1540 m): Auffahrt mit der neuen Crëp-de-Munt-Umlaufbahn und dem Vallon-Sessellift zum Vallonkar (2537 m, Sommerbetrieb vom 25.6. bis 20.9., Fahrten von 8.30 bis 18 Uhr, Tel. 0471-836266). Leicht ab- und ansteigend auf dem Verbindungsweg (Hinweise, 0.15 Std.) zur *Franz-Kostner-Hütte* (2541 m, CAI Bozen, bewirt. vom 21.6. bis 30.9., 35 Schlafpl., Tel. 0471-836267).
Vom Campolongopaß (1860 m): Aufstieg zur *Franz-Kostner-Hütte*. Vom Hotel Boè nördlich der Paßhöhe auf Fahrweg Mark. 638 (Hinweis) zum Almgelände und sehr steil weiter zu den Stationen der Aufstiegsanlagen am Crëp de Munt (2198 m, hierher auch von Kurfar mit der Umlaufbahn). Weiter auf der schotterigen Lift- und Pistentrasse, nach dem rechts liegenden Boèsee links am Felshang auf gut begehbarem Steig zur Hütte am Col de Stagn (680 mH, 2 Std.). Landschaftlich reizvoll ist auch der Anstieg Mark. 636 – 637 vom Albergo Cherz auf der Paßhöhe (1875 m) zum Bec-de-Roces-Kamm (2160 m, Anlagen und Gastbetrieb) und steiler am Südabhang des Col de Stagn zur Hütte.
Als weiterer Stützpunkt liegt am Nordwestfuß des Piz Boè, auf der Karsthochfläche mitten in der Sellagruppe, die *Boèhütte* (2871 m, Rif. Boè, CAI-SAT Trento, ehem. Bamberger Hütte, bewirt. vom 1.7. bis 20.9., 60 Schlafpl., Tel. 0471-847303).
Von der Pordoi-Seilbahn: Absteigend zur Pordoischarte (2829 m) und auf Steig Mark. 627 (Dolomiten-Höhenweg 2), an der Verzweigung links, nach Norden zur oberen Sellaterrasse, dort über Schutt (oder Firn) leicht abwärts zur Hütte (0.45 Std.).

Gipfelrouten: Normalweg von Südwesten: Von der *Pordoi-Seilbahn* (2950 m) im Felsgelände absteigend zur Pordoischarte (Rif. Forcella Pordoi, 2829 m), weiter auf Steig Mark. 627 nach Osten leicht ansteigen bis zu Wegverzweigung, dort rechts auf markiertem Steig zur Karsthochfläche und über den felsigen, gestuften Südwestkamm zum Gipfel (*Rif. Piz Fassa* (3152 m, privat bewirt. vom 1.7. bis 30.9., 40 Schlafpl., Tel. 0462-61723). (*Kammerer*)

Lichtenfelser Steig von Nordosten: Von der *Franz-Kostner-Hütte* (2541 m) zur westlichen Senke (Hinweise) und links auf Steig Mark. 672 zum Karkessel unterhalb der Vallonspitze. Dort über gut gestuftes Schrofengelände (Drahtseile) zur oberen, steilen Schuttabdachung. Am Steilhang quert man nun in südwestlicher Richtung (abgebrochene Stellen am Steig) zu einem Sattel (2781 m). In südwestlicher Richtung über Geröll und Karstbuckel (bei Firn Hinweise durch markierte Steinmännchen) zum Nordabhang, dort auf Steig in Kehren, dann im Felsgelände (Drahtseile) zur Eisseespitze (3009 m) und weiter auf Steigspuren über den flachen Felsgrat »Cresta Strenta« zum Piz Boè. (*Kammerer*)
Aussicht: Im Westen Langkofelgruppe, im Norden Puez-Geisler-Gruppe und der Alpenhauptkamm, im Osten die Ampezzaner Dolomiten mit Tofane, Pelmo und Civetta, im Süden Marmolada- und Palagruppe.
Abstieg: Auf einer der beiden Anstiegsrouten.

Nebengipfel: Die hübsche *Eisseespitze (3009 m)* und der nördliche Vorgipfel *Cresta Strenta (3124 m)* werden beim Aufstieg von Nordosten überschritten.
Andere lohnende Routen: Klettersteig *»Via Ferrata C. Piazzetta«* von Südosten (anstrengende, ausgesetzte, anfangs senkrecht verlaufende Drahtseilkletterei).

Gamsburg, 2999 m

Ladinisch Sass dai Ciamores (Tabacco-Karte) genannter Gipfel über dem Grödner Joch, am nordwestlichen Rand des Sellaplateaus.
Gipfelroute: Von der *Pisciadùseehütte* (2585 m, siehe Pisciadùspitze) südwestwärts auf Steigspuren (Firnfelder) im Kar Valun dl Pisciadù, zuoberst über einen brüchigen Felsabsatz, zum Sattel Sela dl Pisciadù (2908 m) am Rande der Mëisules-Hochfläche, wo Steig Mark. 649 erreicht wird. In nordwestlicher Richtung auf Spuren am Schutthang unschwierig zum Gipfel (420 mH, 1.30 Std.).
Wenn man dem Steig Mark. 649 von der weiter westlich gelegenen Gamsscharte in südwestlicher Richtung – am Rand der Hochfläche entlang – folgt, sind auch noch *Piz Miara (2964 m)*, *Piz Gralba (2972 m)* und *Piz Selva (2941 m)* zu erwandern. (*Kammerer*)

Sellastock von Osten, links Pordoijoch und Fassatal, rechts Grödner Joch und Grödner Tal. Im Mittelgrund Rosengarten, Schlern und Langkofel.

Pisciadùspitze, 2985 m

Am Nordrand des Sellastockes, südöstlich der *Pisciadùseehütte* aufragende Felspyramide. Mit Anstieg vom Grödner Joch durch das Val Setus leicht ersteigbarer, lohnender Gipfel mit guter Aussicht.

Schwierigkeiten: Gehgelände und leichte, gesicherte Felsstufen. Auch für den Hüttenaufstieg ist Trittsicherheit erforderlich.
Mühen: Hüttenzustieg 470 mH (1.45 Std.), Gipfelaufstieg 400 mH (1.45 Std.).
Gefahren: Am Hüttenzugang bei größerem Andrang Steinschlaggefahr. Bei Schnee oder Vereisung Hütten- und Gipfelanstieg schwierig.
Freuden: Hübsche Aussicht, nicht überlaufener Gipfel.

Karten, Skizze, Anreise: Siehe Piz Boè.
Hüttenzustieg: Vom Grödner Joch (2121 m) auf Steig Mark. 666 (Dolomiten-Höhenweg 2) beim Gasthof Frara über den Graskamm südostwärts ansteigend, zur ersten Schutterrasse, dort nach Osten, leicht abwärts in den Graben des Val Setus (hierher auch vom Pisciadù-Parkplatz an der Grödner-Joch-Straße). Auf Steig in Kehren im steilen Kar des Val Setus (im Frühsommer Firnspur) zur Felsstufe, den Sicherungen folgend zur oberen Schutterrasse des Sellastockes (zu Stoßzeiten Gedränge und Steinschlaggefahr) und dort in östlicher Richtung auf Fahrweg zur *Pisciadùseehütte* (2585 m, Rif. Cavazza al Pisciadù, CAI Bologna, bewirt. vom 1.7. bis 30.9., 80 Schlafpl., Tel. 0471-836292).
Gipfelroute: Anstieg über die Südseite. – Ab *Pisciadùseehütte* (2585 m) auf Steig Mark. 666 leicht absteigend am See vorbei und unter senkrechten Wänden südwärts im Kar ansteigen zum Felsgelände und links, in östlicher Richtung, über Schrofen (Drahtseile) bis zum Karkessel Val de Tita (2816 m, Hinweis). Links vom Steig Mark. 666 (Dolomiten-Höhenweg 2 zur Boèhütte) abzweigen, auf rot markierter Steigspur in nördlicher Richtung über die leichten Felsstufen des Südkammes zum Gipfel. (*Kammerer*)
Aussicht: Großartige Tiefblicke ins Mittagstal und zum Zehner sowie auf die benachbarten Felstürme Torre Pisciadù und Dent de Mesdi.

Boèseekofel, 2910 m

Markanter nordöstlicher Eckpfeiler der Sellagruppe, der südlich vom Piz Boè und Zehner mit senkrechten Wänden abbricht (im Ladinischen Piz da Lech). Ein beliebter, leicht erreichbarer Aussichtspunkt über dem Talkessel von Kurfar (Corvara) und Kolfuschg.

Schwierigkeiten: Von der Bergstation des Vallon-Sesselliftes leichter Klettersteig mit viel Gehgelände und kurzen gesicherten Passagen. Der neuere Klettersteig mit hohen, senkrechten Leitern ist dagegen länger und deutlich »sportlicher«.
Mühen: Gipfelaufstieg von der Vallon-Sessellift-Bergstation 380 mH (1.30 Std.). Von der Bergstation der Crëp-de-Munt-Umlaufbahn (von Kurfar) 720 mH (2.30 Std.).
Gefahren: Bei Gewitter wegen Blitzschlag zu meiden.
Freuden: Man überblickt das Hochabteital und hat einen eindrucksvollen Tiefblick in das herbe Val de Mesdì.

Karten, Skizze, Anreise: Siehe Piz Boè.
Hüttenzustieg: Von Kurfar mit der Crëp-de-Munt-Umlaufbahn und dem Vallon-Sessellift ins Vallonkar, wie zur *Franz-Kostner-Hütte* (die auch als Stützpunkt dienen kann, siehe Piz Boè).
Gipfelroute: Von der Vallon-Sessellift-Bergstation (2537 m, Hinweise) nordwärts, an der Abzweigung zum Einstieg des steilen Klettersteiges (dieser führt entlang von Drahtseilen und Leitern direkt und steil zur Gipfelabdachung) vorbei, rechts unter den Wänden zu einer Rinne, in dieser über brüchige Schrofen (Drahtseile) zum nach Osten hin abfallenden, begrasten Bergrücken. (Hierher auch von der Bergstation der Crëp-de-Munt-Umlaufbahn.) Dort links ansteigend zur senkrechten, gelben Wandstufe und über eine Klammernleiter zu den oberen Schutthängen. Weiter auf gut markiertem Steig (im Frühsommer Firnfelder), teils im gut gestuften Schrofengelände, in westlicher Richtung zum Gipfel. (*Kammerer*)
Abstieg: Entlang der Aufstiegsroute.

Die Sellagruppe von Süden, rechts die Pyramide des Piz Boè; dahinter aufragend die Geisler-Puez-Gruppe. Im Vordergrund Padonkamm und Pordoijoch.

Kreuzkofel – Lavarella – Fanes

Mit der breiten Front seiner Westwände prägt das Felsmassiv des Kreuzkofel-Lavarella-Kammes das Landschaftsbild des mittleren Gadertales. Der Faneskamm schließt sich ostwärts über dem Südlichen Fanestal an und grenzt im Travenanzestal zur Tofana.
Diese Berge liegen im Naturpark Fanes-Sennes-Prags, der sich zwischen Gadertal, Pustertal und Höhlensteintal erstreckt und im Süden mit dem neuen Naturpark Ampezzaner Dolomiten verbunden ist.

Zehnerspitze, 3026 m

Die Kammerhebung nördlich des Roßhauptkofels ist der Hauptgipfel der Kreuzkofelgruppe (ladin. Sas dles Diesc, ital. Sasso delle Dieci). Der ostseitig in senkrechtem Absatz aufragende Gipfelgrat bildet den oberen Abschluß eines zur Felswüste der Klein-Fanesalpe abfallenden Plattenhanges. An der Nordwestseite fällt der Gipfelkamm in hohen, zerklüfteten Wänden zum Armentarawald ab.
Die erste Besteigung erfolgte 1887 unter Führung von A. Ploner und J. Miribung durch A. Posselt Czorich und den Abenteuerschriftsteller F. Gerstäcker.

Schwierigkeiten: Der Westanstieg zur Kreuzkofelscharte ist ein leichter Klettersteig, ab der Scharte Gehgelände, am Gipfelkamm kurze Kletterei (Drahtseil), die Trittsicherheit und Schwindelfreiheit erfordert.
Mühen: Hüttenzustieg ab der Bergstation des Heiligkreuz-Sesselliftes 200 mH (0.30 Std.), Gipfelaufstieg 1000 mH (3.30 Std.), ebenso von der *Lavarella*- und *Faneshütte*.
Gefahren: Am Klettersteig zur Kreuzkofelscharte im mittleren Teil am steilen Schutthang Steinschlaggefahr (Helm).
Freuden: Sehr ursprüngliche Felslandschaft.

Karten 1:25 000: Tabacco 07 Hochabtei und 03 Cortina d'Ampezzo, Mapgraphic 21 Gadertal–Abtei.
Skizze 9
Anreise: Von St. Lorenzen im Pustertal (Bahnhof) ins Gadertal

nach Pedratsches (Bus) und links abzweigend nach St. Leonhard in Abtei. Talstation des Heiligkreuz-Sessellifts am Ortseingang (1335 m, Sommerbetrieb vom 20.6. bis 30.9., Fahrten von 8.30 bis 18 Uhr, Tel. 0471-839645).

Hüttenzustieg: Auffahrt mit Sessellift, ab Bergstation (1850 m) auf Zufahrtsweg Mark. 7 ostwärts ansteigen zum *Heiligkreuz-Schutzhaus* (2045 m, privat bewirt. vom 1.6. bis 15.10., 30 Schlafpl., Tel. 0471-839632).

Gipfelroute: Klettersteig in der Westflanke und Steig über die Südostabdachung zum steilen Gipfelgrat.– Auf Steig Mark. 7 (Hinweise) im Hochwald zum Vorbau des Kreuzkofels, dort südostwärts im Schrofengelände ansteigen (teils Drahtseile). Nach dem Felsaufschwung am steilen Schutthang auf Steig in Kehren bis zur senkrechten Westwand hinauf und am Wandfuß nach rechts queren zur Kreuzkofelscharte (2612 m, hierher auch ab Fanes- oder Lavarellahütte, 2050 m, auf Steig Mark. 7, 1.30 Std.). Nun nordwärts am Südosthang auf Steigspuren über Schutt und niedrige Felsabsätze ansteigend zum *Roßhauptkofel* (2907 m, ladin. L'Ciaval, Gipfel der Kreuzkofelwände). Auf Steigspur am Nordhang absteigend (Hinweis) zu einem Sattel (2845 m, hierher auch am Hang querend), dann rechts unterhalb der Gratkante entlang zum steilen Zehner-Gipfelgrat. Über die gut gestufte Rinne (Drahtseil) rechts der Kante in leichter Kletterei zum Gipfel. (*Kammerer*)

Aussicht: Nordwestlich unterhalb das Tal von Wengen, südlich die Klein-Fanesalpe und darüber das breite Massiv der Lavarella, im Osten hinter dem Faneskamm aufragend die Tofane.

Abstieg: Für den Abstieg über die *Lavarellahütte* unbedingt dem Anstiegsweg zur Kreuzkofelscharte folgen. Das weglose Abkürzen durch die großen Blockfelder und die Karrenflächen der Klein-Fanesalpe sieht harmloser und zeitsparender aus, als es in Wirklichkeit ist (bei Nebel auch Orientierungsprobleme).

Nebengipfel: Der südwestlich vorgelagerte *Roßhauptkofel (2907m)* wird beim Aufstieg überschritten.

Neunerspitze, 2968 m

Der im Grat nordöstlich der Zehnerspitze über der Karstwüste des Klein-Fanes-Kessels aufragende Felsrücken der Neunerspitze (ladinisch Sass dales Nö) bildet mit seiner schroffen Nordflanke den großartigen Talschluß von Wengen. Die kom-

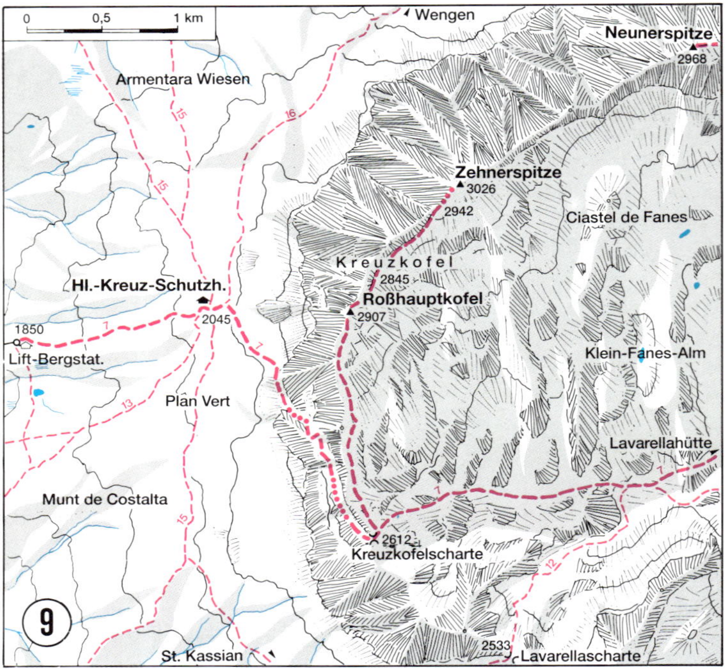

pakten südseitigen Plattenschüsse sind unter Kletterern für ihre Genußtouren berühmt.

Schwierigkeiten: Leichte, kurze Gratkletterei (I und II). Der Zugang zum Gratrücken verläuft weglos.
Mühen: Hüttenzustieg von Pederü 500 mH (1.30 Std., Taxidienst), Gipfelaufstieg 920 mH (2.45 Std.).
Gefahren: Bei Gewittergefahr den Grat meiden.
Freuden: Am Südabbruch bietet sich entlang der scharfen Gratkante eine ausgesetzte Genußkletterei.

Karten: Siehe Zehnerspitze.
Skizze 10
Anreise: Von St. Lorenzen im Pustertal (Bahn) ins Gadertal, in Zwischenwasser links nach St. Vigil in Enneberg (Bus) und weiter ins Rautal bis Pederü (1545 m, Naturparkgrenze, Taxidienst zu den Schutzhütten).
Hüttenzustieg: Vom Parkplatz auf verfallener Straße nach

Die Zehnerspitze im Kreuzkofelkamm im Morgenlicht.

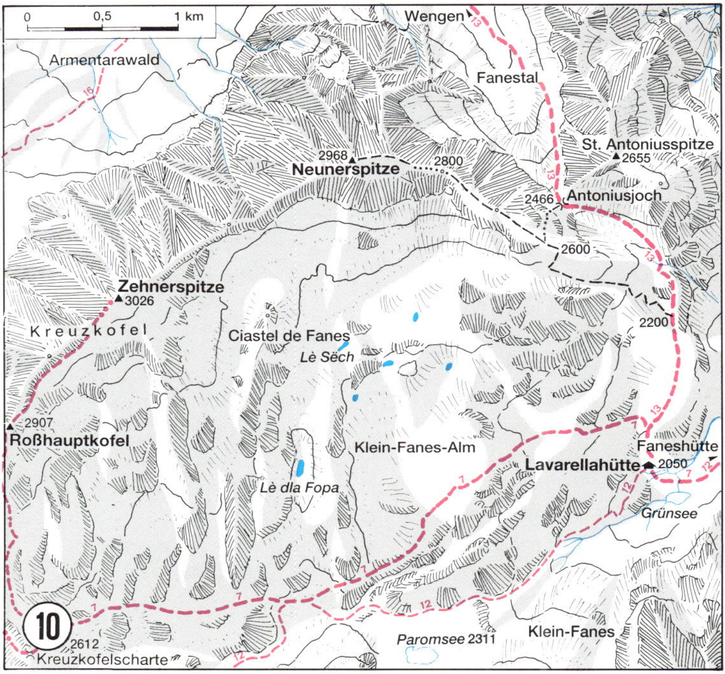

Süden, dann rechts am Hang auf Steig Mark. 7 (Dolomiten-Höhenweg 1) über die Steilstufe zu einer Anhöhe. Absteigend zum Piciodelsee, weiter auf der Straße, die Kehren abkürzend, zur Verzweigung im oberen Talboden und rechts (Hinweise) zur *Lavarellahütte* (2050 m, privat bewirt. vom 1.6. bis 15.10., 40 Schlafpl., Tel. 0474-501079). Östlich gegenüber liegt die *Faneshütte* (2060 m, privat bewirt. vom 1.6. bis 30. 9., 80 Schlafpl., Tel. 0474-501097).
Gipfelroute: Über den Ostgrat. – Mit Mark. 13 ansteigend nach Norden zum flachen Weideboden Plan dles Sarënes. Dann am Grashang im Bereich eines Rinnsals in Richtung Antoniusjoch bis zum von links ansteigenden, steilen Grasbuckel (2200 m). Nun westwärts am Hang ohne Steigspuren steil hinauf bis zu einer von Karren-Felsrippen durchzogenen Mulde. Dort weiter nach Westen, dann rechts am steilen Südhang zum breiten Kammrücken (2600 m, hierher auch am felsigen Nordosthang vom Antoniusjoch herauf).
Über die Kammlinie weiter bis zu einem Vorgipfel und einige Felsköpfe überschreitend zum Zackengrat. Rechts, hinter der Gratkante dem Einschnitt der Felsschichtung folgend, in leichter Kletterei zur flachen Abdachung und zum Gipfel. (*Kammerer*)
Aussicht: Wie bei der Zehnerspitze, Tiefblick nach Wengen.
Abstieg: Entlang der Aufstiegsroute.

Lavarella, 3055 m

Behäbige Felsmasse in landschaftlich großartiger Lage südlich über der Klein-Fanesalpe. Unschwierig, aber nur mit langem Anstieg erreichbarer, deshalb wenig besuchter Dolomiten-Dreitausender (ladin. Piz d'Lavarela). Die erste Besteigung erfolgte schon früh durch einheimische Jäger.

Schwierigkeiten: Langer Anstieg, Gehgelände bis zum kurzen Gipfelgrat, dort leichte Felsstufen (I), im Frühsommer weitgehend Schneefelder.
Mühen: Gipfelaufstieg ab *Capanna Alpina* am Plan da l'Ega 1330 mH (4.15 Std.), ab *Faneshütte* 1000 mH (nach 515 mH Hüttenaufstieg von Pederü bzw. Taxidienst).
Gefahren: Vorsicht am Gipfelgrat nötig. Bei Nebel ist im oberen Teil des langen Anstieges die Orientierung schwierig, teils nur schwache Spuren.
Freuden: Ursprüngliche Hochgebirgslandschaft.

Karten: Siehe Zehnerspitze.
Skizze 11
Anreise: Von St. Kassian auf der Valparolapaßstraße bis zur großen Brücke am Rü Sciare, vor der Brücke links, auf Schotterstraße am Bachbett entlang zur *Capanna Alpina* (1726 m, Jausenstation) am Plan da l'Ega.
Gipfelroute: Vom Parkplatz (1726 m, Hinweise) auf breitem Weg Mark. 11 taleinwärts und im Kar zur Steilstufe. Auf Steig zwischen Felskulissen ansteigend zum Col Locia (2069 m). Im Latschenfeld etwas absteigen und wieder aufwärts zum weiten, ebenen Weideboden im südlichen Fanestal (2117 m, rechts, südwärts Abzweigung des Dolomiten-Höhenweges 1). Weiter nach Norden zur kaum merklichen Anhöhe des Tadegajochs (2157 m, Ju da l'Ega, hierher von der Faneshütte auf der Straße über das Limojoch).
Ein markierter Steig zweigt dort nach Westen ab. Man steigt über Latschen- und Schutthänge in das Vallon de Lavares zur kleinen Seemulde des Lech de Cunturines (2526 m) an. Weiter rechts am Hang über Geröll und Felsböden (kaum Spuren zu erkennen; im Frühsommer Schneefelder) im Hochkar Büsc da Stlü bis zur Kammhöhe (2885 m, 4 Std.). Nun rechts, nordwärts auf Steig am Schutt- und Felshang zu einer Scharte (links zum Südwestgipfel, 3034 m) und rechts über den Grat zum Hauptgipfel (3055 m, 0.15 Std.). (*Kammerer*)
Aussicht: Nördlich unterhalb die Klein-Fanes-Alpe, überragt von Zehnerspitze und Neuner. Östlich der Faneskamm, dahinter die Tofanagipfel. Südlich gegenüber der etwas höhere Gipfel des Cunturines, im Südwesten die gletscherweiße Nordseite der Marmolada. Im Westen Sellastock und Puez-Geisler-Gruppe.
Abstieg: wie Aufstieg.
Nebengipfel: Der am Rande der Westabstürze gelegene, mit Kreuz versehene *Südwestgipfel (3034 m)* ist von der Scharte vor dem Hauptgipfel in wenigen Minuten zu erreichen, Tiefblick auf das mittlere Abteital (Gadertal).

Cunturines, 3064 m

Südlicher und höchster Gipfel des Cunturines-Lavarella-Massivs (ladinisch Piz dles Cunturines). Er ist mit seinem schroffen Felsaufbau deutlich anspruchsvoller als die übrigen. Die erste Besteigung erfolgte 1880 durch A. Grünwald unter Führung von S. Siorpaes.

Kreuzkofelwände bei Sonnenuntergang, links die Zehnerspitze. Im Mittelgrund Faneskamm und Lavarella überragt von den Ampezzaner Hochgipfeln (in der Ferne rechts der Pelmo, links Sorapiss und Antelao).

Schwierigkeiten: Langer Anstieg, am Gipfelaufbau origineller Klettersteig mit Holzbalken als Steighilfen, dann brüchiger Fels. Umsicht, Trittsicherheit und Schwindelfreiheit erforderlich.
Mühen: Gipfelaufstieg ab *Capanna Alpina* am Plan da l'Ega 1330 mH (4.45 Std.), ab *Faneshütte* 1000 mH (nach 515 mH Hüttenaufstieg von Pederü bzw. Taxidienst).
Gefahren: Bei Nebel ist im oberen Teil des langen Zuganges die Orientierung schwierig. Am Gipfelaufbau im brüchigen Fels ist Vorsicht nötig, besonders auch an Stellen mit Firn.
Freuden: Noch etwas höher und schroffer als am nördlichen Nachbargipfel, der Lavarella.

Karten: Siehe Zehnerspitze.
Skizze 11
Anreise: Von St. Kassian auf der Valparolapaßstraße und nach links auf Fahrweg zur *Capanna Alpina,* siehe Lavarella.
Gipfelroute: Bis zur Kammhöhe im Hochkar Büsc da Stlü (2885 m, 4 Std.) wie beim Anstieg zur Lavarella. Vom flachen Felsbereich des Sattels über den Verbindungskamm weglos (Schneefelder, sonst markiert) nach Süden zum Schutthang nordseitig unter den Felsen und steil zum Einstieg. An aufrechten Holzbalken anstrengend über die erste steile Wandstufe, weiter (rechts, westseitig) in leichterem, aber brüchigem Gelände über Bänder und Schrofen zum Gipfel. (*Kammerer*)
Aussicht: Wie Lavarella.
Abstieg: Wie Aufstieg.
Nebengipfel: Der *Nordostgipfel (3012 m)* ist nur durch lange Extrahatscher zu erreichen.
Andere lohnende Routen: Ein originelles Unternehmen ist der Besuch der *»Bärenhöhle«* im oberen Teil der Südostwand (2800 m, von Col Locia weglos und mühsam über steile Geröll- und Schrofenhänge, Eingang versperrt). In der abgelegenen, großen Naturhöhle wurden Schädel und Skelette von urzeitlichen Bären gefunden, deren Alter von über 40 Jahrtausenden wissenschaftlich festgestellt werden konnte.

Nördliche Fanesspitze, 2969 m

Behäbiger Nordgipfel des mehrgipfeligen Faneskammes, der sich zwischen Cunturines-Lavarella-Massiv im Westen und den Tofana-Felsburgen im Osten erstreckt.

Schwierigkeiten: Schrofiger, wegloser Karanstieg mit Stellen leichter Kletterei (I), bei Nebel ab Forc. del Lago (Seescharte) auf Orientierung achten.
Mühen: Gipfelaufstieg ab *Capanna Alpina* am Plan da l'Ega 1250 mH (4 Std.).
Gefahren: Im Frühsommer Firnfelder (dann Eispickel ratsam).
Freuden: Im Kontrast zur Südlichen Fanesspitze ein stiller, einsamer Gipfel.

Karte: Siehe Zehnerspitze.
Skizze 12
Anreise: Von St. Kassian auf der Valparolapaßstraße und auf Fahrweg links ab zur *Capanna Alpina*, siehe Lavarella.
Gipfelroute: Bis zur Abzweigung des Dolomiten-Höhenweges 1 im Südlichen Fanestal (2117 m, 1 Std.) wie beim Anstieg zur Lavarella. Von dort scharf rechts (südwärts) auf dem Dolomiten-Höhenweg 1 aufwärts zum Kar bis knapp unterhalb der Forc. del Lago (2480 m). Nun weglos über Schutt (im Frühsommer Firn) in südöstlicher Richtung mühsam ansteigend zur Forc. Fanes (2864 m), zwischen Nördlicher (links) und Mittlerer Fanesspitze (rechts). Nun nordwärts am Grat zum Gipfel. (*Goedeke*, z.T. *nach Berti*)
Abstieg: Entlang der Aufstiegsroute.

Südliche Fanesspitze, 2980 m

Am südlichen Abbruch des Faneskammes, bis knapp unter 3000 m aufragender, stolzer Felsturm. Durch die Anlage des aufwendigen Tomaselli-Klettersteiges sind die steilen Wände der Südlichen Fanesspitze für die Klettersteig-Liebhaber erschlossen worden.

Schwierigkeiten: Steiler, anstrengender und luftiger Klettersteig mit langen ausgesetzten Strecken. Wegen der Steilheit und des beachtlichen Abstandes zwischen den Fixpunkten des Drahtseils unbedingt neben Helm auch Brust- und Sitzgurt sowie zwei kräftige Selbstsicherungen mit Karabiner nötig. Nichts für Anfänger, was die Umkehrquote (der Vernünftigen) bei der nun schon berühmten Einstiegstraverse beweist.
Mühen: Zugang ab Lagazuoi-Seilbahn-Bergstation zum *Bivacco Della Chiesa* 250 mH Abstieg und 150 mH Aufstieg (1 Std.), Zugang vom Falzaregopaß Aufstieg 550 mH (2 Std.). Klettersteig-

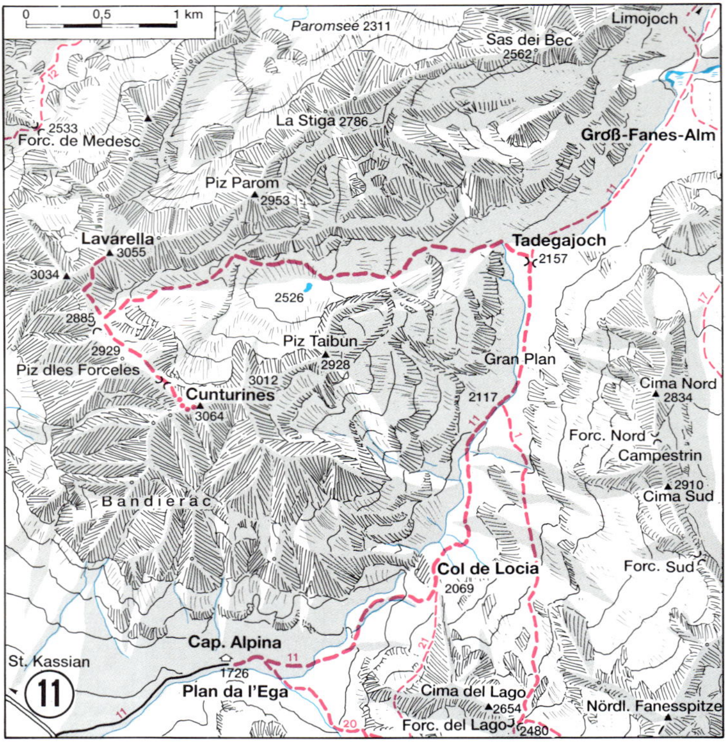

Anstieg vom *Bivacco Della Chiesa* 330 mH (2 Std. ohne Wartezeiten).

Gefahren: Oft Gedränge und Steinschlag. Bei Gewittertendenz sofort umkehren, da extrem blitzgefährdet.

Freuden: Das Gefühl, einen der anspruchsvolleren Klettersteige der Dolomiten zu begehen. Erst im Oktober schön einsam.

Karte: Siehe Zehnerspitze.

Skizze 12

Anreise: Von St. Kassian in Abtei oder von Cortina d'Ampezzo zum Falzaregopaß, Parkplatz an der Talstation der Lagazuoi-Seilbahn (2117 m, Sommerbetrieb vom 1.6. bis 30.9., Fahrten von 8.30 bis 17 Uhr, Tel. 0436-867301). Auffahrt zum *Rif. Lagazuoi* (2752 m, privat bewirt. vom 20.6 bis 30.9., 50 Schlafpl., Tel. 0436-867303).

Zustiege: Zunächst gilt es das *Bivacco Della Chiesa* (2652 m, CAI Cortina, 9 Schlafpl.) auf der Felsterrasse westlich der Forc. Grande, nahe am Einstieg zur Ferrata Tomaselli, zu erreichen.
Von der Lagazuoi-Seilbahn-Bergstation (2752 m, *Rif. Lagazuoi*) im Pistenbereich zur Forc. Lagazuoi und auf Steig Mark. 401 nordostwärts am Hang zur Forc. Travenanzes (2507 m, Hinweise). Nun auf Steig Mark. 20B im Kar am Ostabhang des Lagazuoikammes nach Norden leicht ab- und ansteigend zu einem Schuttsattel, dann links hinauf zur Forc. Grande (2665 m), dort zur Westseite (Durchgangsstollen), kurz absteigen und rechts zum Einstieg (oder zum nahen Biwak).
Vom Falzaregopaß (2117 m, Talstation der Seilbahn, Parkplatz) auf Pistenstraße Mark. 402 nach Norden ansteigen, dann am steilen Hang rechts der Piste in Kehren zur Forc. Travenanzes (2507 m, Hinweise). Weiter wie vom *Rif. Lagazuoi* beschrieben zum Einstieg.
Gipfelroute: Via Ferrata Tomaselli – West-Ost-Überschreitung. Vom *Bivacco Della Chiesa* zum nahen Einstieg (Stellungsreste

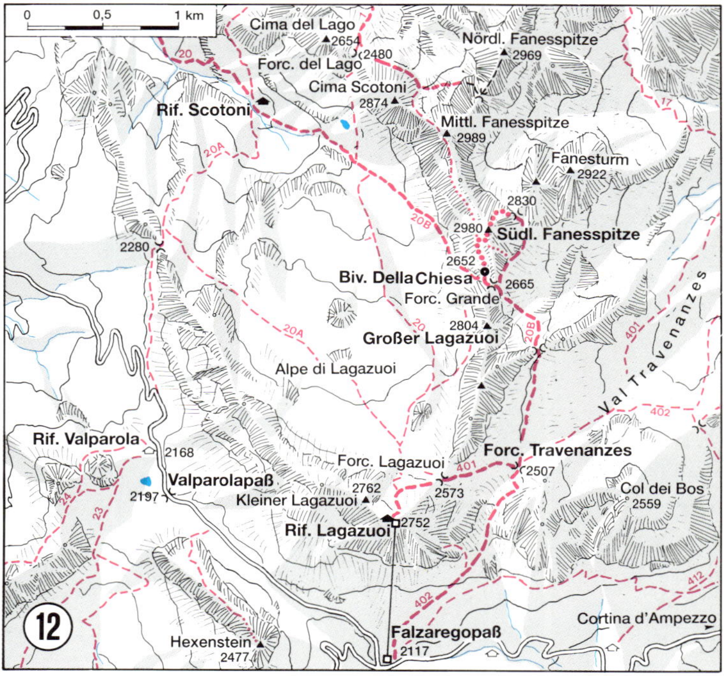

aus dem Ersten Weltkrieg) unter senkrechter Wand (vormittags schattig). Am fixen Seil an der Wand hinauf und nach links zur Querung unter einem Überhang an trittarmem Fels (ausgesetzte Schlüsselstelle). Weiter gerade hinauf, ausgesetzt, teils senkrecht, aber immer gut gestuft am durchgehenden Drahtseil über den unteren Wandteil bis zum mäßig steilen Schutthang in Wandmitte. Auf Steigspuren links ansteigend bis zu Verzweigung (ein Drahtseil weist nach links auf den Kriegsweg über das Hohe Band, das durch die Westwand der Mittleren Fanesspitze führt).

Nun rechts den Sicherungen folgend, über steile Platten zu einer Kanzel. Wieder sehr steil im Bereich der Kante ansteigend, dann an ausgesetzter Wand, im obersten Abschnitt über eine senkrechte, Armkraft erfordernde Verschneidung ausgesetzt zur Gratscharte und kurz über die südseitigen Platten zum nahen Gipfel. (*Kammerer*)

Aussicht: Die von Schichtbändern durchzogenen, hohen Felsflanken der Tofane beherrschen im Osten das Bild, im Südwesten liegt die Marmolada, im Westen Sellastock und Puez-Geisler-Gruppe.

Abstieg: Unbedingt den kurzen Klettersteig nach Norden hinab, damit wird auch gefährlicher Gegenverkehr vermieden.

Vom Gipfel (durchgehendes Drahtseil) über die rauhen Felsplatten der Nordostabdachung, dann steiler, über Bänder und Wandabsätze in der Ostwand mit einigen kurzen sehr steilen Stellen bis zum Einstieg an der Selletta di Fanes (2830 m).

Pragser Dolomiten

Die Pragser Dolomiten mit dem Olanger Kamm, der Hauptgruppe vom Seekofel zum Massiv der Hohen Gaisl und dem östlich vorgelagerten Dürrensteinkamm liegen im östlichen Teil des Naturparks Fanes-Sennes-Prags. Im Norden zum oberen Pustertal abfallend, liegt die Berggruppe bereits an der Grenze des Dolomitenraumes. Der südliche Teil der unwegsamen Hohen-Gaisl-Gruppe liegt im 1990 neu eingeführten Cortineser Naturschutzgebiet »Parco Naturale Dolomiti d'Ampezzo«.

Hohe Gaisl, 3146 m

Croda Rossa d'Ampezzo nennen die Ampezzaner sie. Das klingt vielsagend. Zu recht. Denn eine spröde Schönheit ist dies, gewaltigprächtig anzusehen und herzlich herbalpin bei einer Besteigung – nach Steigpensum, Qualität des Gesteins, Ausmaß von sonstigen Schikanen und Schwierigkeiten gleichermaßen. Dementsprechend kommen hier nur wenige der ohnehin nicht zahlreichen Bewerber am Gipfel an. Gleich ob man nun den etwas weniger schwierigen und kürzeren, jedoch dafür verheerend brüchigen Nordwestanstieg oder den etwas weniger brüchigen, aber dafür längeren und schwierigeren Ostwandanstieg wählt: Dies bleibt ein Ort, wo die blaue Blume von Romantik und Abenteuer blüht.
Die erste Besteigung des nördlichen Vorgipfels erfolgte 1865 durch P. Grohmann mit dem Ampezzaner Führer A. Pizzo und dem Gemsenjäger F. Dimai von Nordwesten her. Der Hauptgipfel wurde erst 1870, mit schwierigerem Zustieg über die Westschlucht, durch den Engländer R. Whitwell mit den Führern S. Siorpaes und C. Lauener erreicht. Der heute gleichfalls als »Normalweg« geführte Anstieg über die Ostseite gelang 1883 dem Sextener Führer M. Innerkofler und seinem Klienten J. von Schlögel Ehrenkreuz.

Schwierigkeiten: Wohl der alpinste unter allen großen Dreitausendern der Dolomiten. Sehr selten angegangen und noch seltener erfolgreich bestiegen. Das liegt weniger an den technischen Schwierigkeiten – die gehen auf den beschriebenen Routen bei richtiger Routenfindung (!) über Stellen III nicht hinaus – als an

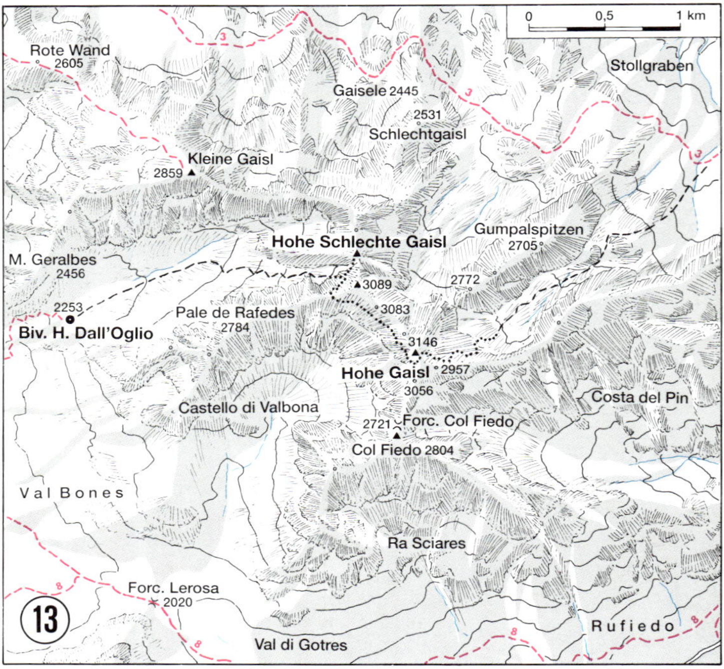

den Dimensionen dieses Berges und an der Tatsache, daß dieser Berg weithin nicht nur nicht abgekletterten, sondern tatsächlich auch in der Substanz brüchigen Fels aufweist. Wer mit alledem nicht reichlich Erfahrung hat und damit nicht souverän umgehen kann, der sollte die Finger davon lassen. Die Bergwacht ist an diesem Berg auch nicht so gern aktiv.

Mühen: Ab Beutelstein über die Alpe Ra Stua zum *Bivacco Helbig-Dall'Oglio* 850 mH (2.30 Std.), Gipfelaufstieg von dort 900 mH, davon 350 mH Kletterei (4 Std.). Vom Plätzwiesen-Parkplatz 1200 mH, davon 550 mH Kletterei (5 Std.).

Gefahren: Alles, was es an alpinen Gefahren in den Dolomiten so gibt, und das nicht zu knapp. Helm, Seil, Haken und Biwakzeug, beim Nordwestanstieg auch Eisausrüstung unbedingt ratsam.

Freuden: Wildes Ambiente und das Bewußtsein, einen durch die Breite der Anforderungen besonders anspruchsvollen Berg zu besteigen. Und die Freude hinterher, wieder heil herunten zu sein.

Die Westabstürze der Hohen Gaisl, links die Hohe Schlechte Gaisl. Im Hintergrund rechts die Drei-Schuster-Gruppe.

Karten 1:25 000: Tabacco 03 Cortina d'Ampezzo e Dolomiti Ampezzane, Mapgraphic 18 Pragser Dolomiten.
Skizze 13
Anreise: Von Toblach im Pustertal (Bahnhof) auf der Straße im Höhlensteintal Richtung Cortina d'Ampezzo bis zur Abzweigung in der Kehre bei Beutelstein (1421 m, Hinweise, hierher auch von Cortina). Von Welsberg nach Altprags/Brückele und zum Plätzwiesen-Parkplatz (1950 m, Verkehrsregelung siehe Dürrenstein).
Gipfelrouten: Von Nordwesten (Grohmannroute): Von der Kehre bei Beutelstein (1421 m, Fahrverbot, Taxidienst) auf Asphaltstraße im oberen Boitetal zur Alpe Ra Stua (1668 m). Weiter auf Fahrweg etwa 1 km taleinwärts. Hinter der Brücke über einen Bach (Hinweis, rot-weiß markiert) schräg rechts im lichten

Wald weglos aufwärts zu einem Steig. Auf diesem zuerst nördlich, später südlich vom Bach, zuletzt wieder nördlich davon, hinauf zu einem Wiesenboden (letzte Quelle). Oberhalb links den aufsteilenden Latschen- und Schrofenhang hinauf. Bei Gabelungen des Steiges jeweils rechts und hinauf in das Kar. Auf dessen Schwelle liegt das *Bivacco Helbig-Dall'Oglio* (2253 m, CAI Cortina, 2.30 Std.). Wegen Vandalismus wurde die gesamte Einrichtung bis auf den blanken Fußboden entfernt, so daß man bei Einplanen von Übernachtung Schlafsäcke und andere nützliche Dinge selbst mitschleppen muß).
Im Kar über gewaltige, vielsagende Schutthalden hinauf zu der großen Firnrinne, die von der Scharte nördlich des Gipfelaufbaus herabzieht. Diese in mäßiger Neigung hinauf bis etwa 120 m unterhalb der Scharte. Dann nach rechts in Richtung auf eine auffallend rote Wandeinbuchtung hinauf. Aus dieser Einbuchtung durch eine rote, unappetitlich mürbe Rinne zur Scharte zwischen dem langen, gezackten Westgrat und dem eigentlichen Bergkörper. Von dieser Scharte schräg rechts (südseitig) ansteigend queren und über Schutt und Plattenstufen unter dem nördlichen Vorgipfel (P. 3089) und einer weiteren Graterhebung (P. 3083) vorbei zur Scharte vor dem Hauptgipfel. Diese Scharte wird durch eine Querung etwa 30 m unterhalb des Grates erreicht. Nun links des Grates, ostseitig, über Stufen und Blöcke, einige Zacken links auf Leisten umgehend, zu einem 10 m hohen grauen Kamin. In diesem direkt zum Gipfel (4 Std. vom Biwak). (*Goedeke*)

Von Osten (Innerkoflerroute): Vom Plätzwiesensattel (1992 m) in südwestlicher Richtung über Wiesen und Schutt hinauf ins Kar Cadin di Croda Rossa und zum Fuß der Ostwand. Etwa 40 m am linken Rand der Rinne unter der grausig-schaurigen Ostschlucht ansteigen (Steinschlaggefahr!), dann auf einem abschüssigem Band links hinaus zum eigentlichen Einstieg (2 Std.).
Über den felsigen, gestuften und schuttigen Sockel hinauf (zuletzt III–) zu einem großen, rotlehmigen Schuttband. Diesem nach links 100 m folgen bis zu einem schmalen Schuttrücken unterhalb von einer markanten Schluchtrinne. Von rechts her in diese hinein und darin (II und III) 80 m hinauf bis unter einen senkrechten Aufschwung (Abseilstelle mit zwei Bohrhaken). Nun in luftiger Querung nach links (III, 3 Haken) hinaus. Auf Schuttschrofen linkshaltend etwa 50 m ansteigen bis unter Fels-

riegel. Hier zuerst schräg rechts empor und dann über die abdrängende Stufe (III+; schwierigste Stelle) zu Stand an Abseilstelle (2 Bohrhaken).
In Linksschleife über Schutt zum nächsten Wandgürtel. Rechts in hübscher Kaminreihe 60 m hinauf (III, Haken). Danach auf einem Band waagerecht nach links um die Kante des Ostgrates herum und in eine große rote Wandeinbuchtung mit Firn und Wasser. In der am weitesten rechts emporführenden Rinne gerade hinauf zu einer markanten kleinen Gratscharte rechts von einem schmalen Turm. Den ersten Gratturm rechts umgehen (II), dann an der Kante und danach links an Riß (III) und Kamin (unter Klemmblock durch) und rechts an der Gratkante (II) zu einer schuttigen Gratschulter. Am stumpfen Grat weiter, über ein Köpfl und unter der Schlußwand auf Bändern schräg rechts zu einer grauen Rampe. Daran eine Seillänge hinauf (II) und nochmals auf Bändern nach rechts. An einer gelbrot beginnenden, gestuften Rampe (II und I) rechtshaltend hinauf zum Grat. Über fragile Blöcke rechts 20 m luftig zum höchsten Punkt (5 Std. vom Einstieg). (*Goedeke*)
Aussicht: In der näheren Umgebung ist man/frau hier auf dem höchsten Gipfel. Im Südwesten die Tofane, im Süden der Cristallo und im Osten Dürrenstein und Sextener Dolomiten.
Abstieg: Am besten auf dem Aufstiegsweg, damit man auch wieder hinabfindet.

Nebengipfel: Der *Nordgipfel (3089 m)* und der *Vorgipfel (3083 m)* sind beim Aufstieg von Nordwesten aus rasch und ohne zusätzliche Probleme zu besteigen.

Hohe Schlechte Gaisl, 3015 m

Die nördlich angelagerte Felsmasse wird vom Nordgipfel der Hohen Gaisl durch eine markante Scharte und zwei große Firnrinnen abgetrennt (ital. Crodaccia Alta). Schuttige und brüchige Kletterei.

Gipfelroute: Wie beim Nordwestanstieg der Hohen Gaisl, dort jedoch die große Firnrinne ganz hinauf. 20 m vor der Scharte beginnend, in der Westseite, links in Rinnen zu einer Gratscharte zwischen den drei Gipfelzacken und rechts zum höchsten Punkt (etwa II, 0.30 Std. von der Scharte). (*Goedeke nach Berti*)

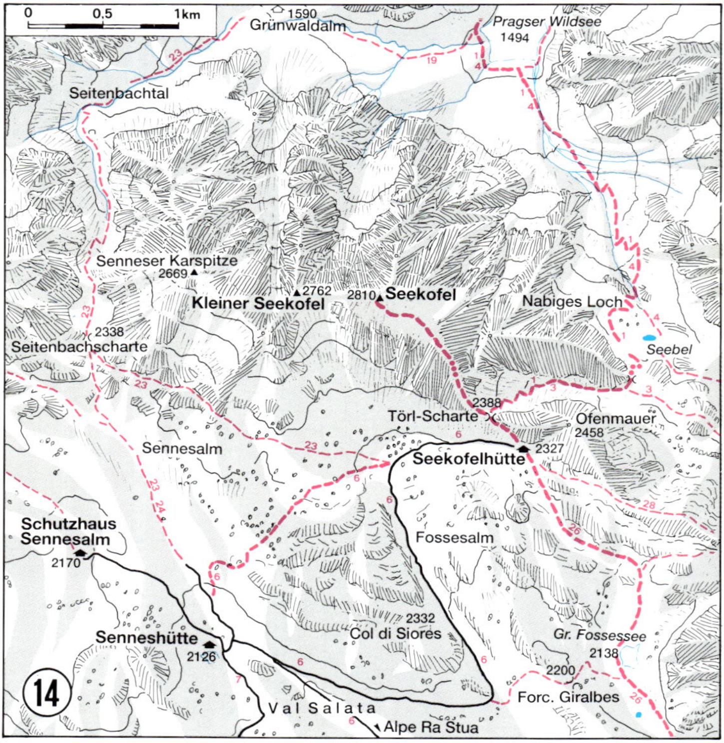

Seekofel, 2810 m

Dieser Gipfel verdankt seine Bekanntheit vor allem dem Pragser Wildsee, einem der schönsten Dolomitenseen. Seine gewaltige Nordflanke mit dem unverkennbaren Profil der vorspringenden, senkrechten Westkante ragt 1300 Meter über dem Seespiegel auf. Südseitig bricht die große Gipfelfläche in 45 Grad geneigten, großen Schichtplatten zur Sennes-Karsthochfläche ab (ladin. Sass dla Porta, ital. Croda del Becco).

Schwierigkeiten: Bei guten Verhältnissen unschwieriger Steig in teils steilem Schrofengelände, die kurze Strecke über die gestuften Gratfelsen ist mit Drahtseil-Handlauf versehen, Trittsicherheit erforderlich.

Mühen: Hüttenaufstieg von Süden ab Beutelstein über die Alpe

Der Seekofel mit der Südwand, rechts Törl-Sattel und die Seekofelhütte.

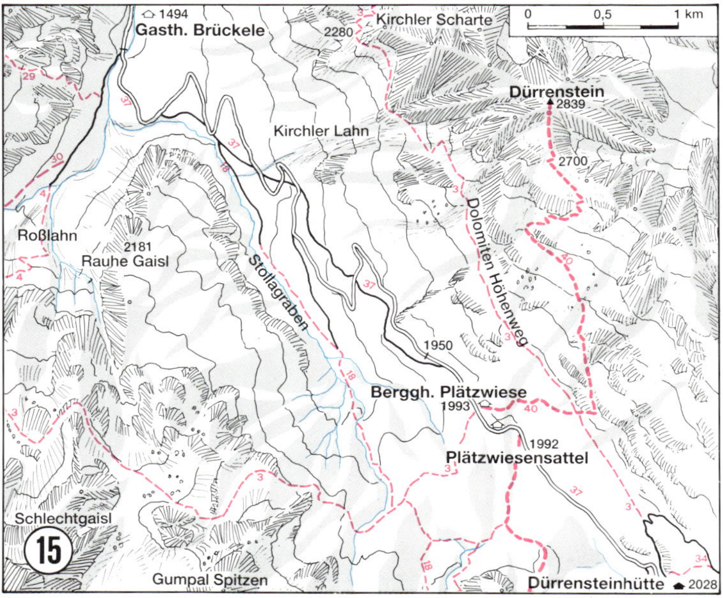

Ra Stua 900 mH (2.45 Std.), von Südwesten ab Rautal/Pederü 780 mH (3 Std., Taxidienst), von Norden ab Pragser Wildsee 900 mH (3 Std.); Gipfelaufstieg 480 mH (1.30 Std.).
Gefahren: Für geübte, schwindelfreie, trittsichere und angemessen ausgerüstete Bergwanderer minimal, wenn nicht gerade ein Gewitter zuschlägt.
Freuden: Eine herrliche Aussichtskanzel.

Karte: Siehe Hohe Gaisl.
Skizze 14
Anreise: Von Welsberg im Pustertal (Bahnhof) zum Pragser Wildsee (1494 m). Von Cortina d'Ampezzo über Fiammes bis zur Abzweigung in der Kehre bei Beutelstein (1421 m, Hinweise, Taxidienst zur *Alpe Ra Stua;* es besteht Fahrverbot, Naturparkgebiet).
Hüttenzustieg: Zur *Seekofelhütte* (2327 m, Rif. Biella, CAI Treviso, bewirt. vom 1.7. bis 30.9., 35 Schlafpl., Tel. 0436-866991).
Vom Pragser Wildsee (1494 m, Hinweise) mit Mark. 1 am Westufer zum Südende, dort anfangs im Wildbachschutt, dann auf Steig durch Latschen nach Süden und links in Kehren zu den Felsen. Dort absteigend zur Bachschlucht Nabiges Loch und am Schutthang steil zur Waldgrenze.
Weiter am Geröllhang südwärts unter Wänden zu einer mit Drahtseil versicherten Felsstufe. An der folgenden Steigverzweigung rechts, nach Westen, durch die Felswüste des Ofenkarkessels und links in Kehren zur Törl-Scharte (2388 m, Bildstock, rechts zum Seekofel). Südseitig kurz hinab zur *Seekofelhütte* (auch *Egererhütte*).
Von Beutelstein (1421 m) auf der Straße (Fahrverbot, Taxidienst) zur Alpe Ra Stua (1668 m). Weiter auf Wirtschaftsweg (führt auch zur Hütte) bis zur Alpe Campo Croce, dort rechts (Hinweis) auf Fußweg Mark. 26 am steilen Latschenhang von Socroda in Kehren zur Fossesalm. Nordwärts zu den Weidemulden der Fosses-Seen und im Karstgelände ansteigend zum Schutzhaus.
Gipfelroute: Über den Südostkamm. – Zur nahen Törl-Scharte (2388 m, hierher auch vom Pragser Wildsee). Über den steilen Südostkamm auf Steig in Kehren zum Felsgrat und auf gesichertem Schichtband an der Gratkante zur Gipfelabdachung. Dort ansteigend, dann am Geröllhang nach Westen zum Gipfel. (*Kammerer*)
Aussicht: Im Süden weiter Blick über die Sennesalpe ins Fanes, im Norden eindrucksvoller Tiefblick zum Pragser Wildsee.

Abstieg: Entlang der Aufstiegsroute.
Andere lohnende Routen: Plattenklettereien in der Südflanke (200 mH, ab IV).

Dürrenstein, 2839 m

Hoher pultförmiger Bergstock zwischen dem Pragser Tal und dem Höhlensteintal. Von Norden gesehen formschöner, auf dem kurzen, leichten Anstieg vielbesuchter Aussichtsgipfel des oberen Pustertals (ital. Picco di Vallandro).

Schwierigkeiten: Bergwanderung bis zum Vorgipfel, der Übergang zum Hauptgipfel auf kurzem, schmalem Felskamm ist mit Drahtseil-Handlauf gesichert.
Mühen: Gipfelaufstieg ab dem Parkplatz auf der Plätzwiese 890 mH (2.30 Std.).
Gefahren: Für geübte Bergwanderer minimal.
Freuden: Prächtige Aussicht.

Karte: Siehe Hohe Gaisl.
Skizze 15
Anfahrt: Von Welsberg nach Altprags/Brückele und zum Plätzwiesen-Parkplatz (1950 m, Fahrverbot am Nordrand der Plätzwiesenalm). Ab Schranke beim Brückele-Parkplatz (1494 m) kontrollierter Verkehr vom 10.6. bis 20.9., Auffahrt mit Mautgebühr von 7 bis 10 Uhr, dann gesperrt bis 18 Uhr. Autobus-Pendeldienst, Talfahrt jederzeit frei.
Gipfelroute: Am Südwestabhang. – Auf der Straße zum Berggasthof Plätzwiese, dort (Hinweis) auf Fußweg mit Mark. 40 in östlicher Richtung über Weiden ansteigend zu einem Bachgraben und zum südseitigen Karst- und Latschenhang. Dort links hinauf zu den weiten Grashängen und in Kehren zum schotterigen Südkamm (2700 m). Nahe der Kammlinie nach Norden zum Vorgipfel und nach Überschreitung eines schmalen Felskammes (Drahtseil) zum Gipfel. (*Kammerer*)
Aussicht: Südwestlich gegenüber die Hohe Gaisl, südlich die Cristallogruppe, im Osten die Sextener Dolomiten.
Absteig: Wie Aufstieg.

Sextener Dolomiten

Die große Sextener Berggruppe liegt am Nordostrand der Dolomiten. Das verzweigte Berggebiet verteilt sich auf kleine Untergruppen: Im Nordwesten erstrecken sich die schroffen Kämme des Haunold, Birken- und Schwalbenkofels. Zwischen Innerfeld- und Fischleintal liegt die unwegsame Dreischustergruppe mit dem höchsten Gipfel der Sextener Dolomiten. Die Hauptgruppe mit den weltbekannten Drei Zinnen liegt entlang der Provinzgrenze. Vom Pustertal bis zu dieser Grenze erstreckt sich der Naturpark Sextener Dolomiten. Südlich schließt sich die noch

Die Dreischustergruppe von Nordwesten, im Vordergrund das Innerfeldtal, rechts die Drei Zinnen, links der Hohe Zwölfer.

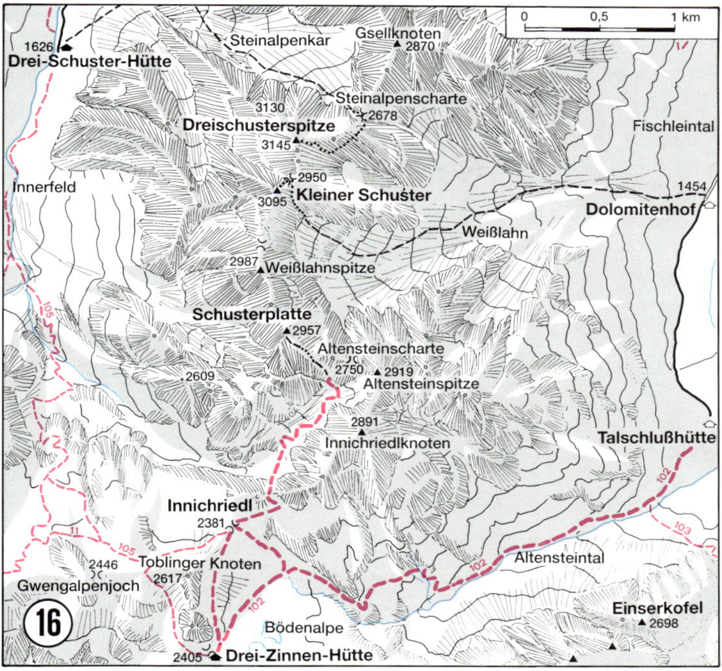

weitgehend naturbelassene, vom Val d'Ansiei steil aufragende Poperagruppe – die Dolomiten von Auronzo – mit den Kämmen Cima Bagni–Aiarnola und Croda di Ligonto an.

Dreischusterspitze, 3145 m

Der höchste Gipfel der Sextener Dolomiten erscheint aus der Ferne gesehen als majestätische Felspyramide. Aus der Nähe löst sich der Gipfelaufbau allerdings in einen Irrgarten von Schluchten und Türmen auf (ital. Punta dei Tre Scarperi).
Die erste Ersteigung gelang 1869 auch hier dem Dolomitenpionier P. Grohmann mit den Führern F. Innerkofler und P. Salcher.

Schwierigkeiten: Am Gipfelaufbau mehrere Stellen III, überwiegend und sehr anhaltend II. Die Route ist sehr lang. Sie weist fast keine Benutzungsspuren auf und fordert entsprechend ein gerüttelt Maß an Erfahrung im Zurechtfinden. Ganz besonders spannend dürfte das werden, wenn Nebel einfällt.

Mühen: Ab Parkplatz zur *Dreischusterhütte* 130 mH (0.30 Std.), Gipfelanstieg von dort 1520 mH (5.30 Std.), davon Kletterroute 650 mH.

Gefahren: Vertrautheit im Umgang mit unabgeklettertem, schuttbestreutem Fels ist nötig. Im übrigen verlangt die Länge der Route große Übung und Umsicht im Schaffen von Sicherungen oder aber seilfreies Gehen, sonst wird die Sache rasch biwakträchtig. Das Wetter muß sicher sein. Falls abgeseilt wird, sorgfältige Prüfung etwa vorgefundener Verankerungen! Abseilunfälle macht man meist nur einmal!

Freuden: Teilweise durchaus nette Kletterei, ganz schön weit entrückt.

Karte 1:25 000: Tabacco 010 Sextener Dolomiten, Mapgraphic Nr. 20 Sextener Dolomiten.

Skizze 16

Anreise: Von Innichen (Bahnhof) auf der Straße nach Sexten und rechts abzweigend auf schmaler Straße in das Innerfeldtal bis zum Fahrverbot, Parkplatz (1500 m, Antoniusstein).

Hüttenzustieg: Auf der Straße oder, nach dem Wildbachbett rechts abzweigend, auf Fußweg Mark. 105 durch Latschenfelder zum inneren Talboden, dort noch kurz auf der Straße zur *Dreischusterhütte* (1626 m, AVS Drei Zinnen, Rif. Tre Scarperi, bewirt. vom 1.6. bis 30.9., 60 Schlafpl., Tel. 0474-76610).

Gipfelroute: Der Normalweg führt über die an der Nordseite des Berges gelegene Steinalpenscharte und dann in der Ostwand zum Gipfel.

Von der *Dreischusterhütte* auf Zickzackweg über den Schutthang hinauf bis zu einem gemauerten Wall vor der großen Schuttreiße, die vom Fuß der Westwand herabzieht. Links den Schutt queren und um den untersten Ausläufer des Nordwestgrates herum. Danach links vom Bach steile Latschengassen hinauf ins Steinalpenkar. Darin rechts über Halden oder Firn ansteigen zur Steinalpenscharte.

Auf der abschüssigen Bänderzone südwärts queren zu der in der Ostflanke eingelagerten großen Schutterrasse. Links von einer markanten Rinne ansteigen zu Gedenktafel. Hier Einstieg (3.15 Std.).

Hinauf zu abgespaltenem Zacken und etwa 4 Seillängen in der Wand zwischen der links befindlichen Kante und einer rechts be-

findlichen Wasserrinne hinauf (II). Dann die Wasserrinne nach rechts queren und in einem Kamin weiter (II). Dieser leitet schräg nach links, weniger schwierig werdend, als Schuttrampe zu einer Schuttschulter. Rechts einer Rinne hinauf zu einem Felskopf. Im Zickzack 3 Seillängen (II und I) weiter zu einer schräg links emporführenden Schuttrampe. Darauf an großem Felskopf vorbei und weiter zum Ringband vor dem Gipfelaufbau. Links in Schuttrinnen aufsteigen. Wo sie aufsteilen, am rechten von zwei Rißkaminen (III, meist naß) hinauf in einen Schuttkessel. Links an steiler Wand (III; Haken) direkt zum Gipfel. (*Goedeke*)
Aussicht: Geprägt durch die Lage am Rand des Dolomitbereichs: im Norden die Zentralalpen mit Hohen Tauern und Rieserfernergruppe, im Westen hinter Haunold und Birkenkofel die Pragser Dolomiten und im Südosten die Sextener Berge.
Abstieg: Abklettern oder am Gipfelaufbau auch abseilen.

Nebengipfel: Der nur wenig niedrigere *Nordwestgipfel (ca. 3130 m)* wird als Ausstieg aus der Nordwestkante erreicht. Die gleichfalls nicht genau vermessenen Türme der *Westgipfel (ca. 3100 m)* und der *Südtürme (ca. 3050 m)* sehen noch ganz schön unbestiegen aus.
Andere lohnende Routen: *Westwand Innerkoflerroute* (III, 650 mH), *Nordwestgrat* (V und IV; 900 mH).

Kleinschusterspitze, 3095 m

Der mit einer tiefen, schroffen Scharte von der Dreischusterspitze abgetrennte Gipfel ist eines der besonders selten betretenen Ziele der Dolomiten.
Die erste Besteigung wurde 1881 von A. Dimai und R. von Lengenfeld durchgeführt.

Schwierigkeiten: Bruchkletterei mit viel Schutt drumherum. Die schwierigsten Stellen sollen II sein. Man muß sich allerdings auf Überraschungen gefaßt machen. Eispickel und eventuell auch Steigeisen ratsam. Nur für erfahrene Allrounder.
Mühen: Vom Fischleintal 1600 mH, viel Lockerschutt (6 Std.).
Gefahren: Sicher eine ganze Menge von der Sorte, die in baufälligem Hochgebirge so hinter jeder Ecke lauern. Der Helm sollte auf keinen Fall vergessen werden.
Freuden: Die blaue Blume wahrer Bergromantik.

Karte, Skizze: Siehe Dreischusterspitze.
Anreise: Von Innichen (Bahnhof) nach Sexten/Moos und in das Fischleintal (Bus), Parkplatz beim Dolomitenhof (1454 m).
Gipfelroute: Vom Parkplatz auf Steig im Wald nach Westen, in Richtung Weißlahn zu Gabelung. Am orographisch rechten Rand der Schuttfelder und später über diese schier endlos ansteigen, einen Felsriegel rechts oder links überwinden und schließlich in der engen Schlucht zwischen Dreischuster- und Kleinschusterspitze über Steilaufschwünge, den letzten links umgehen und zur Schusterscharte (2950 m).
Von dort über steile Bruchkamine linkshaltend zu einer Schutterrasse. Auf Schrofenband nach links bis zu Absatz. Von diesem an kurzem Riß hinab in einen Felskessel nordöstlich der beiden höchsten Spitzen. Von hier schräg links zu einer Schlucht und dann rechts, über Stufen und Bruchgrat zum Gipfel. (*Goedeke, nach Berti*)
Abstieg: Wie Aufstieg.
Nebengipfel: Gleichfalls nur selten wird die südlich anschließende *Weißlahnspitze (2987 m)* – von Süden her (I) – bestiegen.

Schusterplatte, 2957 m

Der breite Felsrücken südlich der Dreischusterspitze, zwischen Weißlahnscharte und Altensteinscharte im Trennkamm Innerfeld-/Fischleintal, ist in dieser Gruppe der einzige häufig bestiegene Gipfel. Er bietet einen besonders guten Aussichtspunkt zur Hauptgruppe der Sextener Dolomiten. Der Anstieg führt vom Innichriedl nördlich der Drei-Zinnen-Hütte durch das westseitige Steilkar unschwierig zum breiten, abgedachten Gipfel.

Schwierigkeiten: Unschwieriger, aber nicht markierter Anstieg. Das teils steile, lange Kar liegt vormittags im Schatten und ist bis zum Hochsommer firnbedeckt. Die kurze Blockschlucht ist gut gestuft (I).
Mühen: Aufstieg vom Fischleintal-Parkplatz 1500 mH (5 Std.).
Gefahren: Der bis zum Hochsommer vorhandene steile Firnhang im westseitigen Kar kann vormittags hart sein, erfordert dann Trittsicherheit und Eispickel.
Freuden: Trotz des leichten Anstieges nicht überlaufen.

Karten, Skizze: Siehe Dreischusterspitze.
Anreise: Von Innichen (Bahnhof) nach Sexten-Moos und in

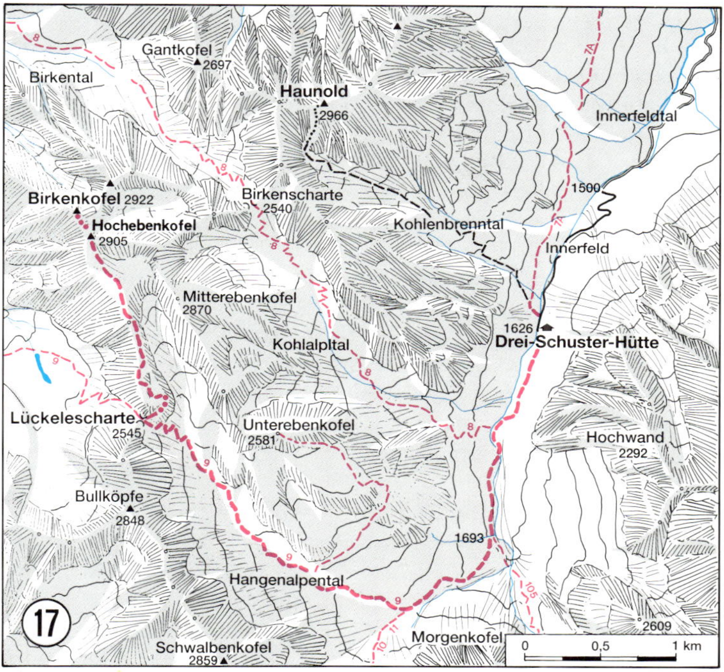

das Fischleintal (Bus) zum Parkplatz beim Hotel Dolomitenhof (1454 m).

Gipfelroute: Auf der für den öffentlichen Verkehr gesperrten Talstraße (Bus) zur Talschlußhütte (1526 m) und bis zur Wegverzweigung (1631 m, Hinweise). Rechts in zwei Steilstufen durch das Altensteintal zur Bödenalm. Beim Bach (2314 m) rechts abzweigen. Teils weglos zum Innichriedl-Sattel (2381 m, hierher auch von der Drei-Zinnen-Hütte). Auf Steig (Hinweis) am Hang nach Osten und links zu einer Scharte im Kamm hinauf.

An der felsigen Nordseite kurz hinab zum westseitigen Karkessel. Auf Steigspuren im Kar ansteigen (bis in den Hochsommer hinein Firnfeld), nach links zum felsigen Hang, dort über Schutt und Felsbuckel rechts neben einer steilen Rinne zum flacheren Bereich unterhalb der Altensteinscharte (2750 m). Links, nach Nordwesten, unterhalb der Wand des gezackten Grates entlang und über eine kurze Blockschlucht zur Südabdachung und zum Gipfel. (*Kammerer*)

Abstieg: Entlang der Aufstiegsroute.

Haunold, 2966 m

Hauptgipfel des Zackenkammes, der das Landschaftsbild des oberen Pustertals zwischen Toblach und Innichen prägt. Die Nordseite des Haunoldkammes ist ein zerklüfteter, unwegsamer, vom Menschen selten betretener Felsbereich über steilen Karen. Auch die Südseite zeigt sich schroff und unzugänglich.
Erste Besteigung 1878 durch J. Oberschneider.

Schwierigkeiten: Weitgehend wegloser, nicht markierter Anstieg über langes Kar und brüchige Schrofen (I). Orientierungsprobleme gibt es am Anfang im Wildbach- und Latschenbereich.
Mühen: Aufstieg von der *Dreischusterhütte* 1340 mH (4.30 Std.), vorwiegend auf Schutt, im oberen Teil steiler, harter Hang.
Gefahren: Am Gipfelaufbau auf Steinschlag achten.
Freuden: Einsamer Gipfel.

Karten, Anreise, Hüttenzustieg: Siehe Dreischusterspitze.
Skizze 17
Gipfelroute: Im Innerfeld-Talboden etwas nördlich der *Dreischusterhütte* auf Steg über den Bachgraben zum Wildbach-Schuttkegel am Sonnenhang. Vom Steig Mark. 7A (Hinweis) auf schwachen Spuren links, nach Norden abzweigend, im Wildbachbett aufwärts zur Steilstufe. Rechts im Schrofengelände auf besser erkennbaren Steigspuren steil ansteigend zum Karkessel im Kohlenbrenntal (2300 m). In der Schlucht weglos weiter, zwischen Felsblöcken, dann im Geröll zum aufsteilenden Kar und am festen trittlosen Schutthang (mit zunehmender Höhe ausgesetzt) oben rechts zu einer gut erkennbaren Fels- und Geröllrinne (2800 m). Rechts der Rinne am brüchigen Schrofenhang ansteigen, im oberen Teil durch eine gut gestufte Schlucht zum Gipfel. (*Kammerer*)
Aussicht: Geprägt durch den Kontrast zwischen Alpenhauptkamm und grünem Pustertal im Norden und den Felsgipfeln der Dolomiten im Süden.
Abstieg: Wie Aufstieg.

Birkenkofel, 2922 m

Der Birkenkofel, vom Pustertal gesehen ein kühner, hornartiger Gipfel über steilen, zum Höhlensteintal abfallenden Felsflanken, schließt sich im Westen an den Gipfel des breit abgedachten

Hochebenkofels an und ist von diesem in kurzem Übergang erreichbar.

Schwierigkeiten: Unschwieriger Anstieg, meistens Gehgelände. Die Steilstufe oberhalb der Lückelescharte wird über leichte Schrofen überwunden, der Gipfelanstieg zum Birkenkofel verläuft luftig (I) und erfordert Trittsicherheit.
Mühen: Aufstieg ab *Dreischusterhütte* 1320 mH (4.30 Std.).
Gefahren: Bei Gewitter weg von den Gipfelbereichen!
Freude: Die Zugabe zum langen Anstieg auf den Hochebenkofel.
Karten, Anreise, Hüttenzustieg: Siehe Dreischusterspitze.
Skizze 17
Gipfelroute: Über den Hochebenkofel. – Von der *Dreischusterhütte* (1626 m) zum Hang gegenüber und taleinwärts bis zur Verzweigung bei einer Gedenktafel (Hinweise). Rechts auf Steig Mark. 9 (auch 10/11) im Hochwald zur nächsten Verzweigung (1895 m, Felsblock mit Hinweisen). Rechts im Hangenalpental über Grasböden nach Nordwesten ansteigen und in Kehren über Schutthänge links hinauf zur Lückelescharte (2545 m).
Rechts über leichte Felsstufen auf ein Band, rechts um die Kante, in einer brüchigen Rinne (Drahtseil) zum Gras- und Geröllhang und in Kehren zur Kammhöhe. An der Kammlinie entlang, einige Felsköpfe links oder rechts umgehend, zur Scharte mit rötlichem Schutt und über den Karsthang (Steinmännchen, im Frühsommer Firn) weglos ansteigend zum Hochebenkofel (2905 m, breite Gipfelterrasse).
Nordseitig zum Trennsattel (keine Spuren). Am schmalen Grat zu einem gelben Zacken, rechts herum (Drahtseil), dann links, südseitig, kurz auf schmalem Band zu einem Riß und steil (Trittstifte und Drahtseil) zum Birkenkofel (2922 m). (*Kammerer*)
Aussicht: Tiefblick in das Höhlensteintal, im Südwesten Cristallo und Hohe Gaisl, gegenüber das Dürrensteinmassiv, im Norden Gantkofel- und Haunoldkamm, im Osten die Dreischustergruppe, im Südosten die Drei Zinnen, im Süden Bullköpfe und Schwalbenkofel.
Abstieg: Wie Aufstieg.

Große Zinne, 2999 m

Der höchste, mittlere Gipfel des berühmten Dreigestirns (ital. Cima Grande di Lavaredo) ist eine allseits schroffe, bis zu 500 Meter aufragende Felsburg mit großflächiger, senkrecht und über-

hängend abbrechender Nordwand. Dieser auf keinem leichten oder gesicherten Weg zu erreichende Dolomitengipfel wird, seinem berühmten Namen zufolge, auch über den Normalanstieg durch die Südwand, eine Kletterroute im II. Grad, bei guten Verhältnissen häufig bestiegen.
Erstbesteigung 1869 durch P. Grohmann, F. Innerkofler und P. Salcher. Die Nordostkante (»Dibonakante«) wurde 1908 von R. Eller im Alleingang durchstiegen, die etwas versteckte Genußkletterei der Westwand 1913 durch H. Dülfer und W. v. Bernuth. Die Nordwand wurde 1933 von E. Comici und den Brüdern Dimai mit einer Menge Hakenhilfe bezwungen. Im Zuge der Freikletterbewegung wurde jedoch auch diese Route seit 1965 öfters frei geklettert, ebenso wie inzwischen auch die 1958 von D. Hasse, L. Brandler, J. Lehne und S. Löw eröffnete Direkte Nordwand.

Schwierigkeiten: Nicht präparierte Kletterroute mit Stellen III, überwiegend II – allerdings durch die vielen Begehungen auf Hochglanz poliert.
Mühen: Aufstieg vom *Rif. Lavaredo* 660 mH, davon Kletterei 440 mH, Kletterstrecke 650 m (3.30 Std.).

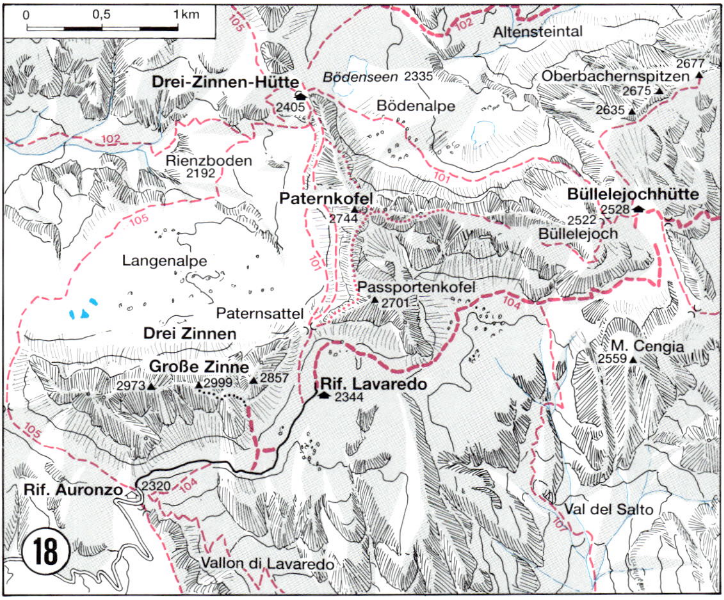

Die Haunoldgruppe von Westen mit den Kohlenbrenntürmen. Im Vordergrund das Birkental und der Steig zur Birkenscharte.

Gefahren: Bei den meist vielen Seilschaften auf der Route ist mit Gegenverkehr, an kritischen Stellen mit Wartezeiten und Steinschlag zu rechnen. Bei Gewitter Blitzgefahr im oberen Bereich der Route.
Freuden: Auf dem Gipfel über dieser sensationellen Nordwand zu stehen.

Karten: Siehe Dreischusterspitze.
Skizze 18
Anreise: Von Toblach (Bahnhof) Cortina oder Auronzo nach Misurina (Bus) zur Abzweigung der »Superstrada«, 2 km zur Mautstelle (1851 m, Parkplatz) und 5 km Mautstraße zum *Rif. Auronzo* (2320 m, CAI, Berghotel, Parkplätze). Zu Fuß vom Parkplatz bei der Mautstelle 470 mH (1.30 Std.) auf Steig Mark. 101 zum *Rif. Auronzo.*

Hüttenzugang: Auf ebenem Fahrweg am Südfuß der Zinnen nach Osten, an der Abzweigung rechts (0.30 Std.) zum *Rif. Lavaredo* (2344 m, privat bewirt. vom 25.6. bis 30.9., 30 Schlafpl., Tel. 0436- 39135). Die Route kann auch vom *Rif. Auronzo* angegangen werden.

Gipfelroute: Normalweg über die Südwand. – Vom Fahrweg südwestlich des *Rif. Lavaredo* auf Steigspur abzweigen (hierher auch ab *Rif. Auronzo* oder ab *Drei-Zinnen-Hütte*) und im Kar zur südseitigen Schlucht zwischen Großer und Kleiner Zinne; Einstieg (2560 m, Rastplatz).

Im Grund der Trennschlucht zwischen südlichem Vorbau und der Ostwand empor, dann links davon bis zur Scharte (Südwand im Blickfeld), dort ab- und wieder ansteigen zur Höhe der unteren Schutterrasse.

Nach kurzer Linksquerung ansteigend anfangs linkshaltend, dann gerade (auf Steinschlag zu achten), über Rinnen und gut gestufte Felsen in Richtung eines auffälligen, schrägen, dunklen, oben überhängenden Felsspaltes im oberen Wandteil und bis nahe an sein unteres Ende. Dort rechtshaltend und in einem senkrechten Kamin schwierig hinauf (III, abgenutzter Fels und Klemmblock).

Oberhalb über gut gestufte Felsen gerade, dann links, nahe an den genannten Felsspalt heran und dort nach rechts zur Südostkante (freier Blick zur Kleinen Zinne). Weiter in leichtem Gelände nach Westen zur oberen Schutterrasse queren, dort nach Westen (Steigspuren), dann rechts über Rinnen zum Gipfel. (*Kammerer*)

Aussicht: Großartiges Panorama mit prächtigem Tiefblick zur Westlichen Zinne sowie Fernblicken auf Dreischusterspitze, Elfer und Zwölfer im Norden und Osten, auf die Cadinispitzen im Südwesten und die Ampezzaner Berge im Westen und Nordwesten.

Abstieg: Ausgedehnte Wartezeiten bei Gegenverkehr. Im Kamin mit Klemmblock Abseilstelle.

Nebengipfel: Die benachbarte, fast ebenso wuchtige *Westliche Zinne (2973 m)* wird über die schräge Schlucht der Südseite und nach dem Ringband in der Westseite bestiegen (II).

Andere lohnende Routen: *Nordostkante* (IV, 550 mH), *Westwand, Dülferroute* (V+, 250 mH), *Nordwand, Comiciroute* (V+/A1 oder VII–, 550 mH), *Direkte Nordwand, Hasseroute* (VI–/A2 oder VIII–, 550 mH).

Hoher Zwölfer, 3094 m

Der Mittagsgipfel der Sextener Sonnenuhr ist eine imposante, scharfgeschnittene Felsgestalt, von Norden gesehen ein schlanker Felsturm, von Westen und Osten eine breite Mauer und ein echter großer Klettergipfel (ital. Croda dei Toni).
Die erste Besteigung unternahmen 1874 M. und J. Innerkofler durch die gefährliche westliche Eisrinne zur Hohen Zwölferscharte. Der heutige Normalweg wurde erst 1887 von den gleichen Führern mit ihren Klienten J. Reichl und M. Simon gefunden. Die erste Begehung der gewaltigen, sehr alpinen Nordkante erfolgte 1932 in heißer Rivalität zwischen zwei Seilschaften. Die einheimischen Brüder Schranzhofer hatten nur knapp die Nase vorn, mit der Seilschaft Steger/Wiesinger dicht auf den Fersen.

Schwierigkeiten: Lange, alpine Kletterroute mit mehreren längeren Passagen III, überwiegend II. Steigspuren, Steinmänner und einige Farbmarkierungen helfen erfahrenen Leuten mit offenen Augen bei der Orientierung.
Mühen: Vom Fischleintal zur *Zsigmondy-Comici-Hütte* 770 mH (2.20 Std.), von dort zum Einstieg 400 mH (1.15 Std.).
Vom *Rif. Auronzo* zur *Büllelejochhütte* Abstieg 100 mH, Aufstieg 310 mH (2.15 Std.), von dort zum Einstieg 180 mH (0.30 Std.); Kletterroute zum Gipfel 500 mH (3–4 Std.).
Gefahren: Zu viele für alle Leute, die nicht in derart vielseitig anspruchsvollem Gelände reichlich Erfahrung haben. Ohne Bergführer nicht zu empfehlen.
Freuden: Weithin interessante Kletterei in gutem Fels.

Karten: Siehe Dreischusterspitze.
Skizze 19
Anreise: Von Innichen (Bahnhof) nach Sexten-Moos und in das Fischleintal (Bus) zum Parkplatz beim Hotel Dolomitenhof (1454 m).
Hüttenzustieg: *Vom Fischleintal* auf der Talstraße (Fahrverbot, Bus) zur Talschlußhütte (1526 m) und bis zur Wegverzweigung (1631 m, Hinweise). Nun links zum Bachgraben und im Latschenfeld zwei weitere Gräben querend zur Steilstufe. In Wald- und Felsgelände in Kehren zum Wandfuß des Einserkofels und unter den Felsen querend nach Süden. Dann rechts in weiteren Kehren im Felsgelände zur *Zsigmondiy-Comici-Hütte* (2224 m,

Hoher Zwölfer und Drei Zinnen von Norden, im Vordergrund Bödenseen und Zinnenhütte. Im Hintergrund die Dolomitenkämme des Cadore.

CAI Padova, bewirt. vom 15.6. bis 5.10. 80 Schlafpl. Tel. 0474-70358).
Vom Rif. Auronzo zum *Rif. Lavaredo* (siehe Große Zinne) dann auf Steig Mark. 104 südseitig der Paternkofelgruppe entlang, hinauf zum Büllelejoch und mit Mark. 101 zur nahen *Büllelejochhütte* (2528 m, privat bewirt. vom 15.6. bis 15.10., 11 Schlafpl., Tel. 0474-70258).

Gipfelroute: Der Normalweg führt nahe der linken schrägen Schlucht durch die Westwand zum Ringband, auf diesem südlich herum zur Ostseite und dort zum Gipfel.
Von der *Zsigmondy-Comici-Hütte* über Steig südwestwärts hinauf (bzw. von der *Büllelejochhütte* südostwärts hinüber) zur Zwölferscharte (2524 m). Nun in südlicher Richtung im Kar zur Fallinie der Eisrinne, die zwischen Hohem und Mittlerem Zwölfer herabzieht. Einstieg (1.15 bzw. 0.30 Std.).
Über eine gelb überdachte Rampe schräg rechts zu gestuftem Gelände. Dort im Zickzack hinauf (II) und auf einem breiten Band wieder nach links, unter der Eisrinne durch und zur Terrasse unter einer gelben Rampe unter Überhängen. Diese Rampe schräg rechts hinauf (III) und über griffige Stufen bis unter eine große gelbe Wand. Links zu einem Kamin mit Klemmblock. Darin hinauf (III) und mit einer Rechtsschleife hinauf bis unter eine meist nasse Rinne. Links querend (III) bis unter einen senkrechten Kamin und daran hinauf (III) zu Stand unterhalb von einer Höhlung. Links über Band bis an den Rand der schrägen Schlucht (in die man auch weiter einqueren kann, um in ihrem Grunde aufzusteigen). Durch einen Kamin nahe dem Schluchtgrund hinauf (III) und rechts auf Band hinaus. Von links her in einen unten überhängend abbrechenden Kamin und darin zu Terrasse. Schräg links zum Ringband und auf diesem nach rechts. Nach einer Kriechstelle erreicht man die Hohe Zwölferscharte. In der Ostwand auf dem Band weiterqueren und dann den Steigspuren folgend, gestuft auf die Kanzel eines Felssporns. Von dort zum Gipfelgrat. (Man kann auch – wie die Erstbesteiger – schon gleich nach der Kriechstelle des Ringbandes durch die schräge Schuttschlucht im rechten Teil der Südwestseite direkt hinaufklettern zum Gipfel.) (*Goedeke*)

Aussicht: Im Osten gegenüber die Felsmassen von Elfer, Hochbrunner Schneid und Monte Giralba, im Süden die Marmarole und im Westen die Drei Zinnen.

Abstieg: Man kann nach Abklettern der Normalroute bis zum Ringband hinter (nördlich) der Kriechstelle links hinab eine mit dicken Ringhaken eingerichtete Abseilpiste erreichen. Dafür ist jedoch mindestens ein 50-Meter-Seil nötig. Und auch dann muß man noch an einigen Stellen abklettern zum nächsten Haken. Die Alternative ist Abklettern auf der Aufstiegsroute (mit mehrmaligem Abseilen).

Andere lohnende Routen: *Nordkante, Schranzhoferroute* (VI–, 700 mH, teilweise brüchig, aber eine der großen Routen der Dolomiten).

Mittlerer Zwölfer, 3029 m

Der weniger hohe, aber breitere mittlere Teil des Zwölfermassivs wird durch die tief eingehauene Hohe Zwölferscharte vom Hohen Zwölfer abgetrennt. Italienischer Name Croda Antonio Berti. Die erste Besteigung gelang 1887 dem durch tollkühne Alleingänge berühmt gewordenen (und ein Jahr später am Weißhorn umgekommenen) G. Winkler und R. H. Schmidt über die Ostseite. West- und Ostwand weisen rassige Freiklettereien (von E. Comici und anderen) in meist ausgezeichnetem Fels auf.
Karte, Skizze, Anreise, Hüttenzustieg: Siehe Hoher Zwölfer.
Gipfelroute: Wie auf den Hohen Zwölfer bis zur Hohen Zwölferscharte (teilweise III). In der Ostseite auf geneigtem Band weit queren und in der zweiten großen Wandeinbuchtung in Kamin (III–) hinauf. Danach gestuft über Schrofen zum Gipfel (von der Hohen Zwölferscharte 1 Std.). (*Goedeke*)
Absteig: Zurück in die Zwölferscharte.

Nebengipfel: Der *Nordgipfel (3023 m)* ist über den Grat vom höchsten Punkt leicht zu erreichen (I).

Hochbrunner Schneid, 3046 m

Unter den hohen, abweisenden Felsbergen der Sextener Dolomiten ist die Hochbrunner Schneid (ital. Monte Popera) der leichteste, auch für weniger Geübte zugängliche Dreitausender. Elfer und Zsigmondygrat südwärts im Kammverlauf zum Monte Giralba verbindend, fällt das nach Westen abgedachte, breite Felsmassiv ostseitig in senkrechter Wand zum Kar Cadin di Stallata ab.
Die erste Besteigung erfolgte 1874 durch S. Siorpaes mit H. Holzmann.

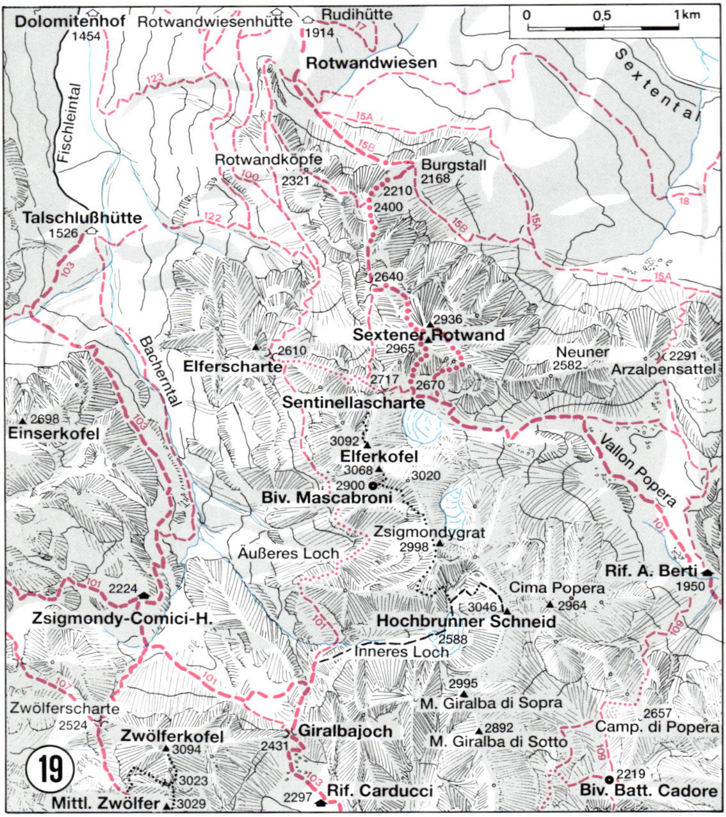

Schwierigkeiten: Unschwieriger, aber nicht markierter Anstieg. Nach Ausaperung anstrengender Schutthang nach dem kleinen Gletscher (Eispickel). Meist Gehgelände und Steigspuren, ein kurzer, leichter Schrofengrat (I) zum Gipfelkamm.

Mühen: Vom Fischleintal zur *Zsigmondy-Comici-Hütte* 770 mH (2.20 Std.), Gipfelaufstieg 830 mH (3 Std.).

Gefahren: Insgesamt so friedlich, wie Hochgebirge überhaupt sein kann. Trittsicherheit und angemessene Ausrüstung sind allemal nötig, und bei nahendem Gewitter ist das Gipfelplateau schleunigst zu verlassen.

Freuden: Der große Berg für Bergwanderer in diesem Teil der Dolomiten, mit großartiger Aussicht.

Blick von der Forcella A des Ostanstiegs zur Sextener Rotwand auf die Hochbrunner Schneid von Norden; links die Cima Popera, rechts der Zsigmondygrat mit dem Eisfeld. In der Tiefe das Vallon Popera.

Karte, Skizze, Anreise, Hüttenzustieg: Siehe Hoher Zwölfer.
Skizze 19
Gipfelroute: Normalweg von Westen, über das Innere Loch und den Nordwestkamm. – Ab *Zsigmondy-Comici-Hütte* (2224 m) auf Fußweg Mark. 103 abwärts, dann im Zwölferkar in Richtung Giralbajoch ansteigend bis zum kleinen Eissee (2324 m, Hinweis). Links, mit Mark. 101 nach Osten, über den Hochleist-Rükken zu einer Rinne (hierher auch vom *Rif. Carducci*) und abwärts zur Abzweigung des Anstieges (2395 m). Der nicht markierte Steig führt rechts der Wandstufe aufwärts und im Kar nach Osten zu den Moränenwällen im Inneren Loch (mehrere Steigspuren), dort mäßig ansteigend zum kleinen Gletscher (2588 m). Über das steiler werdende Firnfeld im Bogen nach Norden und über steilen Schutt hinauf zum Schrofenhang rechts der Rinne, die von der Scharte zwischen Zsigmondygrat und Hochbrunner Schneid herabzieht. In Kehren, dann nach rechts hinauf zur Felsstufe und über den Schrofengrat links einer Rinne (Sicherungsringe mit roten Farbflecken) zur oberen Abdachung. Dort teils nahe am nach Nordosten abbrechenden Kamm zum Gipfel (bis zum Hochsommer Firnfelder). (*Kammerer*)
Aussicht: Vom Gipfel atemberaubender Tiefblick in die Ostwand, interessante Nahblicke auf Zwölfer und Elfer und südwärts zu den kaum bekannten Gipfeln der Dolomiten von Auronzo.
Abstieg: Auf der Aufstiegsroute.
Nebengipfel: Der südlich anschließende Plateaugipfel *Monte Giralba di Sopra (2930 m)* kann über die vom Regen und Schneewasser zerfressenen Karrenflächen ohne besondere Schwierigkeiten erreicht werden.

Elfer, N 3092 m, S 3068 m

Der schaurig wild gezackte Gratkamm im östlichen Teil der Gebirgsgruppe wird selten bestiegen, obwohl er dort der höchste Berg ist. Aber im Ersten Weltkrieg hatte er reichlichen, wenn auch nicht ganz freiwilligen Besuch. Heute schrecken die langen Zustiege und die mäßige Gesteinsqualität viele Interessenten ab, diese steingewordene Herausforderung anzunehmen. Dies gilt für den höheren Nordgipfel noch mehr als für den Südgipfel.
Die erste Besteigung erfolgte 1878 durch M. Innerkofler über die Südwestseite. Der heutige Normalweg auf den Südgipfel wurde 1882 durch E. und O. Zsigmondy und L. Purtscheller eröffnet, die klassische Horrorroute durch die östliche Eisrinne 1891 durch

V. Innerkofler mit dem sächsischen Felspionier O. Schuster und J. Hausberger, die Überschreitung des gesamten Gratkammes 1905 durch S. Innerkofler, G. Siorpaes und A. Witzenmann, der leichteste Aufstieg zum Nordgipfel über die Nordrippe 1930 durch den italienischen Führerautor A. Berti und Gefährten.

Schwierigkeiten: Normalweg von Süden zum Südgipfel II (in zwei Seillängen), sonst I und Gehgelände, im Zustieg auch Klettersteig (in oft schlechtem Zustand) und Firn. Der Nordgipfel ist erreichbar über eine lange schuttige Kletterei bis II und mit Firn oder über den Grat vom Südgipfel, der aber nur dann akzeptabel sein soll, wenn er im Frühsommer noch vom Altschnee und Frost zusammengehalten wird. Eispickel für beide Gipfel allemal ratsam.
Mühen: Für den Südgipfel Hüttenzustieg 770 mH (2.20 Std.), Gipfelaufstieg 900 mH (5 Std.); für den Nordgipfel Hüttenzustieg 380 mH (1 Std.), Gipfelaufstieg 1150 mH (5 Std.), davon anspruchsvolles Gelände auf 400 mH.
Freuden: Einsame Gegend.

Karten, Skizze, Hüttenzustiege: Siehe Hoher Zwölfer für *Zsigmondy-Comici-Hütte* bzw. Sextener Rotwand für *Rif. Berti.*
Skizze 19
Gipfelroute zum Südgipfel: Von der *Zsigmondy-Comici-Hütte* (2225 m) wie zur Hochbrunner Schneid ins Innere Loch. Im oberen Teil des Kares links hinauf zu großem Felsblock im Schutt oder Firn. Oberhalb davon aus Rinne schräg links über geneigte Wand (II, lockere Drahtseile) 80 m hinauf zur Gipfelabdachung des Zsigmondygrates. Vom Gipfel nordwärts über kurzen luftigen Grat abklettern (Drahtseil) zu Schärtchen, wo sich der Grat gabelt. Links etwa 100 mH die gestufte Rippe abklettern (I). Dann rechts (O) über steiles Firnfeld queren zu Schutthang und links auf Bändchen zum *Bivacco Mascabroni* (2900 m, CAI Vicenza, 9 Schlafpl., 3.30 Std.).
20 m rechts der Biwakschachtel in Rinne und dann rechts neben ihr hinauf zu riesigem Klemmblock. Zur Scharte oberhalb, dann links 25 m hinauf zu einer höhergelegenen Scharte vor dem Südostgipfel. Einige Meter über Kante hoch, dann 5 m nach links queren und in Kamin. Danach auf schmalen Bändern einige Rinnen queren und hinab in die Scharte zwischen Südostgipfel und Südgipfel. Gestuft hinauf zum Gipfelkreuz (1 Std. vom Bivacco Mascabroni). (*Goedeke*)

Gipfelroute zum Nordgipfel: Vom *Rif. Berti* (1950 m) im Vallon Popera hinauf, auf Steig Mark. 101 über Schutt mühsam zur Sentinellascharte (2717 m, 2.30 Std.). Nun südwärts, zuerst etwas rechts und gerade über gestuften Fels zu einem Felsrücken. 50m linkshaltend weiter, dann rechts über Fels in Richtung auf den großen Gratturm zu einer Schutterrasse. Links des Turmes in enge Felsrinne und zur Gabelung der großen Firnschlucht. Im linken Ast hinauf und 80 m unter dem Grat links zu Terrasse und zur Forc. Sala, von dort leicht zum Nordgipfel. (*nach Berti*)
Aussicht: Im Südwesten beeindruckt der Felsbau des Zwölfers, im Südosten die Hochbrunner Schneid und ihre Trabanten; im Norden die Hohen Tauern mit Großglockner, Großvenediger u.a.
Abstieg: Auf der Aufstiegsroute.

Nebengipfel: Der *Südostgipfel (ca. 3020 m)* kann von der »höheren Scharte« (s. o.) rasch über die Kante bestiegen werden (II+). Der *Südwestgipfel (ca. 3020 m)*, der *Ostgipfel (ca. 3010 m)* und der westlich vom Nordgipfel aufragende *Nordwestgipfel (3081 m)* sind Herausforderungen an die Phantasie etwaiger Interessenten, ihre Route selbst zu (er)finden.

Sextener Rotwand, N 2936 m

Die Sextener Rotwand, auch Zehner genannt, ragt im Süden des Sextentals über den Rotwandwiesen am Eingang zum Fischleintal auf. Dieses schroffe Massiv bildet den nordöstlichen Eckpfeiler der Sextener Dolomiten. Die von Süden und Norden zum etwas niedrigeren Nordgipfel führenden, gesicherten Anstiege sind großteils auf Frontwegen des Ersten Weltkrieges angelegt worden und führen an verfallenen Stellungen vorbei. Der zerschossene und mit Kriegsschrott überhäufte Hauptgipfel (2965 m) wird kaum mehr bestiegen.

Schwierigkeiten: Der Nordanstieg, von der Rotwandwiese ausgehend, ist ein unschwieriger, viel begangener Klettersteig. Allerdings können dort auch im Sommer Neuschnee und Vereisung vorkommen.
Die hoch oben im Vallon Popera beginnende Südroute, die Via Ferrata M. e G. Zandonella, ist steil und ausgesetzt, aber gut gesichert.
Die tiefer im Kar mündende, neu trassierte Südostroute wird we-

Die Sextener Rotwand von Süden. Auf und neben der großen Moräne unten links verläuft der Zustiegsweg zur Via Ferrata Zandonella und zur Sentinellascharte.

gen des steilen, langen und weglosen Schuttkares als Abstieg empfohlen und ist auch nur in dieser Richtung bezeichnet (und hier so beschrieben). Die Begehung dieser Routen erfordert Helm, zuverlässige Selbstsicherung und für weniger Geübte auch Seilsicherung.

Mühen: Nordanstieg ab Rotwandwiesen-Lift 1040 mH (3 Std.), Südanstieg zum *Rif. Berti* 380 mH (1 Std.), ab *Rif. Berti* 990 mH (3.30 Std.). Abstieg über die neue Südostroute 2.30 Std.

Gefahren: Bei Gewittergefahr ist auch der leichtere Nordanstieg unbedingt zu meiden. Beim Abstieg auf der Südostroute ist für das Firnfeld im »Circo Est« ein Eispickel ratsam.

Freuden: Besonders die vom Vallon Popera ausgehenden Zandonella-Routen ergeben eine interessante Klettersteig-Überschreitung.

Karten, Skizze: Siehe Hochbrunner Schneid.

Anreise: *Für den Nordanstieg* nach Sexten/Bad Moos, Talstation des Rotwandwiesen-Sessellifts am Eingang zum Fischleintal, Parkplatz (1356 m, Sommerbetrieb vom 1.6. bis 10.10., Fahrten von 7.30 bis 17.45 Uhr, Tel. 0474-70372), Auffahrt zur Rotwandwiese (1925 m).

Für den Südanstieg von Sexten über den Kreuzbergpaß, Abzweigung Bagni di Valgrande, 8 km südlich der Paßhöhe, 2 km nördlich von Padola (Hinweise), auf schmaler Asphaltstraße zum *Rif. Lunelli* im Talschluß von Selvapiana, Parkplatz (1568 m).

Hüttenzustieg: Vom *Rif. Lunelli* (1568 m) auf der Straße zur Steilstufe und links am Geröll- und Latschenhang in Kehren hoch am Hang rechts zum *Rif. Antonio Berti* (1950 m, CAI Padova, bewirt. vom 20.6. bis 30.9., 56 Schlafpl., Tel. 0435-67155).

Gipfelrouten: Nordanstieg (Burgstallanstieg): Von der Liftstation (1925 m) abwärts, an der *Rudihütte* vorbei und in der Rotwandwiese zwischen Zäunen ansteigend zur Wegverzweigung am Waldrand (Hinweise). Auf Steig Mark. 15A links, dann rechts mit Mark. 15B am Geröllhang nach Südosten zu einer Schlucht und im Felsgelände zum Burgstall-Felskopf (2210 m). Auf Steigspuren rechts über den Graskamm zum Einstieg. Die Sicherungen führen rechts über Schrofen zu einer Rinne, dort verläuft der Steig in Kehren, dann über Felsstufen zu einer engen Scharte (2400 m, hier trifft sich der Burgstallanstieg mit dem längeren Anstieg über die Rotwandköpfe). Im nordseitigen Kessel über Stufen und Rinnen südwärts zur nächsten Scharte (2510 m). Dort rechts am Fels- und Schutthang aufwärts und nach Süden zu einem kleinen Geröllsattel auf der Kammhöhe (2640 m, Blick zum Elfer frei). Auf ehemaligem Kriegssteig an der Westseite zum großen Schuttsattel der Rotwandscharte unter dem Gipfelaufbau. Über gut gestufte Felsen, dann über eine gesicherte Steilstufe und am Geröllhang zu den Gipfelzacken (Ferrata Zandonella von rechts), durch einen Spalt zur Ostseite und zum Gipfel. (*Kammerer*)

Südanstieg (Via Ferrata Zandonella): Vom *Rif. Berti* (1950 m) auf Steig Mark. 101 im Vallon Popera nordwestwärts zum Laghetto del Vallon di Popera und im Kar steiler über den Kamm einer großen Moräne nach Westen zur Abzweigung. Der grün-rot markierte Zustieg zweigt etwas unterhalb der Sentinellascharte im rutschigen steilen Kar rechts ab und führt in Kehren zum Einstieg am Fuße der gelben, teils überhängenden Südwand der Torrioni (2670 m, Hinweis, Höhle). Die Sicherungen führen unter überhängenden Felsen nach rechts, an einem Kriegsunterstand vorbei, dann ansteigend zum Rand einer Schlucht. Die erste Steilstufe wird dort links über einige Leitern überwunden. Gut gespannte Drahtseile und noch einige weitere Leitern führen dann über steilen, aber gut gestuften, festen Fels rechts eines Kamins ausgesetzt über die Südwand hinauf bis zum großen Band unter den Gipfeltürmen (2835 m, gemauerte Kriegsunterstände). Auf dem Band leicht ansteigend nach rechts bis zur Ausstiegsrinne (Drahtseil) und in dieser kurz über brüchigen Fels steil zur engen Scharte im gezackten Gipfelkamm. An der Nordwestseite rechts abwärtsquerend wird der Nordanstieg erreicht. Durch einen Spalt zur Ostseite und links zum Nordgipfel. (*Kammerer*)

Aussicht: Weiter Fernblick auf die Hohen Tauern im Norden und auf das Grün des Puster- und Sextentales. Nach Süden wird die Sicht vom Hauptgipfel beengt.

Abstieg: Entlang der neuen Ferrata-Zandonella-Südostroute: Vom Nordgipfel nach Osten zum Steilabbruch. Die Sicherungen (Pfeil) führen über die teils senkrechten, aber gut gestuften Felsen der Südostwand ausgesetzt in den ostseitigen Felskessel »Circo Est« hinab. Dort über Schrofen und Geröll (noch im Sommer Firnfeld möglich), rechts abwärts zum Schatthang bis zum Wandfuß nahe am tiefen Einschnitt der Scharte zwischen Torre Pellegrini links und den Guglie-Türmen rechts (großes rotes Dreieck – Achtung: Die Route über diese Scharte und die Selletta di Sasso Fuoco ist wegen der Brüchigkeit des Gesteins aufgelassen worden!).

Vom Tiefpunkt am Fuß der Felsen (2670 m, Pfeile, nach Ausaperung Eis und Geröll) führt das Drahtseil über die steilen Platten am Sockel der Nordostwand der östlichen Guglia links hinauf und quert an der Ostflanke zum ebenen Band in der Südwand (2710 m). Auf dem Band um einige Kanten herum nach Westen bis zu einem Sattel und dort über die Felsstufe in die steile Schlucht am Fuß der Südwand und auf Rutschspuren zum Anstiegsweg Mark. 101. (*Kammerer*)

Tofane

Die mächtigen Dreitausender-Felspyramiden der Tofanagruppe ragen im Nordwesten über dem einmalig schönen Talkessel von Cortina d'Ampezzo auf. Die Berggruppe liegt, Aufstiegsanlagen ausgenommen, im 1990 neu eingeführten »Parco Naturale delle Dolomiti d'Ampezzo«.

Tofana di Mezzo, 3244 m

Vom Hauptgipfel der Tofanagruppe, auch Tofana II genannt, bietet sich eine großartige Rundsicht. Allerdings ist dieser Gipfel, einer der höchsten in den Dolomiten, kommerzialisiert worden – die Bergstation der Seilbahn »Freccia nel Cielo« steht ostseitig 50 m unterhalb des Gipfels. Diese Anlage befördert bei schönem Wetter eine beachtliche Menschenmenge vom Ortsbereich von Cortina d'Ampezzo auf (für die meisten) ungewohnte Höhen.
Erstbesteigung 1863 durch P. Grohmann mit dem Cortineser Führer F. Lacedelli. Der 1896 von J. S. Macintosh und A. Heywood mit A. Zangiacomi und G. Menardi im Abstieg und erst 1912 von K. und E. Kiene, G. Haupt und K. Lömpel im Aufstieg bewältigte Südostgrat (ursprünglich III) wurde 1957 zur Ferrata Olivieri verbaut.
Ausgehend von der zweiten Zwischenstation der Seilbahn *Rif. Ra Valles* (2470 m) ist der Klettersteig *Via Ferrata Gianni Aglio* (auch Ferrata Tofana di Mezzo) über den oberen Teil des Südostgrates ein empfehlenwerter Anstieg. Er eignet sich auch für die Fortsetzung der Überschreitung zur Tofana di Dentro.

Schwierigkeiten: Der Klettersteig erfordert im Anstieg am Torre Aglio Armkraft und in einer luftigen Querung gute Nerven. Lang wird die Route mit Überschreitung der Tofana III.
Mühen: Aufstieg vom *Rif. Ra Valles* 800 mH (3 Std.). Zur Tofana di Dentro weitere 300 mH im Aufstieg, insgesamt 1100 mH im Abstieg zur Seilbahnstation (4 Std.).
Gefahren: Gipfelgrat bei Gewitter sehr blitzgefährdet.
Freuden: Umfassende Rundsicht.

Karte 1:25 000: Tabacco 03 Cortina d'Ampezzo.
Skizze 20

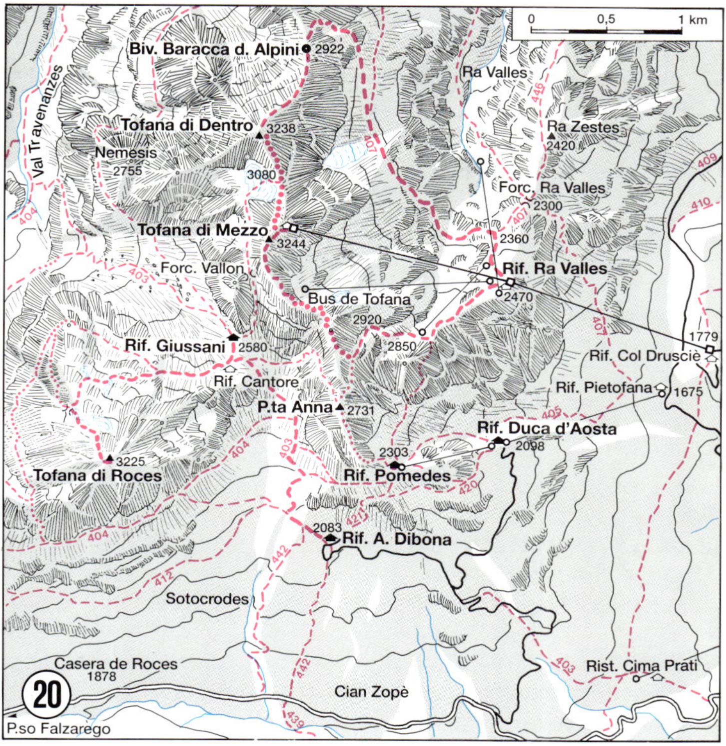

Anreise: Von Toblach im Hochpustertal (Bahnhof), auf der Straße im Höhlensteintal oder von Calalzo im Piavetal (Bahn-Endstation) durch das Val Boite nach Cortina d'Ampezzo (Bus in beiden Richtungen), dort zur Talstation der Tofana-Seilbahn (1120 m, Sommerbetrieb vom 15.7. bis 30.9., Fahrten von 9 bis 17.30 Uhr., Tel. 0436-5052), Auffahrt über Col Drusciè (1779 m) zur zweiten Zwischenstation *Rif. Ra Valles* (2470 m, Tel. 0436-3461).

Gipfelroute: Via Ferrata G. Aglio vom *Rif. Ra Valles*. – Der markierte Steig führt von der Seilbahnstation (Hinweise) in südwestlicher Richtung im Kar hinauf zum Auslauf des Klettersteigs Ferrata Punta Anna (2850 m, Hinweise). Weiter am Ostabhang (rote und schwarze Farbtupfen) zur felsigen Kammhöhe. Nach einer Steilstufe (Leiter), teils eben auf Bändern und links, in der Südwestseite leicht absteigend, zu einer engen Scharte. Draht-

seile führen an der Wand gegenüber steil hinauf (oben links Abzweigung zum Gipfel des Torre Aglio) und nordseitig in ausgesetzter Querung zu leichtem Gelände und zum Felsenfenster Bus de Tofana (2920 m, wird oberhalb überschritten). Nordseitig leicht abwärts, ein Firnfeld am oberen Rand querend, gelangt man zum Bereich der großen Lawinensicherungen (im nordseitigen Kar Abstiegsspuren in Richtung einer Liftanlage). Steigspuren und Drahtseile führen im Felskessel durch mehrere Lawinensperren anstrengend hinauf. Nach einer Kanzel gelangt man zu den Leitern am senkrechten, schwarzen Wandaufschwung. Die rot-weiß markierte Spur führt dann, nach einer weiteren Steilstufe mit Leiter, zum Geröll- und Schrofengelände und in einigen Kehren rechts am Hang (bei Nebel auf Orientierung achten) zum weniger steilen Südostkamm und zum Gipfel. (*Kammerer*)
Aussicht: Umfassende Rundsicht auf fast alle Hochgipfel der gesamten östlichen Dolomiten: im Westen Marmolada und Sella, im Nordwesten Cunturines, im Nordosten Hohe Gaisl und Sextener Dolomiten, im Osten Cristallo, im Südosten Sorapiss und Antelao, im Süden Pelmo und Civetta.
Abstieg: Am interessantesten nach Norden über die Tofana III, siehe dort.

Andere lohnende Routen: Alter Normalanstieg vom *Rif. Giussani* von Südwesten; *Via Ferrata G. Olivieri* vom *Rif. Pomedes* über den Südgrat der Punta Anna; Umrundung von Tofana II und III auf dem Band *Cengia Paolina*.

Tofana di Dentro, 3238 m

Der nördliche, etwas abseits liegende Tofanagipfel, auch Tofana III oder Tofana di Fuori genannt, ist ab Tofana di Mezzo (Seilbahn) im Ab- und Anstieg über den gesicherten Südkamm unschwierig zu erreichen. Eine längere Tagestour ergibt sich mit Anstieg ab Zwischenstation Ra Valles über die vorhin beschriebene Via Ferrata Gianni Aglio zur Tofana di Mezzo, dem Übergang zur Tofana III über die Via Ferrata del Formenton mit Rückweg nach Ra Valles.
Die erste Besteigung erfolgte 1865 durch P. Grohmann mit dem Führer A. Dimai über den Nordostgrat.

Schwierigkeiten: Die Ferrata del Formenton ist ein unschwieriger, aber angesichts der Hochgebirgslage nicht zu unterschät-

zender, mitunter etwas ausgesetzter Klettersteig. Bei Vereisung sowie bei Gewittergefahr ist er zu meiden. Im Frühsommer langer Wächtenkamm im nordseitigen Abstieg.
Mühen: Siehe Tofana di Mezzo.
Gefahren: Hochalpine Umgebung, der durch entsprechend warme Kleidung und festes Schuhwerk Rechnung getragen werden muß. Ansonsten für trittsichere und schwindelfreie Bergerfahrene keine besonderen Gefahren, außer bei Gewitter. Im Frühsommer am Grat Abstand von den Wächten halten.
Freuden: Großartige Gratwanderung.
Karte, Skizze, Anreise: Siehe Tofana di Mezzo.

Gipfelroute ab Tofana di Mezzo: Südgrat. – Auf dem Weg zur Seilbahn kurz absteigen bis zu einer kleinen Terrasse mit Bänken (3210 m, Hinweis, Drahtseil) und kurz steil zur Grathöhe. An der Westseite führt ein gesichertes Schichtband schräg rechts, teils steil abwärts und nach kurzer Querung zur Scharte zwischen Tofana II und Tofana III (3080 m, Hinweise, Abstiegsspuren nach Westen zum *Rif. Giussani*). Links, westseitig, unter den Gratzacken entlang, dann am aufsteilenden Kamm nach rechts, in der Südostflanke in gut gestuftem Felsgelände teils in Kehren, an Kriegsresten vorbei, zum Gipfel (3238 m, 1.30 Std.). (*Kammerer*)
Aussicht: Ähnlich wie bei der Tofana di Mezzo, aber offener Blick ins Fanes.
Abstieg: Über den breiten, im Frühsommer mit Wächtenfirn bedeckten Nordkammrücken, im unteren Teil rechts der Gratfelsen zum Notunterstand Baracca degli Alpini (2922 m, Kriegsreste). Die markierte Steigspur (alter Kriegssteig) führt dort am steilen Ostabhang zum Sattel am Formentonkamm (2860 m). Rechts am abschüssigen Schrofenhang über Geröll absteigen (verfallene Kriegsunterstände) zum Kar und auf Steig Mark. 407 südwärts queren, in Richtung Seilbahnstation. Wo der Steig nach Norden zur Forc. Ra Valles hinabführt (2360 m) rechts abzweigen und hinauf zur Station *Rif. Ra Valles* (2470 m, 2.30 Std. ab Tofana II). (*Kammerer*)

Tofana di Rozes, 3225 m

Die Tofana di Rozes, einer der bekanntesten Dolomiten-Kolosse, ist der niedrigste, aber der eindrucksvollste des Dreigestirns. Die mächtige, dreikantige Felspyramide ist mit ihrer von

wuchtigen Pfeilern gegliederten Südwand das Wahrzeichen von Cortina d'Ampezzo.
Die erste Besteigung erfolgte 1864 durch P. Grohmann mit den Führern F. Lacedelli, A. Dimai und S. Siorpaes über die Nordflanke. Die erste Durchsteigung der Südwand glückte 1901 A. Dimai, S. Siorpaes und A. Verzi mit ihren ungarischen Klientinnen Ilona und Rolanda von Eötvös. Im Ersten Weltkrieg wurde der Berg besonders erbittert umkämpft.

Schwierigkeiten: Unschwieriger, markierter Anstieg in Schutt- und mäßig steilem, gut gestuftem Felsgelände, großteils Steigspuren. Im Frühsommer teils Firnhänge mit getretener Spur, erfordert Trittsicherheit.
Mühen: Hüttenaufstieg vom *Rif. Dibona* zum *Rif. Giussani* 500 mH (1.30 Std.), Gipfelaufstieg 680 mH (2.15Std.).
Gefahren: Im Frühsommer ist an den Firnfeldern große Vorsicht geboten, (entsprechend festes Schuhwerk nötig, Eispickel ratsam). Im Gipfelbereich besteht bei Gewitter erhebliche Blitzgefahr.
Freuden: Formschöner Gipfel mit prächtiger Rundsicht.

Karten, Skizze: Siehe Tofana di Mezzo.
Anreise: Von Cortina d'Ampezzo auf der Straße zum Falzaregopaß bis oberhalb von Pocol (kurz nach Km 114, Hinweise), rechts abzweigen und auf schmaler Straße, bei Verzweigung links, zum *Rif. A. Dibona* (2083m).
Hüttenaufstieg: Vom Parkplatz beim *Rif. Dibona* führt der breite Fußweg Mark. 403 (Kriegsstraße) nordwestwärts ansteigend zum Karkessel Vallon zwischen Tofana di Rozes und Tofana di Mezzo, in Kehren und Abkürzungen zum weiten Sattel Forc. Fontananegra (Rif. Cantore in Verfall) und zum *Rif. Giussani* (2580 m, CAI Cortina, bewirt. vom 10.6. bis 20.9., 56 Schlafpl., Tel. 0436- 5740).
Gipfelroute: Normalweg über die Nordflanke. – Im Blockfeld der Forc. Fontananegra (2542 m, verf. Rif. Cantore) führt der Steig (Mark. blau) nach Westen, steigt dann südwestwärts am Geröllhang zu einer Verzweigung an und erreicht links das steilere Felsgelände. Der leicht erkennbare Anstieg führt auf gut begehbarer Spur an der nordseitigen Flanke über Geröll auf Fels (im oberen Teil Firnfelder) zum Nordwestgrat. Weiter auf Steig am Schuttkamm (oder auf getretener Spur am Firnkamm) zum Gipfel. (*Kammerer*)

Die Tofane von Südwesten. In der Bildmitte die Tofana di Rozes; der Normalweg verläuft über den oberen Teil der besonnten Gipfelabdachung. Im Vordergrund Nuvolau, Averau und Cinque Torri.

Aussicht: Großartiger Rundblick auf den Talkessel von Cortina und die umgebenden Berge. Im Nordosten Tofana II und III, im Osten Cristallo, Sorapiss und Antelao, im Süden Pelmo und Civetta.
Abstieg: Entlang der Aufstiegsroute.

Andere lohnende Routen: Klettersteig *Via Ferrata Lipella* über die Westflanke (1200 mH, 4 Std., darin 800 m langer, lichtloser Stollen), *Südwand, Dimairoute* (800 mH, IV).

Cristallo

Die Cristallogruppe gehört mit ihren Südwestwänden zum Panorama von Cortina d'Ampezzo und bildet mit dem Pomagagnonkamm den eindrucksvollen Wetterschutz des Talkessels. An der Nordseite – ein unwegsamer, herber vom Menschen kaum betretener Bereich – verzweigt sich das Massiv in schroff abfallende Felskämme.
Der westliche Teil und die Südflanke liegen im neuen Ampezzaner Naturpark. Allerdings reicht die technische Erschließung für den Tourismus dort durch Aufstiegsanlagen zur Forc. Staunies bis in das geschützte Gebiet hinein.

Monte Cristallo, 3221 m

Der Hauptgipfel der Cristallogruppe ist ein imposantes Felsmassiv und bildet die Kulisse sowohl des Talkessels von Cortina als auch des Höhlensteintales. Der Name wurde nach dem nordseitig eingelagerten Gletscher geprägt. Die Besteigung des Hauptgipfels ist wegen des langen und mühsamen Zustiegs und der unpräparierten Kletterei etwas Besonderes geblieben.
Die erste touristische Ersteigung gelang 1865 P. Grohmann mit A. Dimai und S. Siorpaes über den heutigen Normalweg.

Schwierigkeiten: Kletterroute im Schwierigkeitsgrad I und II, nur von erfahrenen Kletterern zu begehen. Die nicht einfache Orientierung wird von einigen verblaßten roten Farbflecken und Steinmännchen erleichtert.
Mühen: Aufstieg vom Passo Tre Croci zum Einstieg am Passo del Cristallo 1000 mH (3 Std.), Kletterroute 410 mH (2 Std.).
Gefahren: Man sollte mit ursprünglichem Hochgebirge umgehen können, wenn man hier hinauf will. Eispickel ratsam.
Freuden: Einer der selten besuchten Berge.

Karte 1:25 000: Tabacco 03 Cortina d'Ampezzo.
Skizze 21
Anreise: Von Cortina d'Ampezzo (auch Bus) zum Passo Tre Croci (1806 m), ebenso von Auronzo im Val d'Ansiei und von Toblach über Misurina.

Gipfelroute: Normalweg über die Südostwand. – Vom Passo Tre Croci (1805 m) am Südabhang gegenüber dem Hotel auf Steigspur (Mark. 221 verblaßt) nach Norden und rechts eines Grabens in Kehren durch Latschen zum Grasboden Col de Varda. Auf Steig am ostseitigen Abbruch entlang zum Kar Grava di Cerigeres.
Am Wandfuß des Cristallo am steilen Schutthang zur abschließenden Blockmulde und am Firnhang von rechts nach links hinauf zum Passo del Cristallo (2808 m).
Von der Paßhöhe nach Westen zwischen Felskulissen (Balkensteg) zum breiten Band, das die ganze Südostwand durchzieht. Dort ansteigend entlang, eine Rinne querend, bis zu einem Schrofenhang (Steinmännchen, höher oben erscheint eine gelb-rote Wand); hier beginnt der Felsanstieg.
Rechts hinauf (einzelne blaßrote Farbtupfen) und über eine steile Rinne zu einem Band. Kurz nach links, wieder rechts über eine Rinne zum nächsten Band und dort auf Steigspuren nach links bis nahe unter eine gelb-schwarze Wand. Wieder rechts über gut gestufte Felsen zu einer Scharte unter überhängenden Wänden.
Nun über einen Kamin und weiter steil zum oberen, großen Schuttband. Dort auf Steigspuren nach Westen und über Schrofen zur Gratschulter (Aussichtspunkt auf Cortina). Weiter über den Südwestgrat, nach Überwindung einer kurzen, kleingriffigen Steilstufe (»Böse Platte«) über den Kamm (Holzsteg) zum Gipfel. (*Kammerer*)
Aussicht: Östlich gegenüber der Piz Popèna, nordwestlich gegenüber der vielbesuchte Mittelgipfel Cristallo di Mezzo, im Süden gewaltig der Sorapiss.
Absteig: Entlang der Aufstiegsroute.

Cristallo di Mezzo, 3154 m

Der Cristallo-Mittelgipfel ist das nordwestlich an den höheren Hauptgipfel anschließende, durch einen Scharteneinschnitt getrennte Zwillingsmassiv. Als solches ist es besonders gut vom Höhlensteintal im Norden zu erkennen. Mit der Anlage des Klettersteiges vom Rif. Lorenzi an der Forc. Staunies über den Nordwestgrat gezähmt, wird dieser Gipfel nun häufig bestiegen.
Die erste Ersteigung erfolgte 1881 durch J. Stafford Anderson mit den Führern S. Siorpaes und G. Ghedina über die Südwestseite.

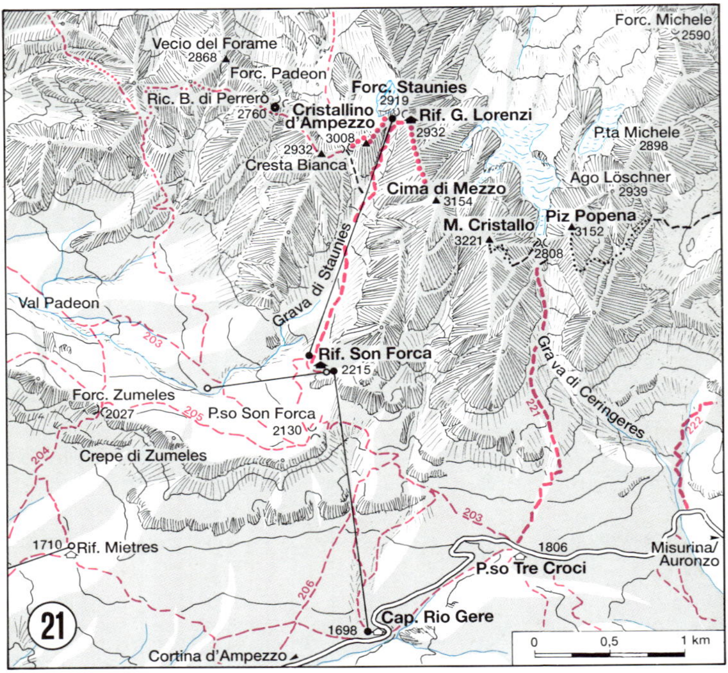

Schwierigkeiten: Die gut gesicherte Via Ferrata Marino Bianchi ist nicht schwierig und eher kurz, aber durchwegs ausgesetzt, mit zwei anstrengenden Kletterstellen.

Mühen: Aufstieg vom Passo Tre Croci zur Forc. Staunies 1130 mH, teilweise über Lockerschutt (3 Std.), Gipfelanstieg ab Lift-Bergstation 220 mH (1.30 Std.).

Gefahren: Die Steinschlaggefahr am Klettersteig ist durch gute Routenführung eingeschränkt. Bei Gewitter ist der Anstieg unbedingt zu meiden. Der alte Normalweg ist steinschlaggefährdet.

Freuden: Prächtiger Aussichtsgipfel, auch auf der Durchreise so nebenbei mitzunehmen.

Karte, Skizze: Siehe Monte Cristallo.

Anreise: Von Cortina zum Passo Tre Croci (1805 m), bei Benützung der Aufstiegsanlagen nur bis zum Albergo *Capanna Rio Gere* (1698 m, Sommerbetrieb vom 15.6. bis 30.9., Fahrten von 9 bis 17.30 Uhr. Tel. 0436-861035, Parkplatz, Sessellift-Talstation). Auffahrt zum *Rif. Son Forca* (2215 m, privat bewirt. vom 5.7. bis

Cristallogruppe bei Sonnenuntergang: rechts Piz Popèna, in der Mitte Monte Cristallo, Cristallo di Mezzo und Cristallino d'Ampezzo. Links im Hintergrund die Hohe Gaisl.

22.9., 30 Schlafpl., Tel. 0436-866192), Auffahrt mit der Gondelbahn (Bergstation 2919 m, dort 5 Min. zum *Rif. Lorenzi*).
Hüttenzustieg: Vom Passo Tre Croci (1805 m) auf Wirtschaftsweg Mark. 203 in nordwestlicher Richtung zum Bereich der planierten Skipisten, dort zum Passo Son Forca und auf der Straße zur Talstation der Gondelbahn (2190 m). Nun nordwärts im Kar Grava di Staunies (Skipiste, Markierung), im oberen Teil steil, mühsam hinauf zur Bergstation und zur Forc. Staunies mit dem *Rif. G. Lorenzi* (2932 m, privat bewirt. vom 1.7. bis 30.9., 20 Schlafpl., Tel. 0436-866196). Zu Fuß wird dieser Anstieg wegen der vorhandenen Aufstiegsanlagen kaum noch begangen.
Gipfelroute: Der Klettersteig Ferrata Marino Bianchi beginnt an der Holzterrasse des *Rif. Lorenzi* (2932 m) und führt anfangs links an den Zacken des Nordwestgrates entlang, dann abstei-

gend bis zu einer Scharte und steil hinauf zur ersten Leiter an der luftigen Kante. Weiter auf Bändern in der Südwestseite, nach einer Schutterrasse zum nächsten Steilaufschwung (Leiter). Linksquerend zu einem leicht überhängenden Riß. Nach einer flacheren Gratstrecke wieder links, durch einen Schuttsattel zum letzten Aufschwung und zum Gipfel. (*Kammerer*)
Aussicht: Zu Füßen der Talkessel von Cortina d'Ampezzo, östlich nebenan der Hauptgipfel, südlich anschließend Sorapiss, Pelmo und Civetta, westlich gegenüber der Cristallino d'Ampezzo, nordöstlich die Sextener Dolomiten mit Dreischusterspitze und Drei Zinnen.
Abstieg: Entlang der Aufstiegsroute.

Andere lohnende Routen: Abstieg über den wiederhergestellten Kriegssteig *Sentiero Ivano Dibona* nach Ospitale (4 Std.).

Cristallino d'Ampezzo, 3008 m

Von Cortina gesehen, ist der Cristallino d'Ampezzo der markante, spitze Felsturm im westlichen Cristallomassiv. Er wird von der Cima di Mezzo durch das Steilkar Grava di Staunies getrennt und ist ab Gondellift-Bergstation (*Rif. Lorenzi* an der Forc. Staunies) auf kurzem, gesichertem Zugang erreichbar.
Erstbegangen wurde er 1886 von M. Innerkofler und A. Angerer. Der Anstieg kann mit der Besteigung des Cristallo di Mezzo verbunden werden.

Schwierigkeiten: Der Sentiero Attrezzato Ivano Dibona über den kurzen Nordostgrat ist reichlich mit Stiegen und Handlauf ausgestattet. Schwindelfreiheit erfordert die interessante, leicht schwankende, luftige Hängebrücke Ponte del Cristallo.
Mühen: Aufstieg ab Gondellift-Bergstation 100 mH (0.30 Std.). Erst in Verbindung mit der Besteigung des Cristallo di Mezzo (siehe dort) und Abstieg bis Son Forca oder zur Sessellift-Talstation eine Tagestour.
Gefahren: Objektive Gefahren nur bei schlechten Verhältnissen.
Freuden: Bei klarem Wetter die Aussicht.

Karte, Skizze: Siehe Monte Cristallo.
Anreise, Hüttenzustieg: Siehe Cistallo di Mezzo.
Gipfelroute: Beginnend über die Außenstiege der Liftstation (Hinweis, Mark. 1 in rotem Dreieck), folgt man dem Sentiero

Ivano Dibona, weitere Stufenreihen führen zu einer engen Scharte. Links am Grat entlang (hölzerne Kriegsstege) erreicht man die lange Hängebrücke Ponte del Cristallo. Nach luftiger Überschreitung des tiefen Grateinschnittes führen einige Leitern zur ebenen Grathöhe. Wo der Klettersteig wieder abwärts führt (Hinweise), folgt man den links abzweigenden Sicherungen quer am Felshang entlang und nordseitig steil zum Gipfel. (*Kammerer*)

Aussicht: Ein besonders guter Blickpunkt auf den Cortineser Bergkranz und Talkessel.

Abstieg: Meistens wird der Rückweg entlang der Aufstiegsroute zur Bergstation begangen.

Talabstieg zu Fuß: Nach Rückkehr zur Abzweigung führt ein gesicherter Abstieg (Sentiero Ivano Dibona) an der steilen Westkante zur Forc. Grande hinab (2874 m, Hinweise). Nicht markierte, schwach erkennbare Spuren führen dort links, südostwärts, in die steile Geröllrinne (noch mit Firn gefüllt, gefährliches, langes Steilkar). Die Spuren weichen den felsigen Stellen links aus. Nach den ersten 100 mH rutscht man im beweglichen Schotter steil zum Staunieskar ab. Ab Gondellift-Talstation zum Passo Sonforca, dann auf Steig Mark. 206 entlang der Lifttrasse zur Talstation oder mit Mark. 203 auf Pisten und Fahrweg zum Passo Tre Croci.

Piz Popèna, 3152 m

Steiler, besonders von Norden eindrucksvoll schlanker Felsturm östlich vom Cristallo. Die erste Besteigung holte sich 1870 R. Whitwell mit den Führern S. Siorpaes und C. Lauener. Eine Tat war 1911 die Durchsteigung der wilden Nordwand durch A. Dibona und L. Rizzi mit den Brüdern Mayer.

Schwierigkeiten: Ursprüngliche Kletterei mit Passagen II und je nach Verhältnissen unterschiedlich heiklen Firnrinnen. Nur etwas für erfahrene Allrounder.

Mühen: Zustieg 500–700 mH (2–3 Std.), Kletterroute ca. 600 mH (2.30 Std.).

Gefahren: Originales Hochgebirge ziemlich pur und nur entsprechend erfahrenen Leuten anzuraten. Eispickel und eventuell auch Steigeisen ratsam. Wer Zweifel hegt, nimmt besser einen Bergführer.

Freuden: Die Exklusivität eines Ortes, der nur alle Jubeljahre einmal betreten wird.

Karte, Skizze, Anreise: Siehe Monte Cristallo.
Gipfelroute: Über Bänder der Ostwand und den obersten Teil der Südseite. – Zustieg von der Autostraße Schluderbach–Misurina durch das Val Popèna Alta auf Steig Mark. 222 oder von Misurina auf Steig Mark. 224 und dann unter den Felsen südwestwärts weiter, bzw. von der Brücke der Autostraße 2 km östlich vom Passo Tre Croci auf Steig Mark. 222 zur Ruine des Rifugio Popèna beim Passo Popèna (2224 m). Von dort die Halden in westlicher Richtung queren und hinauf unter die Schluchtrinne, die zwischen Piz Popèna und Punta Michele herabzieht (2.30–3 Std.); Einstieg.
Links über Leisten (20 m, II und I) zum Beginn des auffälligen großen Schuttbandes, das die Ostwand durchzieht. Auf diesem Band (Steinmännchen) bis zu seinem Ende in einer meist mit Firn gefüllten Schluchtrinne. Darin hinauf und links über Fels zu einem weiter oben verlaufenden Schuttband. Auf diesem links und in Rinne hinauf in die Scharte zwischen der Zweiten Schulter und dem Gipfelaufbau. Über schuttige Kamine und Felsstufen etwas linkshaltend zum Gipfel. (*Goedeke, z. T. nach Schmidt und Berti*)
Aussicht: Nach Westen vom Cristallo-Hauptgipfel beengt, nach Osten offener Blick auf die Cadinispitzen und Sextener Dolomiten sowie auf Marmarole und Sorapiss.
Abstieg: Entlang der Aufstiegsroute.

Andere lohnende Routen: *Nordwand* (IV, 350 mH, alpin).

Sorapissgruppe von Süden; links, mit schattiger Westwand, Croda Marcora und Punta Sorapiss, in der Bildmitte die Monti della Caccia Grande, rechts die Tre Sorelle. Der Sorapiss-Normalweg führt vom Schuttkar über der schattigen Felsschulter empor.

Sorapiss

Die rauhe, wenig besuchte Sorapissgruppe liegt südöstlich des Cortineser Talkessels und zeigt sich in den imposanten, roten Wänden der Croda Marcora über dem Val Boite zwischen Cortina d'Ampezzo und S. Vito di Cadore. Die meist verschneite Nordseite der Berggruppe bildet den eindrucksvollen Hintergrund des viel besuchten Misurinasees.

Punta Sorapiss, 3205 m

Hauptgipfel des mächtigen Bergmassivs östlich von Cortina, mit gewaltigen geschlossenen Wandbildungen sowie nord- und westseitigen Kargletschern. Die Erschließung durch Aufstiegsanlagen hat sich auf die westlich vorgelagerten Buckel der Tondi di Faloria konzentriert. Die Erschließung mit Klettersteigen hat

sich auf eine großzügige Umrundung des Massivs beschränkt. Dies läßt den Gipfeln ihre Ursprünglichkeit. Es wäre schön, wenn es dabei bleibt.
Die erste Besteigung erfolgte 1864 durch P. Grohmann mit den Führern A. Dimai und beiden Brüdern Lacedelli, wobei sie von Westen zur Fopa di Mattia aufstiegen und den Abstieg auf dem heutigen Normalweg durchführten.

Schwierigkeiten: Wenig ausgeputzte Kletterroute, Schlüsselstelle III, sonst II und I. Die Route ist selbständig zu finden, wenn auch einige Farbflecken und Steinmännchen vorhanden sind. Ausrüstung für mäßig schwierige Kletterei, 40-Meter-Seil zum Abseilen, im Frühsommer auch Eispickel nötig.
Mühen: Aufstieg zum *Rifugio San Marco* 130 mH (0.30 Std.), weiter zum *Bivacco Slataper* 780 mH (2.15 Std.), Gipfelaufstieg von dort 620 mH (2.30Std.), davon Kletterei 450 mH.
Gefahren: Ursprüngliches Hochgebirge mit allen Schikanen, weniger Erfahrenen ist ein Bergführer anzuraten.
Freuden: Ein nicht überlaufener Gipfel.

Karte 1:25 000: Tabacco 03 Ampezzaner Dolomiten.
Skizze 22
Anreise: Von Norden und Westen über Cortina d'Ampezzo (siehe Tofana) oder von Süden, vom Piavetal, im Val Boite nach S. Vito di Cadore (1050 m); Abzweigung im Ortsbereich, zunächst Asphalt-, dann Schotterstraße, vorbei am *Rif. Scotter-Palatini*, 5,5 km bis zum kleinen Parkplatz (1690 m).
Hüttenaufstieg: Nach Querung des großen Wildbachgrabens durch Latschenfelder nordwestwärts und am bewaldeten Hang, nach einem weiteren steilen Graben, in Kehren zum *Rif. S. Marco* (1823 m, CAI Venezia, bewirt. vom 20.6. bis 30.9., 40 Schlafpl., Tel. 0436-9718).
Weiter auf Steig Mark. 226 nach Norden und links zum felsigen, steilen Graben Giou Scuro. Dort hinauf und im Kar oberhalb zur Forc. Grande (2255 m). Auf Steig Mark. 246 am Ostabhang der Punta Taiola und der Punta dei Ross entlang, dann links steil zum Karstgelände Fond di Rusecco und zum Karkessel zwischen den Wänden (2550 m, die nicht markierte Steigspur geradeaus führt zum Einstieg des Sorapiss). Links am steilen Schutt- und Felshang zum *Bivacco G. Slataper* (2600 m, CAI, 9 Schlafpl.).

Gipfelroute: Normalweg über die Südostflanke. – Vom nach Südosten offenen Karkessel unterhalb des Biwaks (2550 m, 2 Std. vom *Rif. S. Marco*) auf Steig- und Rutschspur im Schutt (bis zum Hochsommer Firn) steil und mühsam hinauf zum Einstieg zwischen zwei Lawinenkegeln (2760 m).
Über Schrofen auf ein Band, nach links und weiter hinauf zum nächsten Band, wieder nach links zu einer Schlucht, dort über gut gestuften Fels zum Kamin mit Klemmblock und über abgeschliffenen Fels senkrecht hinauf (III, Haken). Weiter in der Schlucht, dann über Rinnen und Rippen in leichtem Schrofengelände linkshaltend zum unteren Schuttband des Fels- und Firnkessels Giaron Alto (2950 m). Nun rechts (auf die Abzweigung achten), über die lange, im unteren Teil mäßig steile, teils schotterige Rampe in Richtung eines gelben Überhanges nahe am Grat empor. Am oberen Ende (Pfeile) in Rinne nach links zu einer Scharte (roter Farbtupfen).
Nun ostseitig unter den Gratzacken nach rechts, auf abschüssigen Platten um zwei Kanten herum und absteigend zur engen, tiefen Scharte vor dem Gipfelturm (Tiefblick zum westlichen Gletscher). An der abweisenden Schlußwand nahe der linken Kante über einen kurzen Kamin (II), dann rechts zu einer Rinne und zum Gipfel. (*Kammerer*)
Aussicht: Nordwestlich gegenüber Tofane, Hohe Gaisl und Cristallo, im Nordosten Cadinispitzen und Sextener, östlich anschließend die Wildnis der Marmarole, südöstlich die Plattenpyramide des Antelao und südlich die grünen Weiten des Val Boite, überragt von den Felsburgen von Pelmo und Civetta, in der Ferne die Marmolada.
Abstieg: Abklettern auf der gleichen Route. Über den Kamin wird abgeseilt (Haken vorhanden).

Nebengipfel: Der Westgipfel *Fopa di Mattia (3155 m)* und der Südgipfel *Croda Marcora (3154 m)* sind vom Felskessel Giaron Alto aus problemlos zu besteigen.
Die im Ostgrat wenig markant aufragenden *Monti della Caccia Grande (3023 m, 3002 m, 3004 m)* sollen aus der Schlucht zwischen diesen und den Tre Sorelle – oder auch direkter von Süden aus – zu erreichen sein (etwa II, diese Angaben ohne Gewähr!).
Andere lohnende Routen: Umrundung des Sorapiss auf der *Via Ferrata Vandelli – Sentiero Minazio – Via Ferrata Berti* (insgesamt 8–12 Std.).

Tre Sorelle, 3005 m

Dreigipflige Graterhebung östlich des Sorapiss, durch eine tief eingehauene Scharte von den Monti della Caccia Grande abgetrennt. Erste Ersteigung durch einheimische Jäger.

Mühen: Vom *Bivacco Slataper* 450 mH (2 Std.), teils über Lokkerschutt und Schnee.
Gefahren: Die üblichen, die in selten besuchtem Gelände auftreten.
Freuden: Bergeinsamkeit pur.
Schwierigkeiten: Kletterei bis II, aber durch brüchigen und schuttigen Fels und Orientierungsprobleme sehr ernsthaft.

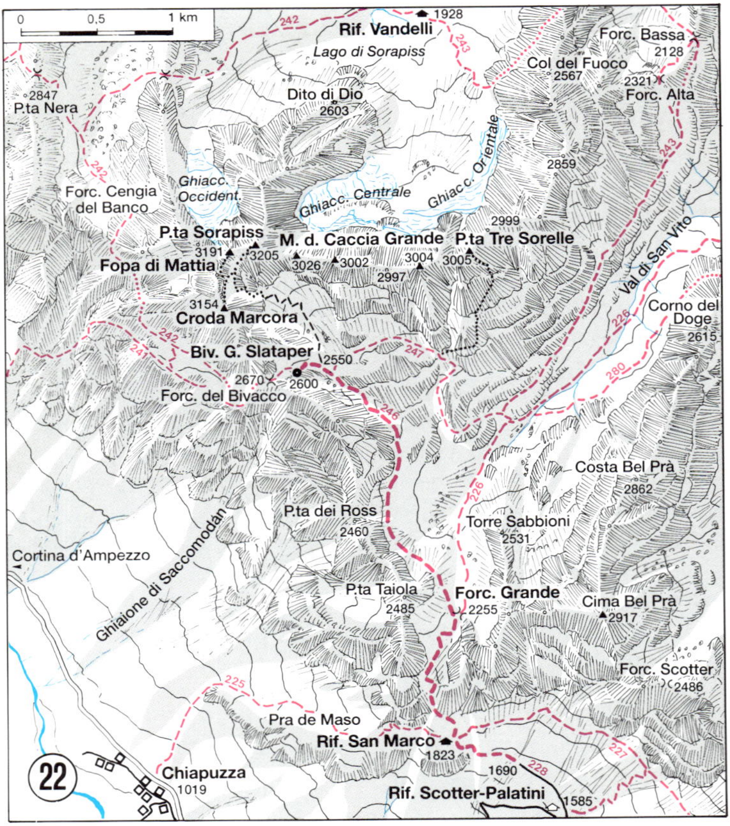

Tre-Sorelle-Gipfelkamm von Westen. Im Hintergrund Marmarolegruppe mit Cimon del Froppa und der Karstwüste der Lastoni.

Karte, Skizze, Anreise, Hüttenzustieg: Siehe Punta Sorapiss.
Gipfelroute: Über die Südostseite. – Vom *Bivacco Slataper* (siehe Sorapiss) das Kar in östlicher Richtung abwärts queren. In Fallinie der Prima Sorella (westlicher Gipfel) zu einer meist schneegefüllten Schlucht. Von dort zuerst linkshaltend zur Terrassenzone. Nach rechts querend zu einer Karmulde und aus dieser linkshaltend zum Grat und zum Gipfel. (*Goedeke, z. T. nach Visentini und Berti*)
Abstieg: Auf der Aufstiegsroute.

Marmarole

Der lange Gipfelkamm der Marmarole erstreckt sich östlich des Sorapiss zwischen dem Val d'Ansiei im Norden, dem oberen Piavetal im Osten und dem Hochtal Val d'Oten im Süden. Diese wenig bekannte Berggruppe der Dolomiten von Cadore ist heute noch, wie zur Zeit der Erstbesteigungen, ein sehr einsames Gebiet. Der geringe Grad der touristischen Erschließung schützt diese Berge wirksamer, als es jede wohltönende Gesetzgebung könnte. Es ist ihnen von Herzen zu wünschen, daß es weiterhin so bleibt.

Cimon del Froppa, 2932 m

Der höchste und bekannteste Gipfel der herben Marmarole. Erste Besteigung 1867 durch G. Somano mit dem Jäger G. Toffoli über die Nordseite. Der heute übliche Aufstieg über die Südseite wurde 1884 von J. Kugy mit dem Führer P. Orsolina gefunden.

Schwierigkeiten: Kurze Kletterroute mit schwierigem Start (kurz III), dann II und I auf etwa 100 m, leicht zu finden. Zustieg teilweise über Schuttschrofen und steilen Firn (Eispickel, auch Steigeisen ratsam, für die Abseilstelle mindestens 30 m Seil nötig).
Der Zugang von Süden führt über den gesicherten Anstieg Sentiero degli Alpini zur Forc. Giau de la Tana.
Mühen: Nordaufstieg zum *Bivacco Tiziano* 1200 mH (3.30 Std.), von dort Gipfelanstieg 700 mH, davon 100 mH Kletterei (4 Std.). Südaufstieg zum *Rif. Chiggiato* 780 mH, (2 Std.), Gipfelanstieg über die Forc. Giau de la Tana 1050 mH (5.30 Std.).
Gefahren: Bei Schönwetter recht friedlich, aber einsames Hochgebirge mit den entsprechenden Gefahrenquellen.
Freuden: Unberührte Bergwelt.

Karte 1:25 000: Tabacco 016 Dolomiti del Centro Cadore.
Skizze 23
Anreise: *Zum Nordanstieg* vom Passo Tre Croci oder von Misurina im Val Ansiei abwärts, von Osten, von Auronzo, 11 km talaufwärts (Bus) zum Ferienheim Soggiorno Alpino SIP (1048 m, Hinweis Mark. 260 zum Biwak), Parkmöglichkeiten im Wald an der Straße zum Bach.

Zum Südanstieg von Calalzo di Cadore 6 km auf der Straße in das Val d'Oten zum Gasthof Bar alla Pineta, noch kurz auf Schotterstraße zur Brücke über den Diassa-Wildbach (1133 m).

Hüttenzustiege: *Zum Bivacco Tiziano (Nordanstieg):* Beim Soggiorno Alpino SIP (1048 m) auf Fahrweg zum Steg über den Bach und auf ebener Forststraße talaufwärts. Nach einigen Wegverzweigungen wird der Weg Mark. 260 schmäler und führt nach Überquerung eines Baches als steile, schotterige Steigspur zum Fuß einer Wand (1450 m, Lawinenreste). Die Felsstufe wird rechts am Steilhang umgangen, der Steig führt oberhalb im Wald- und Latschenbereich nach links, umgeht einen Plattenhang und führt dann wieder in Kehren am bewaldeten Grashang nach rechts zu den Wänden des Tac de Todesco (1780 m). Dort im steilen Schutt zwischen Latschen hinauf, dann in Kehren weiterhin steil zu mäßiger geneigtem Gelände (2050 m). Nach einer meist mit Lawinenschnee gefüllten Blockmulde links, nach Osten, in hügeligem Gelände zum Bivacco Tiziano (2246 m, CAI Venezia, 9 Schlafpl.).

Zum Rif. G. Chiggiato (Südanstieg): Vor der Diassa-Brücke (1133 m, Hiweise, Parkplatz) mit Mark. 260 östlich des Baches nach Norden. Der an der steilen Böschung abgebrochene Steig wendet sich dann nach rechts und führt am bewaldeten Hang in steilen Kehren zu einem Kammrücken, dort zur Nordseite und am Schatthang in weiteren Kehren durch üppige Vegetation zum *Rif. G. Chiggiato* (1911 m, CAI Venezia, bewirt. vom 20.6. bis 20.9., 50 Schlafpl., Tel. 0436-31452).

Gipfelrouten: Von Norden: Vom Biwakhügel (2246 m) auf rot mark. Steig ostwärts ab-, dann rechts ansteigend, weglos über den weiten, im unteren Teil noch begrasten Felsbuckelhang Lastoni delle Marmarole (Steinmännchen) bis zum Moränengelände des kleinen Ghiacciaio del Froppa di Dentro. Die rote Mark. 260 führt dort südwärts zur Forc. Giau de la Tana. Man verläßt sie nach links, in südöstlicher Richtung. Weglos über Schuttwälle wird das verbliebene Firnfeld (2500 m) und der Aufschwung erreicht. Durch die westliche, rechte Rinne (im Frühsommer Firn) steil zum Grat und links hinab zur Forc. Froppa (2790 m, 2.30 Std.).

An der Ostseite abwärts und links am Hang (Trittspuren und Pfeil) in nördlicher Richtung und über eine steile, mit Kies oder Firn bedeckte Rampe links zum Einstieg nahe an der Forc. Kugy (Pfeil an der Wand). Nach Überwindung der leicht überhängenden Schlüsselstelle (III) zu einem Band (Sicherungs- und Abseil-

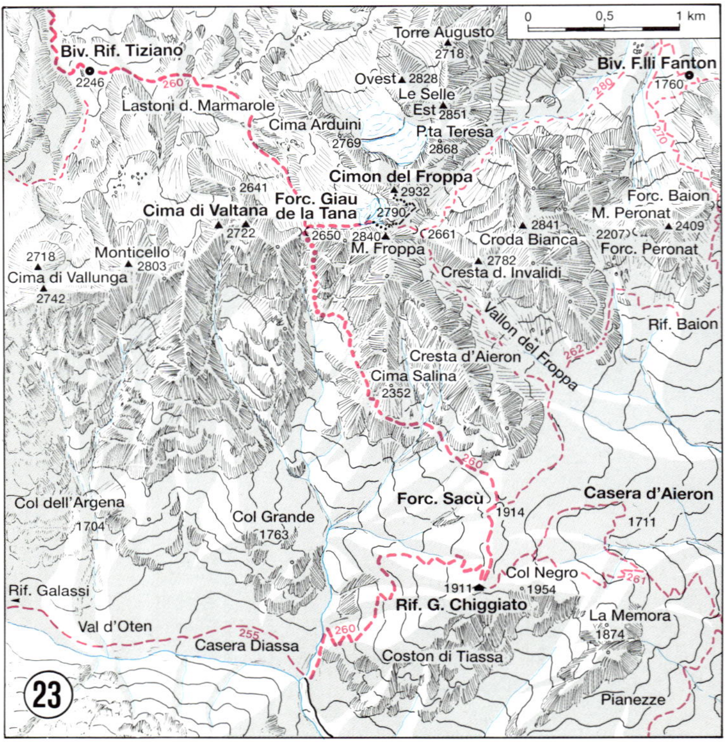

haken) und dort in einer Rinne oder über die Platten daneben zu einer Gratterrasse. Weiter auf dem Band rechts der Kante (Steinmännchen) und über Rinnen zum Gipfel (1.30 Std.). (*Kammerer*)

Von Süden: Vom *Rif. Chiggiato* (1911 m) auf ebenem Steig nach Norden zum Grassattel Forc. Sacù (Hinweise). Nun links auf Steig Mark. 260 durch Latschen am steilen Südwesthang des Aierongrates entlang, in den Wildbachgräben an- und absteigend, dann an der Felsflanke der Cima Salina auf Bändern und in einer Felsenge in steilen Kehren am Grashang hinauf zum Südwesthang der Schlucht Val de la Tana. Querend, dann steil hinab und einen Murabbruchgraben umgehend hinauf zum Ein-

Südseitige Gipfelwände des Cimon del Froppa.

stieg beim Felssporn nahe an der steilen, bis zum Hochsommer firnbedeckten Schluchtrinne (2170 m, 1.30 Std.).
Der Klettersteig beginnt mit einigen Leitern, führt dann in Kehren, anfangs am Grasbuckel, dann am Geröll- und Schrofenhang, zu einem Schneefeld und links davon zur Felsrippe neben der Schluchtrinne (2330 m). Man steigt dort über Schrofen, teils gut gesichert, am Hang rechts der Schlucht hinauf. Steigspuren führen im oberen Teil in einer großen Rechtsschleife zu einem engen Felsspalt (Leiter). Nach einer weiteren Rechtsschleife quert man am brüchigen Hang nach Nordwesten leicht an- und absteigend zur Forc. Giau de la Tana (2650 m, 1.30 Std. vom Einstieg).
Am nordseitigen Firn- oder Geröllhang auf Steigspur nach Osten zu einem Moränenrücken (Steinmännchen), dann die Gletschermulde rechts am Hang querend zur Anstiegsrinne (Firnhang), dort steil zur Forc. Froppa und weiter zum Gipfel wie beim Nordanstieg (s. o.) beschrieben (2.30 Std. ab Forc. Giau de la Tana). (*Kammerer*)
Aussicht: Im Norden gegenüber die Sextener Dolomiten mit Zinnen, Zwölfer und Hochbrunnerschneid, im Westen die Ampezzaner Berge mit Sorapiss, Piz Popèna und Cristallo, im Südwesten der Antelao.
Abstieg: Nach Norden mit Abseilstelle zur Forc. Kugy, nach Süden entlang der Aufstiegsroute.

Cima Bastioni, 2926 m

Beachtliche Felsmasse, als zweithöchster Gipfel der Marmarole am Talschluß des Val d'Oten versteckt.
Die erste Besteigung gelang 1890 L. Darmstädter mit den Führern P. Orsolina, L. Bernard und J. Stabeler über den Nordgrat. Der leichteste Zustieg wurde 1903 von A. Dimai und S. Siorpaes gefunden.
Der Gipfel wird nur selten bestiegen und bleibt etwas für im Umgang mit originalem Hochgebirge erfahrene, mit allen Wassern gewaschene Leute. Der leichteste Aufstieg (ca. II) soll vom *Bivacco Voltolina* (2082 m; am Dolomiten-Höhenweg 5, 3 Std. vom Val d'Ansiei/Ponte degli Alberi) über schräg rechts emporziehende Schluchtrinnen der plattigen Nordwestseite zum Südgipfel führen. Wegen Lockerschutt mühsam, wegen Bruch gefährlich, wegen zu erwartenden Orientierungsproblemen zusätzlich ernst. (*Goedeke*)

Antelao

Die Antelaogruppe in den Dolomiten von Cadore erhebt sich beherrschend über dem Val Boite und schließt sich nach Norden an die Sorapiss- und Marmarolegruppe an. Sie trägt den höchsten Gipfel der Östlichen Dolomiten. Vom zentralen Gipfelmassiv mit dem Hauptgipfel und den ostwärts anschließenden Gipfeln Cima Fanton, Punta Chiggiato und Punta Menini – alle über 3000 Meter – verzweigen sich nach allen Seiten abfallende Felskämme, die gewaltige Schluchten und Wände bilden. Besonders eindrucksvoll sind die bis zu 1500 Meter hohen Südwestabstürze des Massivs.

Monte Antelao, 3264 m

Nach der Marmolada ist der Antelao der zweithöchste Berg der gesamten Dolomiten und der Hauptgipfel der Östlichen Dolomiten. Wie die Marmolada von den Einheimischen nach alter Tradition als »Königin«, so wird der Antelao als »König der Dolomiten« bezeichnet.
Die imposante Gestalt dieses hohen Gipfels ist zentraler Kulminationspunkt eines gewaltigen Massivs und besonders von der Westseite her gesehen die schönste Berggestalt der Ampezzaner und Cadoriner Dolomiten.
Die erste Besteigung erfolgte bereits 1860 durch den Gemsenjäger M. Ossi, also noch vor der für 1863 bekannten Besteigung mit P. Grohmann über den heutigen Normalweg. 1886 wurde der Gipfel von D. Menini, S. Zandegiacomo und C. Carrara mit den Führern Pordon und Toffoli von Norden über die Eisrinne erreicht. Die gewaltige Route über die Südwand eröffneten 1898 A. Dimai, M. Innerkofler und Z. Pompanin mit den Engländern J.S. Phillimore und A.G.S. Raynor. Die Westkante wurde 1930 durch W. Stösser und F. Schütt bezwungen. Die hoch über der Südschlucht abgelegene, schwierige direkte Südwand des Hauptgipfels wurde 1942 durch I. Da Col und R. Petrucci-Smith durchstiegen.

Schwierigkeiten: Lange, schlecht zu sichernde Kletterei auf geneigten Platten, die bei seilfreiem Steigen wegen des aufliegenden Schuttes große Sorgfalt und absolute Trittsicherheit verlangt

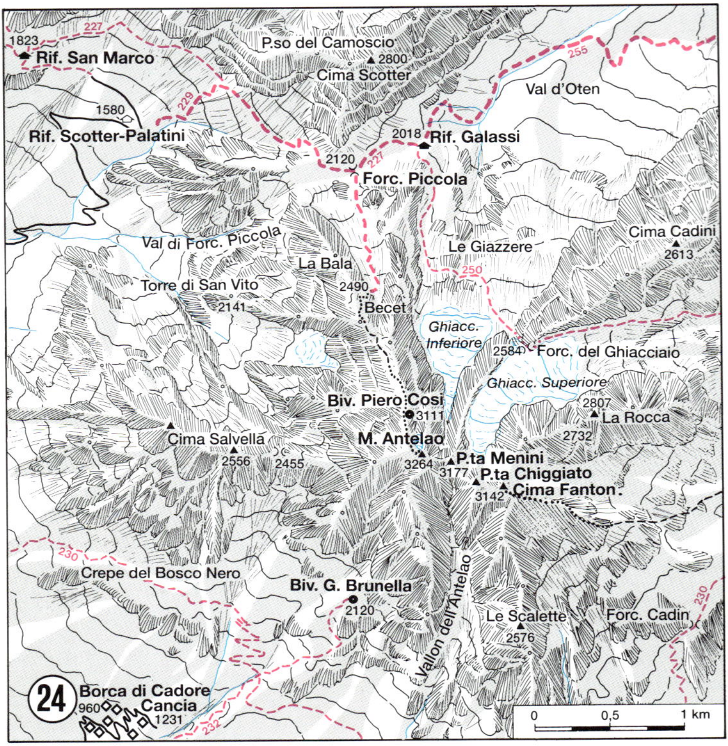

und die bei Schneeauflage oder Vereisung rasch heikel werden kann. Bei durchgehender Firnauflage auf den Platten ernsthafte Eistour, für die neben Eispickel auch Steigeisen nötig sein können. Am Gipfelaufbau Kletterei mit Passagen II.

Mühen: Hüttenaufstieg zum *Rif. Galassi* über Forc. Piccola 540 mH (1.45 Std.), Gipfelaufstieg 1250 mH (4.30 Std.).

Gefahren: Nur in aperem Zustand und bei sicherem Schönwetter zu empfehlen. Die aus der Größe des Berges und der Länge der Anstiege resultierenden Risiken von Wetter und Ermüdung werden durch das 150 mH unter dem Gipfel stehende Biwak gemildert, wenn auch dessen Abgelegenheit bei längerem Schlechtwetter nerven kann. Steinschlag auf den Platten kann auch noch weit unterhalb Steigende intensiv gefährden.

Freuden: Das Ambiente einer rundum großzügigen, alpinen Besteigung.

Antelaogruppe von Norden. Im niedrigeren Gipfelkamm von links: Cima Fanton, Punta Chiggiato und Punta Menini. Rechts der Laste-Plattenschuß mit dem Normalanstieg.

Karte, Anreise: Siehe Sorapiss.
Skizze 24
Hüttenzustieg: Beginnend beim *Rif. Scotter-Palatini* (siehe Sorapiss, 1585 m, privat, Tel. 0436-99035) oder in der Linkskehre oberhalb (Hinweis, knappe Parkmöglichkeit) auf Fußweg Mark. 229-227 in steilen Kehren am großen Schutt- und Latschenhang zur Forc. Piccola (2120 m, rechts Abzweigung des rot markierten Antelao-Anstieges). Kurz ostwärts hinab zum *Rif. Galassi* (2018 m, CAI Mestre, bewirt. vom 1.7. bis 20.9., 110 Schlafpl., Tel. 0436-9685).
Hierher auch ab Capanna Alpina (1395 m, Tel. 0435-31103) im Talschluß des Val d'Oten, von Calalzo di Cadore mit Pkw er-

reichbar, wenn nicht gerade mal wieder ein Wildbach die Straße unterbrochen hat, Aufstieg 620 mH (1.45 Std.).

Gipfelroute: Normalweg über den Nordgrat. – Vom *Rif. Galassi* nach Westen zur Forc. Piccola (2120 m). Nun südwärts auf rot markierter Steigspur durch begrastes Gelände zum nordseitigen Kar (bis zum Hochsommer Firn) und dort zum Einstieg oben rechts an der schräg geschichteten Wand (2490 m, 1.30 Std.).

In einer Rinne, dann über Bänder und gut gestufte Felsen steil zur Gratschulter hinauf, die südlich des Felskopfes la Bala betreten wird. Nach einigen Felszacken (i Beccet) wird die Felsabdachung des Nordgrates erreicht. Der Aufstieg führt auf Steigspuren im Geröll über den unteren Teil der breiten, mäßig steilen Rampe (Steinmännchen) zu einer grabenartigen Unterbrechungsstufe. Im oberen Abschnitt der »Laste« (Platten) steigt man auf den rauhen, nun ausgesetzteren Platten des sich verschmälernden Hanges links, im Bereich der Abbruchkante, bis zum oberen Ende der Rampe an. Ein Schild weist dort nach links zum hinter der Gratkante liegenden Bivacco Cosi (3111 m, 2.30 Std.).

Weiter am Grat und über Bänder rechts davon in leichter Kletterei zu einer Scharte westlich des Gipfels (der Blick öffnet sich nach Süden) und steiler über einen kurzen Kamin (Drahtseil) und Felsblöcke zum Gipfel (0.30 Std.). (*Kammerer*)

Aussicht: Überwältigendes Panorama, im Norden die Marmarole, im Westen die Ampezzaner Berge, südlich und östlich unterhalb die grünen Tiefen des Val Boite und Val Piave.

Abstieg: Abklettern auf dem Aufstiegsweg.

Nebengipfel: Zwischen der Cima Fanton und dem Antelao gibt es die Gratgipfel *Punta Chiggiato (3163 m)* und *Punta Menini (3177 m),* von der Cima Fanton her in luftiger, brüchiger Gratkletterei zu besteigen (III).

Andere lohnende Routen: *Menini-Rinne* (II und Eis bis 50°; 5 Std.), *Südwand* (angeblich III, 1200 mH, alpin!), *Westkante* (V, 500 mH), *Direkte Südwand* (VI, 750 mH).

Cima Fanton, 3142 m

Der südöstliche Eckpfeiler des Antelaomassivs ist ein verwunschenes Gebirge. Die Abgelegenheit, Dimension und zu erwartende Felsqualität lassen die Wünsche Einsamkeitssucher mühelos wahr werden.

Die erste Besteigung erfolgte 1893 durch L. Sinigaglia mit den Führern P. Dimai und Z. Pompanin über den Südgrat. Als Normalweg gilt heute die 1913 von den einheimischen Führerlosen Luisa und U. Fanton anläßlich der Überschreitung des langen Grates zum Antelao mit Erstbesteigung der Punta Chiggiato und Punta Menini begangene Route über die Südostwand.

Schwierigkeiten: Etwa II, mit Querung einer steilen Firnrinne.
Mühen: Hüttenzustieg zum *Rif. Antelao* 750 mH (3 Std.), Gipfelaufstieg 1350 mH (5 Std.).
Gefahren: Ursprüngliches, abgelegenes Hochgebirge mit Schutt und Bruch und wahrscheinlich ohne Orientierungshilfen. Mit solchem Gelände nicht vertraute Leute sind hier akut gefährdet.
Freuden: Ursprüngliches Hochgebirge.

Karte: Siehe Sorapiss.
Skizze 24
Anreise: Bahn bis Calalzo di Cadore. Bus bis Pieve di Cadore (878 m).
Hüttenzustieg: Über Anliegersträßchen hinauf zum Weiler Pozzale (1054 m). Nun unabweisbar zu Fuß. Bei Gabelung oberhalb des Ortes rechts auf kleiner Straße erst nordwärts, dann westwärts am Hang des Monte Tranego entlang, zuletzt etwas ansteigend zum *Rifugio Mono del Pol* (1314 m). Nun auf Steig Mark. 250 südwestwärts schräg aufwärts zur Forcella Antracisa (1693 m; hierher auch mit 150 mH mehr Auf- und Abstieg direkt über den Monte Tranego). Von der Scharte westwärts zum *Rif. Antelao* (1796 m, CAI Treviso, bewirt. vom 1.6. bis 30.9., 26 Schlafpl., Tel. 0435-75333).
Gipfelroute: Von der Hütte westwärts auf Steig Mark. 250 ansteigen zur Forc. Piria (2096m). Auf der anderen Seite westwärts über Wiesen der aufgelassenen Alm Ciampestrin ansteigen in Richtung auf den linken Teil der Ostwand des Berges. Dort schrofig hinauf bis oberhalb von einem felsigen Rücken. 50 m von diesem entfernt befindet sich eine steile, meist schneegefüllte Rinne, die von der Scharte östlich des Gipfels herabzieht. Diese Rinne queren bis auf die andere Seite und an ihr entlang bis zu ihrem Ende. Über die Scharte und die Schlußwand zum Gipfel. (*Beschreibung der Erstbegeher, nach Berti*)
Aussicht: Im Westen die wilden Grate, Wände und Gletscher des Antelao, im Norden der Hauptkamm der Marmarole.
Abstieg: Auf der Aufstiegsroute.

Pelmo

Die nach Flächenausdehnung kleine, aber markante Pelmogruppe südlich von Cortina d'Ampezzo erscheint als eine rundherum freistehende, allseits in hohen Wänden aufragende Berggestalt. Hier im Zoldano stehen die Bergstöcke häufig isolierter und mehr von grünen Tälern umgeben als sonst in den Dolomiten. Als Kletterberge gehören sie zu den beeindruckendsten Zielen, und ihre höchsten Gipfel lassen sich auch auf vergleichsweise zahmen Normalwegen besteigen.

Monte Pelmo, 3168 m

Eine mächtige Felsburg ist dies, mit einem nach Südosten offenen Hochkar und dem durch eine tief eingehauene Scharte abgetrennten, nach Westen zum Passo Staulanza vorgeschobenen Trabanten Pelmetto.
Die erste Besteigung erfolgte 1857 auf dem heutigen Normalweg durch den Engländer J. Ball mit einem Jäger, der jedoch vor dem Gipfel aufgab. Die grandiose Nordnordwestwand wurde bereits 1924 von dem Sachsen F. Simon und dem Innsbrucker R. Rossi durchstiegen.

Schwierigkeiten: Nicht bezeichneter, leichter Felsanstieg (I). Die Begehung des langen, ebenen Bandes Cengia di Ball führt an steiler Wand entlang (zwei ausgesetzte Kletterstellen). Der Steig im folgenden Steilkar ist teils schotterig und rutschig.
Mühen: Hüttenzustieg von Zoppè zum *Rif. Venezia* 500 mH (1.30 Std.), vom Passo Staulanza 200 mH (2.30 Std.). Gipfelaufstieg 1220 mH (4.30 Std.).
Gefahren: Vorsicht an Firnfeldern im Kar!
Freuden: Großartiger Aussichtsberg.

Karte 1:25 000: Tabacco 015 Marmolada–Pelmo–Civetta–Moiazza.
Skizze 25

Monte Pelmo von Südosten. Der Normalanstieg führt durch das im Schatten liegende Kar. Links der Gipfel des Pelmetto.

Anreise: Von Osten, vom Piavetal, durch das Val Maè, von Nordwesten über Selva di Cadore und Passo Staulanza nach Forno di Zoldo und von dort 8 km asphaltierte Bergstraße hinauf nach Zoppè/Sagui (1450 m).
Hüttenzustieg: Vom Weiler Sagui (1450 m) auf Weg Mark. 471 nordwärts ansteigend zum Hüttenfahrweg und diesem folgend zum am Ostfuß des Pelmo im Almsattel Campi di Rutorto gelegenen *Rif. Venezia* (1946 m, CAI, bewirt. vom 20.6. bis 20.9., 70 Schlafpl., Tel. 0436-9684). Hierher auch vom Passo Staulanza (1766 m) auf Steig Mark. 472 (Dolomiten-Höhenweg 1) südseitig um den Pelmo herum (2.30 Std.). Weitere Zugänge von San Vito/Serdes (1000 m) im Val Boite und von Coi (1500 m) oberhalb von Fusine im Val di Zoldo.
Gipfelroute: Normalweg über die Ostflanke. – Vom Rif. Venezia (1946 m) auf mark. Steig durch Latschen nordwestwärts zum Kar und links zum Einstieg (2144 m). Über leichte Felsstufen linkshaltend zum Band Cengia di Ball. Das nahezu eben verlaufende Schichtband führt ca. 800 m durch die Ostwand nach Süden, zwei kurze Stellen (Passo dello Stemma und Passo del Gatto) sind in leichter, wenn auch ausgesetzter Kletterei zu passieren (sonst Gehgelände mit guten Griffen an der Wand). Um einige Vorsprünge herum wird die Schlucht am unteren Abbruch des Steilkares erreicht. Nun in längerem Anstieg auf Steig in steilen Kehren im Geröll nach Norden bis nahe an den Wandfuß und links, westwärts, über Schrofen und Geröll zum oberen Felskessel. Über Moränenschutt und mit Kies bedeckte Platten, teils über Firn, südwestwärts zum Grat und rechts zum Gipfel. (*Kammerer*)
Aussicht: Südwestlich unterhalb der Pelmetto, dahinter die Civetta, im Westen Marmolada und Sellastock, im Norden Ampezzaner Berge mit Tofana, Cristallo und Sorapiss, daneben im Nordosten der Antelao, im Südosten Bosconero und Schiara.
Abstieg: Entlang der Aufstiegsroute.

Nebengipfel: Im Südostgrat sind *Spalla Nord (3056 m)* und die naheliegende *Spalla Sud (3061 m)* vom Normalweg über den breiten Grat rasch zu erreichen. Ebenso sind die *Nordtürme (3020 m)* vom obersten Kar rasch zu besteigen. Von dort aus am Grat südöstlich weiter gelangt man unproblematisch zur *Spalla Est (3024 m)*.
Andere lohnende Routen: *Nordnordwestwand* (VI–, 870 mH), *Ostgipfel-Ostkante* (IV, 850 mH).

Pelmetto, 2990 m

Dieser kolossale Nachbar des Pelmo entspricht nicht der Verkleinerung, die sein Name ausdrückt, und was ihm an Meereshöhe fehlt, wird durch größere Wandhöhen und eine schwierigere Schlüsselstelle am Normalweg ausgeglichen.
Die erste Besteigung erfolgte 1895 durch F. Spada mit den Führern A. Panciera – genannt »il Mago« (der Zauberer) – und C. Callegari.

Schwierigkeiten: Lange, selten begangene Kletterroute mit einer kernigen Passage IV (8 m) und viel alpinem Schrofengelände (Stellen I, in der Rinne auch II). Für die Firnrinne Eispickel ratsam.
Mühen: Zustieg ab *Rif. Venezia* (siehe Monte Pelmo) oder ab Passo Staulanza 200 mH (1.15 Std.), Gipfelaufstieg 1050 mH (4.30 Std.).
Gefahren: Ursprüngliches, nicht abgeklettertes Gelände mit allerlei Schutt.
Freuden: Ein selten besuchter Berg.

Karte, Skizze, Anreise: Siehe Monte Pelmo.
Gipfelroute: Vom Passo Staulanza (1766 m, zwischen Selva di Cadore und Forno di Zoldo) gegenüber der Baita Pelmo auf dem Steig (Dolomiten-Höhenweg 1) durch lichten Wald ansteigen. Bei Gabelung mit Mark. 472 rechts weiter ansteigen und queren. Später, nach sumpfigen Wiesen, wieder nach links. Eben und abwärts durch Latschenfelder zum Plateau Le Mandre (1908 m) unter der gewaltigen Schutt- und Schneerinne, die zwischen Pelmo und Pelmetto herabzieht.
Vom Weg Forc. Staulanza – *Rif. Venezia* in die große Schnee- und Schuttrinne (vom *Rif. Venezia* 1 Std.) Die Rinne hinauf (eine Stelle II) bis etwa 100 m unterhalb der Scharte La Fisura (auch Fessura).
Hier links, im oberen Bereich der großen Bänderzone die Ostwand und die Südwestwand des Pelmetto queren, zuletzt auf schmaler Leiste noch um die Südwestkante herum. Dann über eine senkrechte, griffarme Stufe (»Salto del Mago«), IV, einzige Schwierigkeit des Anstiegs). Oberhalb auf kurzem Bändchen zurück an die Kante. Daran hinauf bis unter den Südgipfel und diesen rechts umgehend zum Gipfel. (*Goedeke, z. T. nach Sommavilla*)

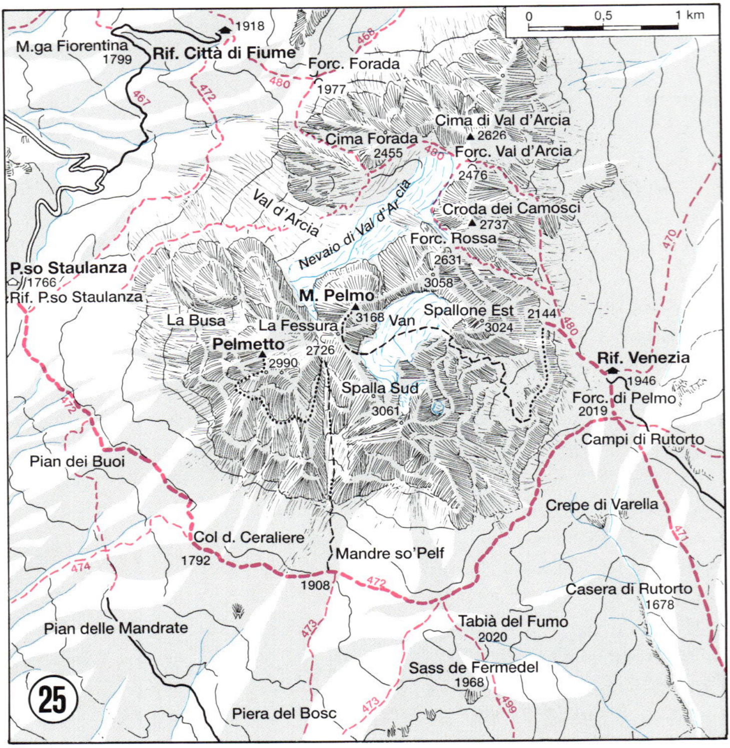
0 0,5 1 km
1918
M.ga Fiorentina
1799
Rif. Città di Fiume
468
Forc. Forada
480
1977
467
472
Cima di Val d'Arcia
2626
Cima Forada
2455
480
Forc. Val d'Arcia
2476
Val d'Arcia
Nevaio di Val d'Arcia
Croda dei Camosci
2737
Forc. Rossa
470
2631
P.so Staulanza
1766
3058
Rif. P.so Staulanza
M. Pelmo
3168
Van
Spallone Est
2144
La Busa
La Fessura
3024
480
Pelmetto
2726
Rif. Venezia
2990
1946
Spalla Sud
Forc. di Pelmo
2019
3061
472
Campi di Rutorto
Pian dei Buoi
Crepe di Varella
Col d. Ceraliere
471
Mandre so'Pelf
1792
474
1908
472
Casera di Rutorto
1678
Tabià del Fumo
Pian delle Mandrate
2020
473
Sass de Fermedel
1968
25
473
499
Piera del Bosc

Civetta

Neben den großen Nachbarn Marmolada und Pelmo ist die Civetta durch die majestätische Gestalt der über Alleghe im Val Cordevole aufragenden Nordwestwand eine der bekanntesten Dolomitengruppen. Sie bildet einen in Nord-Süd-Richtung verlaufenden, sich verästelnden Gebirgszug mit vielen Gipfeln. Im Süden, gegen Agordo, schließt sich die ebenso schroffe Untergruppe der Moiazza an.

Monte Civetta, 3220 m

Die kilometerlange, bis über 1000 Meter hohe Civetta-Nordwestwand ist eine der drei größten Felsmauern der Dolomiten – unter Kletterern bekannt als »Königreich des VI. Grades«, wie es Domenico Rudatis nannte.
Die erste Besteigung des Hauptgipfels erfolgte um 1860 durch S. De Silvestro und Gefährten auf dem heutigen Normalweg. Die erste Durchsteigung der »Wand der Wände« zum höchsten Punkt gelang 1925 G. Lettenbauer und E. Solleder, womit sie eine der ersten großen Routen des VI. Grades eröffneten. Die Anstiege für den weniger extremen Bergsteiger verlaufen an der nicht so eindrucksvollen Ostflanke des Berges. Am Normalweg, der hauptsächlich im Abstieg begangen wird, liegt das *Rif. Torrani*, ein wertvoller Stützpunkt für die Nordwand-Kletterer. Die »Via Ferrata degli Alleghesi« ist ein landschaftlich schöner und lohnender Klettersteig.

Schwierigkeiten: Der Normalweg ist ein unschwieriger, markierter, teils mit Drahtseilen gesicherter Anstieg in hochalpinem Felsgelände. Bei Neuschnee sowie bei Nebel besonders im Abstieg schwierige Orientierung, bis zum Hochsommer Eispickel mitnehmen.
Der nur am Anfang steile Alleghesi-Klettersteig ist wegen des großen Höhenunterschiedes und der längeren Kletterei in leichtem, festem Fels (I und II, markiert) nicht zu unterschätzen.
Mühen: Hüttenzustieg zum *Rif. Coldai* ab Casera Pioda 320 mH (0.50 Std.), Gipfelaufstieg 1100 mH (5 Std.), auf der Ferrata degli Alleghesi davon 900 mH über Fels.
Gefahren: Normalroute in Rinnen etwas steinschlaggefährdet,

ansonsten für Erfahrene relativ friedlich. Der Alleghesi-Klettersteig ist im oberen Teil allen Witterungsunbilden stark ausgesetzt, an den nordseitigen Stellen rasch vereist und nur langsam wieder schneefrei – nur bei schönem Wetter und guten Verhältnissen und auch dann nur für gut ausgerüstete, ausdauernde, trittsichere und schwindelfreie Leute empfehlenswert.
Freuden: Einer der großen Dolomitenberge, der ganz aus eigener Kraft zu besteigen ist.

Karten 1:25 000: Tabacco 015 Marmolada–Pelmo–Civetta–Moiazza.
Skizze 26
Anreise: Von Westen über Selva di Cadore und Passo Staulanza, von Osten über Forno di Zoldo und Pècol ins oberste Val Maè zum Pian dei Palù, Camping Palafavera (1510 m, Restaurants, Bus in beiden Richtungen). Vom Parkplatz auf Wirtschaftsweg (auf eigene Gefahr befahrbar, gut eine Stunde zu Fuß) 3 km zur Alm Casera Pioda (1826 m, Parkplatz).
Hüttenzustieg: Ab Casera Pioda (1816 m) am Grashang in Kehren nach Westen (Fahrweg), unter den Felsen Crepe sora Pioda südwärts und über eine steile Geröllschlucht auf Fußweg Mark. 556 zum *Rif. A. Sonino al Coldai* (2132 m, CAI Venezia, bewirt. vom 15.6. bis 20.9., 80 Schlafpl., Tel. 0437-789160).
Gipfelrouten: Der Normalweg führt über die Ostflanke, Pian della Tenda und Rif. Torrani, der Klettersteig über die Ostwand der Punta Civetta und den Nordgrat zum Gipfel.
Normalweg: Vom westwärts zur Forc. Coldai führenden Steig links abwärts abzweigend, auf dem Sentiero Tivan Mark. 557 südwärts zum Sattel gegenüber der Hütte und am Osthang um einige Vorsprünge und durch Mulden (felsige Steilstufe mit Drahtseil) zum Sattel hinter dem Felskopf Schenal del Bec (2310 m, Porta del Masarè, Abzweigung der Ferrata degli Alleghesi). Weiter im Kar abwärts zum Vorsprung der Crepa-Bassa-Felsen (2217 m). Dort vom Sentiero Tivan rechts abzweigen (Hinweise am Fels), steil und mühsam südwestwärts über Schutt, teils über Firn zum Einstieg (2366 m, 2.15 Std.). Am Vorbau in einer Rinne, dann über Platten rechts hinauf, über das abschüssige Band Passo del Tenente queren (Drahtseile) und rechts weiter über Schrofen, Felsstufen und Platten zu einer Schutt- und Firnrinne. Am Rand über Schrofen und Geröll hinauf, dann in Kehren zum Sattel Pian della Tenda (Hinweis) und zum nahen *Rif. M.V. Torrani* (2984 m, CAI Conegliano, bewirt.

vom 15.7. bis 15.9., 25 Schlafpl., Tel. 0437-789150), 2 Std. vom Einstieg. Der weitere Anstieg führt auf schotterig-felsigem Steig in Kehren (im Frühsommer Firnfelder) am Ostabhang zum Gipfel (3220 m, 0.40 Std.). (*Kammerer*)

Via Ferrata degli Alleghesi: Vom *Rif. Coldai* (2132 m) auf dem Sentiero Tivan zum Sattel Porta del Masarè (2310 m, 1 Std., siehe Normalweg. Im Blockfeld rechts vom Steig abzweigend (großes »F« und Pfeil an Felsblock), im Kar zu einem Firnfeld und zum Schrofenvorbau und über den rauhen Felshang zum Einstieg (2350 m). Die Drahtseile führen zum Steilaufschwung (Tafeln). Die senkrechte, gelbe Wandstufe ist über Stifte und Leitern leicht zu überwinden. Oberhalb wird die erste, gut markierte, aber nicht gesicherte Rinne durchstiegen (I). Nach Drahtseilstellen im Bereich der Gratkante wird etwas links davon die nächste, nur an einer Steilstufe gesicherte Rinne begangen. Weiter am breiten Gratrücken nach rechts herum zur Nordostseite (Steinmännchen) und direkt über den Grat über Schrofen zu einer Steilstufe (2650 m, Leiter).

Wieder zur Südostseite wechselnd, weiter durch Rinnen und einen Kamin mit langer Klammernleiter, dann nach links zur nächsten Rinne. Nach einer Kanzel auf der Gratkante wieder auf Steig zur Nordostseite (2800 m, Gedenktafel) und über mäßig steile Felsen zum Nordgrat (2870 m, Tiefblick in die Nordwestwand). Nach einigen Scharten nördlich der Punta Civetta werden die letzten 300 mH in der weniger steilen Nordostflanke überwunden. Der Anstieg führt dort über gesicherte Felsstufen und Schrofen, teils auf Steig über Schutthänge und Firnfelder zum Blockgrat und zum Gipfel (4 Std.). (*Kammerer*)

Aussicht: Im Westen die Marmolada, im Norden die Ampezzaner Berge, im Nordosten der Pelmo, im Südosten Moiazza, Bosconero und Támer, im Süden und Südwesten die Palagruppe.

Abstieg: Auf dem Normalweg.

Nebengipfel: Der flache Ostgipfel *Punta di Tomè (3004 m)* ist vom *Rif. Torrani* über Pian della Tenda problemlos zu erreichen. Der Gipfel der *Punta Civetta (2920 m)* ist vom Alleghesi-Klettersteig rechts abzweigend, von der Scharte südlich davon in leichter Kletterei (II) zu besteigen.

Andere lohnende Routen: *Via Ferrata Tissi* von Süden (s. o.), *Civetta-Nordwestwand, »Solleder-Lettenbauer-Route«* (VI–/A1, 1000 mH), *Punta-Civetta-Nordwestwand, »Anrich-Faé-Route«* (VI+, 750 mH).

Piccola Civetta, 3207 m

Der Südwestgipfel des Civettakammes, vom Hauptgipfel durch eine markante Scharte abgesetzt und auch als Vereinigungspunkt von Su-Alto-Kamm und Busazza-Kamm auffällig.
Die erste Besteigung erfolgte 1896 durch C. Tomè, E. und P. Conedera in Überschreitung von Südwesten her.

Schwierigkeiten: Leichte Kletterei (II und I), schuttig, Bruch.
Gefahren: Die üblichen in nicht abgeklettertem Fels. Orientierung bei Nebel heikel.
Freuden: Auf dem eigentlichen Knotenpunkt der Civetta-Grate zu sein.

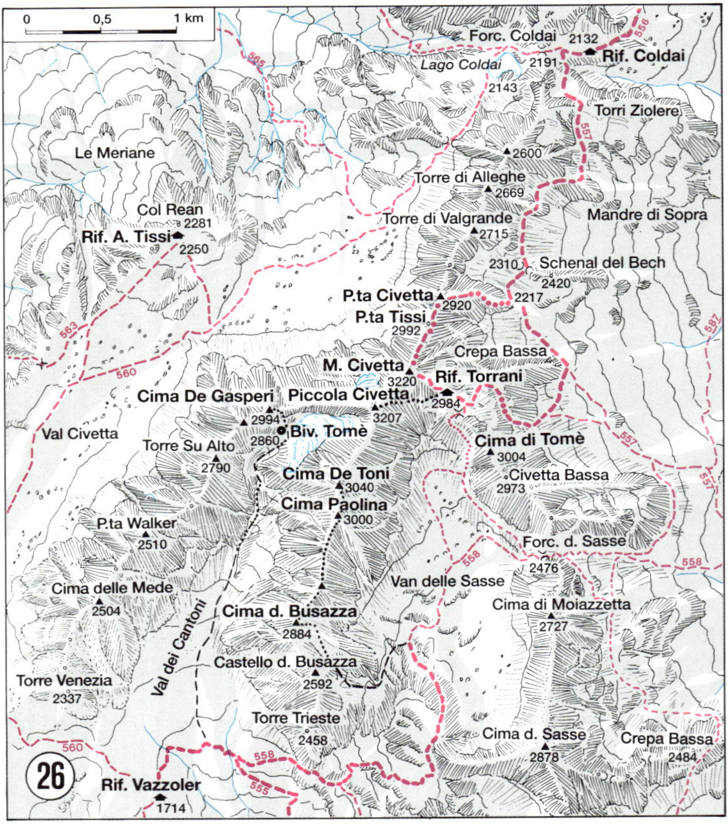

Monte Civetta mit Nordwestwand, rechts Piccola Civetta, im Vordergrund die Türme im nördlichen Ausläuferkamm.

Mühen: Vom *Rif. Torrani* zum Gipfel 220 mH (1 Std.), Übergang zum Hauptgipfel 100 mH zusätzlicher Ab- und Aufstieg.
Karten, Skizze, Anreise, Hüttenzustieg: Siehe Monte Civetta.
Gipfelroute: Wie beim Normalweg zum Monte Civetta (siehe dort) bis zum *Rif. Torrani.*
Vom Pian della Tenda in südwestlicher Richtung über Schrofen und Schutt weglos queren in die Firn- oder Schuttrinne, die von

der tiefsten Scharte zwischen Hauptgipfel und Piccola Civetta herabzieht. Diese queren und gleich schräg links über Schrofen zum Gipfel.
Abstieg: Am angenehmsten durch Übergang auf den Hauptgipfel: Nordöstlich absteigen in Richtung Scharte, in Kamin, zuletzt 20 m abseilen (im Aufstieg III), direkt in die Scharte. Von dort den Steigspuren folgend am Grat zum Hauptgipfel. (*Goedeke, z. T. nach Dal Bianco und Pederiva*)

Cima De Toni, 3040 m

Der oberste Gratgipfel im Südkamm der Piccola Civetta ist einer der abgelegensten Dolomitengipfel mit hohen Anforderungen an alpine Erfahrung und Ausdauer.
Die erste Besteigung erfolgte 1932 durch G. Zorzi und P. Marchiorello. Die erste Überschreitung des gesamten Grates von der Cima della Busazza zum Hauptgipfel (und weiter bis zum Coldai) führten erst 1960 Silvia Buscaini und B. Crepaz durch.

Schwierigkeiten: Lange, einsame, schuttige Kletterei, etwa II, möglicherweise auch Stellen III, selbständig zu finden.
Mühen: Hüttenaufstieg 600 mH; Gipfelaufstieg 1500 mH.
Gefahren: Der Aufstieg ist mit allen Zutaten originalen Gebirges ausgestattet. Nur zu bewältigen von allrounderfahrenen, sehr ausdauernden Leuten.
Freuden: Eine großzügige, alpine Gratüberschreitung, wie sie nicht viele kennenlernen.

Karte, Skizze: Siehe Monte Civetta.
Anreise: Durch das Val Cordevole nach Listolade (680 m), 4 km nordwestlich von Agordo.
Hüttenzustieg: Von Listolade das Val Corpassa auf einem Sträßchen hinauf zur *Capanna Trieste* (1120 m, Parkplatz). Zu Fuß zum Talschluß und dort links steilen Steig – oder den längeren Jeepweg in Kehren – hinauf zum *Rif. M. Vazzoler* (1714 m, CAI Conegliano, bewirt. vom 15.6. bis 30.9., 87 Schlafpl., Tel. 0437-99236).
Gipfelroute: Auf dem Jeepweg abwärts bis vor die Busazza. Dort auf Fußweg Mark. 558 abzweigen und den Latschensockel des Torre Trieste queren. Danach das weite Kar hinauf, über Steilstufe ins Hochkar Van delle Sasse, hier ca. 2400 m. Nun westwärts das Kar queren in die große Schuttmulde am Sockel

der Busazza. Diese hinauf, oben in Rinne und kurz vor ihrem Ende rechtshaltend zum Gipfelhang und Grat, wenig südlich vom Gipfel der Cima della Busazza (2894 m).
Nun am Grat in nördlicher Richtung, zuletzt schmal (II) bis vor den Gipfelaufbau der Cima Paolina. Diesen schräg links über Bänder und Stufen erklettern und in Kamin auf die *Cima Paolina* (ca. 3000 m).
Hinab in die Scharte, unter glatten Wänden rechts queren zur Schlucht, diese hinauf in Amphitheater und über Lockerschutt und Bruch zum Gipfel. (*Goedeke, nach Dal Bianco*)
Abstieg: Am lohnendsten durch Weiterweg auf dem Grat über die Piccola Civetta und weiter wie dort beschrieben; aber ganz schön lang.

Cima De Gasperi, 2994 m

Der nach Westen mit jähen Bruchwänden abbrechende höchste Gipfel des Su-Alto-Kammes wird am häufigsten beim Abstieg nach den Extremrouten der Nordwestwände bestiegen. Vom *Rif. Vazzoler* an der Südseite des Civettamassivs durch das Val Cantoni weglos (Stellen I) zum Firn des obersten Val Cantoni und von dort über Schuttbänder und Schrofen (I) zu besteigen (5 Std.). Alpin. Nur für in solchem Gelände sehr Erfahrene anzuraten. (*Goedeke*)

Cima Moiazza Sud, 2878 m

Zwar nicht nach der Höhenzahl, wohl aber nach der topographischen Bedeutung als Hauptgipfel der südöstlichen Nachbargruppe des Civettamassivs beachtlich.
Die erste Besteigung gelang erst nach mehreren Anläufen im Jahre 1895 C. Tomè und E. Conedera über die Bändersysteme der Ostseite. Der berühmt-berüchtigte Super-Klettersteig Via Ferrata Costantini wurde zu Ende der siebziger Jahre fertiggestellt.

Schwierigkeiten: Auf der leichtesten Route verbleiben nur wenige steile Klettersteigpassagen. Präparierte, ausgeputzte Route mit Stellen I.
Mühen: Gipfelaufstieg vom Passo Duran 1280 mH (4.30Std.).
Gefahren: Blitzgefahr bei Gewitter am Klettersteig.
Freuden: Aussichtsreicher Gipfel abseits des Trubels.

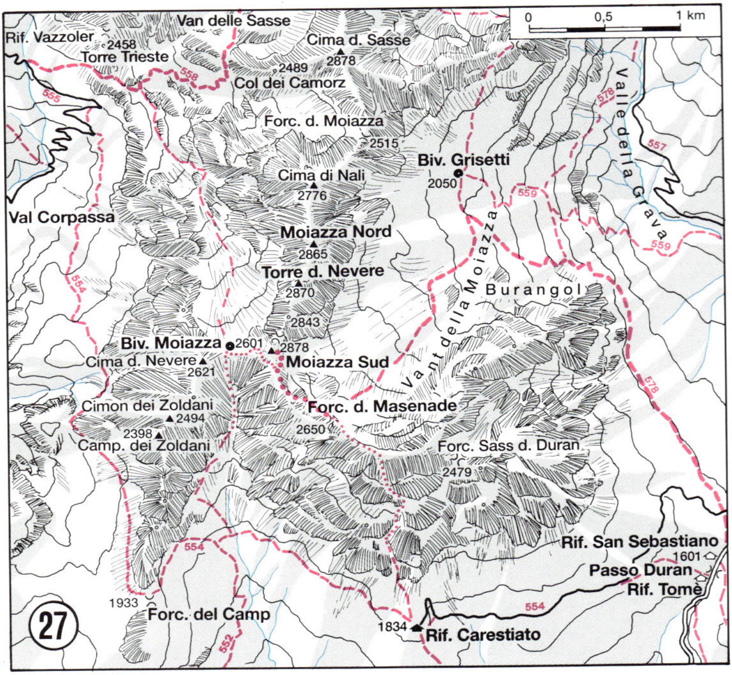

Karte: Siehe Monte Civetta.
Skizze 27
Anreise: Von Agordo oder Forno di Zoldo auf Paßsträßchen zum Passo Duran mit *Rif. Tomè* (1601m).
Gipfelroute: Vom Passo Duran zunächst auf wenig ausgeprägtem, später auf deutlicherem Steig in nördlicher Richtung auf dem Sentiero Angelini zum *Bivacco Grisetti* (2050 m, CAI Trecenta, 9 Schlafpl. kein Wasser). Im Schuttkar schräg links (SW) ansteigen und hinauf zur Forc. delle Masenade. Hier trifft man auf den reichlich markierten und ausgebauten Klettersteig und folgt diesem bis zum Gipfelaufbau. Wo der Steig links in die Südwand quert, gerade zum höchsten Punkt. (*Goedeke*)
Aussicht: Im Süden nahe die östliche Pala mit dem Monte Agnèr und die einsamen Monti del Sole, im Nordwesten die Civetta.
Abstieg: Entlang der Aufstiegsroute.

Pale di San Martino

Als mächtige Auslieger der verkarsteten Hochfläche ragen die wuchtigsten Hochgipfel über oft steilwandigen Tälern empor, in ihrem westlichen Teil noch etwas intensiver erschlossen, im östlichen nach wie vor als kaum bekannte Gebirgswildnis. Die Hochregion ist überwiegend als Naturpark geschützt und allen, die da kommen, zur pfleglichen Behandlung anempfohlen.

Cima del Focobon, 3054 m

Der nördliche Eckpfeiler der Pala bildet einen erhabenen Talschluß über dem prall lebendigen Fremdenverkehrsort Falcade. Und wer den Berg so von unten ansieht, ahnt gewöhnlich nicht, wie verschlungen der am wenigsten schwierige Anstieg zu seinem Gipfelsteinmann ist.
Die erste Besteigung erfolgte 1887 durch G. Bernard mit G. d'Anna von Südwesten. Über den heutigen Normalweg von Osten stieg erstmals 1899 T. Oberwalder mit G. Zecchini auf.

Schwierigkeiten: Herzlich naturnahe, durchaus hübsche Kletterei mit einigen Passagen III– und II, weithin auch I und Gehgelände. Der Fels ist in der Substanz fest, aber nicht abgeklettert und mit allerlei Schutt bestreut. Das Auffinden der günstigsten Route verlangt Spürsinn und die Begehung insgesamt ein gerüttelt Maß an Erfahrung in solch unberührtem alpinem Gelände. Gebirgsneulinge leben hier gefährlich.
Mühen: Hüttenzustieg vom Passo di Valles zum *Rif. Volpi al Mulaz* 600 mH (3 Std.), Gipfelaufstieg von dort 700 mH (4 Std.).
Gefahren: Alle für unaufgeräumtes Gebirge charakteristischen.
Freuden: Desgleichen.

Karte 1:25 000: Tabacco 022 Pale di San Martino.
Skizze 28
Anreise: Von Norden vom Fassatal über den Passo di S. Pellgrino oder von Osten aus dem Val Cordevole von Cencenighe nach Falcade (1155 m) und von dort zum Passo di Valles (2031 m). Hierher auch von Süden über Fiera di Primiero, San Martino di Castrozza und den Rollepaß.
Hüttenzustieg: Vom Passo di Valles auf der Route des Dolomi-

ten-Höhenwegs 2 am Weg Mark. 751 zunächst schräg hinauf zur Forc. Venegia, dann über liebliche Wiesen, an einem kleinen See bei der Cima Caladora vorbei und auf der Südflanke unter der Cima della Venegiota durch zum Passo di Venegiota (2303 m). Nordseitig den Weg an Mergelhängen weiter zum Passo dei Fochet di Focobon (2291 m). Über Schutthänge zunächst abwärts querend, danach unter der Ostflanke des Mulaz südwärts ansteigend, teilweise über Firn, zum Sattel westlich des Sasso Arduini und bald danach zum *Rif. G. Volpi al Mulaz* (2571 m, CAI Venezia, bewirt. vom 10.6. bis 20.9., 52 Schlafpl., Tel. 0437-590287).

Gipfelroute: Mit einem großen Bogen von Westen her um den Berg herum und dann über die Ostseite zum Gipfel. – Vom *Rif. Mulaz* westwärts hinauf zur Forc. Margherita.

Auf dem felsigen Rücken in südöstlicher Richtung ansteigen, bis der Steig rechts querend in das Kar westlich der Cima del Focobon führt. Über Firn hinauf zur breiten, von senkrechten Felswänden flankierten Schlucht südlich vom Campanile del Focobon. An ihrem linken (orogr. rechten) Rand den Drahtseilen folgend, sehr steil hinauf und später weniger steil weiter ansteigen zum Passo delle Farangole (2814 m). Jenseits, den Drahtseilen nach, hinab bis zur Weggabelung (2676 m). Hier links mit Steig Mark. 755 auf einem teilweise luftigen Band unter den Wänden oberhalb des brüchigen Sockels queren zum Passo delle Fede (2670 m).

Jenseits über Schutt hinab bis vor den markanten Felskopf des Campanile dei Campidei. Nun links ohne Markierung weglos den steilen Schutt hinauf in das Hochtal zwischen Focobon und Cima di Campido. Die Schuttrinne ganz hinauf bis zum Passo del Focobon (ca. 2800 m).

Von der Scharte links um einige Zacken herum und über einen schrofigen Grat leicht zu einem breiten Schuttband. Auf diesem links ansteigen zu kleiner Schuttschulter links von einem Felsturm und über Firn oder Schutt zur geschlossenen Felswand. In einer Rinne in Richtung auf den markanten Torre del Focobon hinauf. Die Rinne erweitert sich oben. Wo sie erneut aufsteilt, geht man nach links und quert auf Bändern unter dem Torre in die dahinterliegende Einbuchtung. In dieser schräg links ansteigen zur Scharte vor dem Gipfelaufbau und in einer Rinne direkt zum Gipfel. (*Goedeke*)

Aussicht: Weltentrückte Warte mit großartigem Blick zur Cima Vezzana und ihren hohen Nachbarn, aber auch in die grünen

Tiefen um Falcade und nach Südosten zur Pala-Hochfläche. In der Ferne liegt im Norden die Marmolada und im Nordosten die Civetta.

Abstieg: Es ist wichtig, die Querung unter dem Torre del Focobon nicht zu verpassen. (Wenn man dort direkt in die Schluchten absteigt, dann wird weiter unten mehrfaches Abseilen mit selbst zu erneuernden Abseilverankerungen fällig, auf das man sich nur einlassen sollte, wenn man zwei lange Seile dabei hat!)

Nebengipfel: Der nördlich vom Hauptgipfel markant aufragende *Torre del Focobon (3010 m)* läßt sich aus der davor befindlichen kleinen Scharte durch eine etwas überhängende Rißverschneidung erklettern (III).

Andere lohnende Routen: *Südwestpfeiler, Pilastro Michelle* (IV+ und III; 250 m).

Cima di Campido, 3001 m

Das kantige östliche Gegenüber zum Focobon ist bei dessen Besteigung gut als Abstecher mitzunehmen oder als Ersatzgipfel vorzusehen für den Fall, daß für den Focobon die Zeit nicht reicht. Die erste Besteigung unternahmen L.W. Brodie und G. Zecchini im Jahre 1899.

Schwierigkeiten: Einstiegswand II, danach bei optimaler Routenfindung I und Gehgelände in wenig benutztem Zustand.

Mühen: Mehraufwand bei Besteigung des Focobon 230 mH Aufstieg (0.30–1 Std. bis zum Gipfel).

Gefahren: Wie im richtigen Gebirge. Wenn andere Leute in der Rinne unter dem Passo del Focobon sind, ist große Sorgfalt mit den herumliegenden Steinen geboten.

Freuden: Wie am Focobon.

Karte, Skizze, Anreise, Hüttenzustieg: Siehe Cima del Focobon.

Gipfelroute: Aus der Rinne südlich unterhalb vom Passo del Focobon (hierher siehe Focobon) auf etwa halber Höhe, an der einzigen Schwachstelle im Wandfuß, auf Band nach rechts queren und hinauf zu einer Rinne. Diese schräg links weit empor, bis man nach rechts hin ein Schuttfeld erreicht. Von diesem direkt zum höchsten Punkt.

Abstieg: Es empfiehlt sich, beim Aufstieg die Stelle eindeutig zu markieren, an der man die Rinne wieder verlassen muß, um das Einstiegsband zur Rinne zu finden. (*Goedeke*)

Il Mulaz, 2906 m

Der Felsklotz nordwestlich vor dem Focobon kann vom *Rif. Volpi al Mulaz* (siehe Cima del Focobon) auf einem wenig westlich der Hütte beginnenden, markierten Steig über seine Südseite ohne größere Probleme bestiegen werden (340 mH, 1 Std.). Schwindelfreiheit und Trittsicherheit auch in schuttigem Gelände sind allerdings hier ebenso wie anderswo Voraussetzung. Großartiger Blick auf den Focobon und die südlich anschließenden Gipfel. (*Goedeke*)

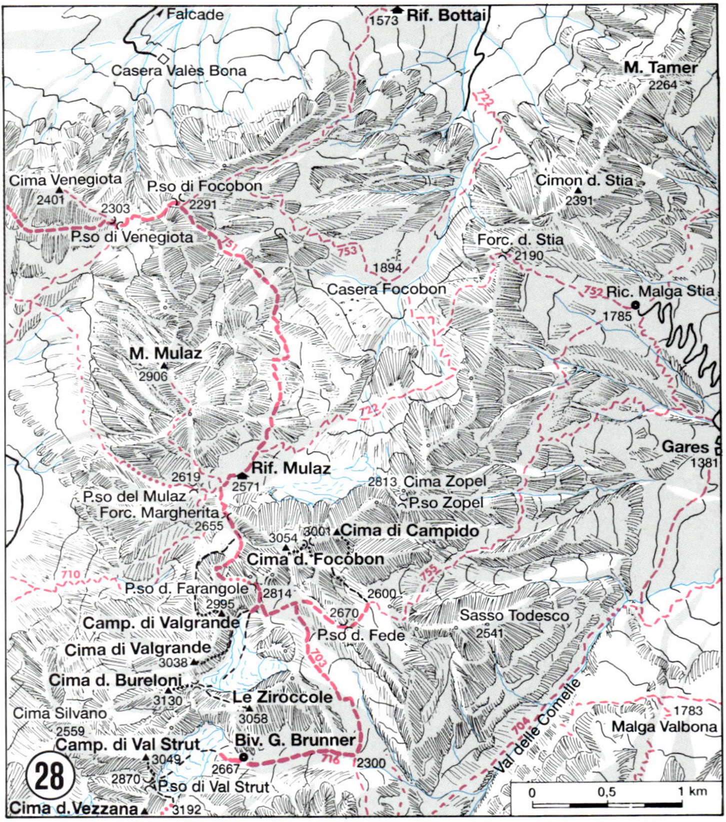

Nordwestliche Palagruppe, von links Mulaz, Campanile di Valgrande, Cima dei Bureloni, rechts Cima della Vezzana und Cimon della Pala.

Campanile di Valgrande, 2995 m

Der breite, abgerundete Turm im Kamm südwestlich des Passo delle Farangole zeigt nach allen Seiten steile Wände.
Die erste Besteigung holte sich 1899 der Elbsandsteinpionier O. Schuster mit dem Führer G. Zecchini.

Schwierigkeiten: Etwa III (im unteren Teil) und II in steilem, griffigem, aber nicht abgeklettertem Fels. Riecher für Routenfinden in kaum bekletterten Gelände ist nötig. Für die Rampe Eispickel und eventuell auch Steigeisen ratsam.
Mühen: Hüttenzustieg 600 mH (3 Std.), Gipfelaufstieg vom *Rif. Volpi al Mulaz* 450 mH (2.30 Std.), davon 180 mH Kletterei (1 Std.).
Gefahren: Die üblichen in nicht abgeklettertem Fels.
Freuden: Bergeinsamkeit.

Karte, Skizze, Anreise, Hüttenzustieg: Siehe Cima del Focobon.
Gipfelroute: Wie zur Cima del Focobon bis zum Fuß der Schlucht, die zum Passo delle Farangole führt. Nun in der Westseite in südlicher Richtung auf der breiten Rampe über Schutt und Firn schräg ansteigen bis unter die Gipfelwand. Dort – rechts einer etwas nach links emporführenden Verschneidung und ihrer rechten Begrenzungskante – etwa in der Mitte der Westwand steil hinauf zum Gipfel. (*Goedeke, z. T. nach Pellegrinon*)
Abstieg: Wie Aufstieg.

Cima di Valgrande, 3038 m

Breiter Felsbau nördlich der Cima dei Bureloni, aber durch eine tiefe Scharte von ihr abgetrennt. Erste Besteigung 1899 durch T. Oberwalder mit dem Führer G. Zecchini.

Schwierigkeiten: Kletterei etwa II in schuttigem Fels.
Mühen: Hüttenzustieg 600 mH (3 Std.), Gipfelaufstieg vom *Rif. Volpi al Mulaz* 600 mH (ca. 2 Std.).
Gefahren: Ursprüngliches, heikles Felsgelände mit Schutt.
Freuden: Entdeckergefühle.

Karte, Skizze, Anreise, Hüttenzustieg: Siehe Cima del Focobon.
Gipfelroute: Wie zur Cima del Focobon bis über den Passo delle Farangole. Dort unter den Wänden rechts (ostseitig, südwärts) auf einem breiten Schuttband unter den Torri delle Farangole und dem Campanile di Valgrande vorbei queren zum Sattel zwischen diesem und der Cima di Valgrande. Nun über eine geneigte Schuttfläche und eine brüchige Scharte zum Vorgipfel. Auf der Ostseite in einer kleinen, brüchigen Rinne absteigen zu einer Scharte. Von dort über brüchigen Fels bis zu einem Absatz. In senkrechtem Kamin über sperrenden Block und Nische zu einem Schuttplatz und bald danach zum Gipfel. (*Goedeke, z. T. nach Pellegrinon*)

Cima dei Bureloni, 3130 m

Ein Prachtexemplar von Dolomitengipfel ist diese nördliche der drei gewaltigen, höchsten Felsgestalten der westlichen Pala.

Die erste Besteigung machten 1888 L. Darmstädter, R. Kramer, L. Stabeler und C. Bernard. Die prächtige Südwestkante gelang 1927 dem späteren »Märchenbuch«-Autor Gunther Langes mit C. und M. Zagonel.

Schwierigkeiten: Teilweise leichte Kletterei (I), überwiegend alpines Gehgelände, teilweise über Firn.
Mühen: Vom *Rif. Volpi al Mulaz* 650 mH (3 Std.), dorthin siehe Focobon.
Gefahren: Wenn man nicht besonders unvernünftig ist, für alpin Erfahrene recht friedlich.
Freuden: Wilde Umgebung in relativer Einsamkeit.

Karte, Skizze, Anreise, Hüttenzustieg: Siehe Cima del Focobon.
Gipfelroute: Wie zur Cima del Focobon bis über den Passo delle Farangole. Nun sehr bald rechts (südwärts) querend und ansteigend auf den Firn des Gletscherrestes Giacchiaio delle Zirocole und ganz hinauf zum Sattel zwischen Cima di Valgrande und Cima dei Bureloni. Von dort südwärts über leichte, gestufte Felsen, oft mit Firn oder Eis durchsetzt, zum Passo dei Bureloni und rechts gestuft zum Gipfel. (*Goedeke*)
Aussicht: Gewaltige Nahblicke auf die Vezzana mit ihren Westabstürzen und die Nordwand des Cimon della Pala, im Nordwesten zur Cima del Focobon.
Abstieg: Auf der Aufstiegsroute.

Nebengipfel: Der Ostgipfel *Le Zirocole (3058 m)* ist vom Passo dei Bureloni über seinen Westgrat leicht zu ersteigen (I; 0.30 Std.).
Andere lohnende Routen: *Südwestgrat* (Stelle V, sonst IV+ und III; 400 mH).

Campanile di Val Strut, 3049 m

Der markante Felsturm zwischen Cima dei Bureloni und Cima della Vezzana. Erste Besteigung 1897 durch F. Oss Mazzurana, W. Theel, G. Zecchini und G. Faoro.

Schwierigkeiten: Kletterei (etwa II) in fragwürdigem Fels.
Mühen: Biwakzustieg zum *Bivacco G. Brunner*, vom *Rif. Volpi al Mulaz* 700 mH (3 Std.), von dort 400 mH. (2 Std.).

Gesamtansicht der Palagruppe von Nordwesten: ganz links hinten der Monte Agnèr, in Bildmitte Cima dei Bureloni und Cima Vezzana, rechts Cimon della Pala und Pala di S. Martino.

Gefahren: Originaler, ernstzunehmender Hochgebirgsfels.
Freuden: Einsamer Gipfel in Sichtweite eines häufig voll besetzten.

Karte, Skizze, Anreise, Hüttenzustieg: Siehe Cima del Focobon.
Biwakzustieg: Wie zur Cima del Focobon bis über den Passo delle Farangole. Dort auf dem Dolomiten-Höhenweg 2 weiter absteigen, bis dieser aus dem Val Grande nach rechts hinüberleitet ins Val Strut. Hier bei Abzweigung rechts mit Steig Mark. 716 hinauf zum *Bivacco G. Brunner* (2667m, CAI XXX Ottobre, 9 Schlafpl.).
Gipfelroute: Vom Bivacco hinauf auf den Firn und zum Passo di Val Strut. Von dort über leichte, aber brüchige Felsen der Ostseite hinauf, schräg unter einigen Grattürmchen queren und so zur Südseite des höchsten Zackens gelangen. Von hier in Riß, der sich zu einer Rinne erweitert, hinauf und weiter oben rechts in einer seichteren Rinne direkt zum Gipfel. (*Goedeke, z. T. nach Pellegrinon*)

Cima della Vezzana, 3192 m

Bekannter, häufig besuchter Hauptgipfel der Palagruppe. Durch den Passo del Travignolo getrennt, erhebt sich die Cima della Vezzana im Kamm nördlich des Cimon della Pala und fällt mit hoher Westwand zum Travignolo-Gletscher ab. An der Ostseite ist der Gipfelkamm in einem Schrofen- und Geröllhang abgedacht.
Die erste Besteigung unternahmen D.W. Freshfield und C. Tukker im Jahre 1872. Der erste Aufstieg über die Westwand gelang 1905 E. Oertel und M. Hofmüller, die einzig lohnende direkte Route fanden jedoch erst 1926 G. Langes, C. Zagonel, R. Rossi und E. Castiglioni.

Schwierigkeiten: Überwiegend Wanderung in hochalpinem Gelände, mit leichten Kletterstellen (I) bei etwas kompliziertem Wegverlauf und meist mit Firn gewürzt (Eispickel ratsam). Trittsicherheit, Schwindelfreiheit und angemessene Bekleidung sind Voraussetzung.
Mühen: Aufstieg zum Rif. Rosetta ab Malga Fosse di Sopra am Rollepaß 600 mH (2.30 Std.) bzw. ab S. Martino di Castrozza 1100 mH (3 Std., oder 0.15 Std. bei Seilbahnbenutzung). Gipfel-

route von dort 780 mH (3 Std.) Aufstieg, 220 mH Gegenanstieg beim Rückweg.
Gefahren: Vorsicht an Firnfeldern!
Freuden: Auf dem Hauptgipfel dieser riesigen Gebirgsgruppe ganz oben zu sein – Wow!

Karte 1:25 000: Tabacco 022 Pale di S. Martino.
Skizze 29
Anreise: Von Norden, von Predazzo im Fleimstal, über den Rollepaß, von Süden, von Fiera di Primiero im Val Cismon nach S. Martino di Castrozza (Bus in beiden Richtungen), zur Talstation des Sessellifts Col Verde (1500 m, Parkplatz), Auffahrt zum Col Verde (Talstation der Rosetta-Seilbahn, 1970 m), Auffahrt mit der Rosetta-Seilbahn (Bergstation 2635 m, Sommerbetrieb vom 20.6. bis 30.9., Fahrten von 8 bis 17 Uhr, Tel. 0439-68230).
Hüttenzustieg: Ab der Rosetta-Seilbahn-Bergstation (2635 m, 0.15 Std.) am breiten Rücken der Rosetta nordostwärts hinab zum Passo di Rosetta (2572 m) und zum nahen *Rif. Rosetta – G. Pedrotti* (2578 m, CAI/SAT Trento, bewirt. vom 20.6. bis 30.9., 83 Schlafpl., Tel. 0439-68308).
Zu Fuß ab Malga Fosse di Sopra (1936 m), 1,5 km südöstlich vom Rollepaß, auf Steig Mark. 712 (2.30 Std.), bzw. von S. Martino di Castrozza (1500 m) auf Steig Mark. 701 (3 Std.).
Gipfelroute: Normalweg von Süden. – Vom *Rif. Rosetta* (2578 m, Hinweise) auf Steig Mark. 716 anfangs ansteigend nach Norden und zum westseitigen Wandfuß der Cima Corona hinab (2550 m), dort am Nordwesthang zum Passo Bettega (2667 m) hinauf. Im ostseitigen Kar links am Hang unter den Südwänden der Croda della Pala leicht abwärts, die östliche Felskante umgehend, zur Nordostseite und am Schrofenhang in den Schluchtgrund des Val dei Cantoni hinab (2540 m, Tiefpunkt).
Dort ansteigend über Firn und Geröll zu einer Felsstufe, auf schrägem Band von links nach rechts hinauf zum oberen Karkessel und weiter steil in Kehren zwischen Felsblöcken, teils über Firnfelder nach der Abzweigung zum *Bivacco Fiamme Gialle* zum Passo del Travignolo (2925 m, 2.15 Std.).
Auf Steig- und Rutschspur rechts am steilen Geröllhang, dann am Schrofenhang zum Sattel auf der Kammhöhe (3050 m, rechts zum Nuvolo). Links über den Felsrücken in Kehren zur Gipfelabdachung, dort rechts am Hang zum Südgrat und zum Gipfel (0.45 Std.). (*Kammerer*)

Aussicht: Im Norden die über Gletscherchen aufragende Cima Bureloni und dahinter der Focobon, im Osten die verkarstete Pala-Hochfläche, im Südwesten als beeindruckender Nachbargipfel der Cimon della Pala, im Westen die Porphyrberge um den Col Bricon.
Abstieg: Am Aufstiegsweg. Die Gegenanstiege einkalkulieren!

Nebengipfel: Die Kuppe des *Nuvolo (3075 m)* ist vom Sattel oberhalb des Passo del Travignolo über den Schrofengrat (I) rasch zu erreichen (0.30 Std. hin und zurück).
Andere lohnende Routen: Von Norden, vom Passo di Val Strut (siehe Campanile di Val Strut), Klettersteig *Ferrata Gabitta d'Ignoti* (ermöglicht eine technisch leichte Überschreitung der Cima della Vezzana, jedoch wegen der langen Gegensteigungen ein Hammer), *Direkte Westwand* (IV, 600 mH).

Cimon della Pala, 3184 m

Der Bergname ist Musik, weckt die Phantasie, betört Kletterfans mit seinem griffigen, steilen Fels. Proben davon gibt es auch auf dem Normalweg. Wer dieses Markenzeichen von San Martino sieht, der möchte natürlich auch mal dort oben stehen.
Als erste Menschen taten dies 1870 E. R. Whitwell mit den Führern S. Siorpaes und Chr. Lauener, und sie waren über die objektiv gefährliche Nordseite gekommen. Den heutigen Normalweg fanden erst 1889 L. Bernard und L. Stabeler mit L. Darmstädter. Die klassische Route über den Nordwestgrat eröffneten 1893 G. Zecchini und sein Klient G. Melzi, die erste Route über die furchterregende Südwestwand 1905 G. Leuchs im Alleingang (!).

Schwierigkeiten: Handfeste, luftige Kletterei mit Stellen III, recht anhaltend II, teilweise durch ein labbriges Drahtseil etwas entschärft und heftig verunziert, insgesamt durchaus ernsthaft.
Mühen: Biwakzustieg zum *Bivacco Fiamme Gialle* von der Rosettabahn 580 mH (2.30 Std.), Gipfelaufstieg von dort 180 mH (1–2 Std.).
Gefahren: Der Fels ist abgeklettert und an den entscheidenden Stellen auf Hochglanz poliert, bietet aber bei entsprechender

Cima della Vezzana und Cimone della Pala mit Travignolo-Gletscher in der Nachmittagssonne. Im Vordergrund Passo Costazza mit Baita Segantini.

Nachlässigkeit immer noch Material genug, um unterhalb Kletternde zu gefährden.
Bei Blitzgefahr ist der Gipfelgrat trotz der geringen Eisenmengen ein Ort, sich mit gutem Grund zu fürchten. Deshalb früher Einstieg ratsam. Für alpin wenig erfahrene Leute besser mit Bergführer.
Freuden: Das wohl attraktivste Gipfelziel der Pala.

Karte, Skizze, Anreise: Siehe Cima della Vezzana
Biwakzustieg: Wie bei der Cima della Vezzana bis zur Weggabelung kurz vor dem Passo del Travignolo. Dort links hinauf zur Südostschulter des Cimon, dort *Bivacco Fiamme Gialle* (3005 m, CAI, 9 Schlafpl., Ausstieg der Via Ferrata Bolver-Lugli (Hubschrauber-Landeplatz).
Gipfelroute: Vom Biwak auf Steigspuren in westlicher Richtung den Schutthang queren und über gestufte griffige Felsen zu dem kleinen Doppelschärtchen oberhalb des am weitesten links befindlichen, mit einem großen Klemmblock versehenen Kamins. Von diesem Schärtchen jenseits in Rinne absteigen in Richtung auf eine Schlucht. Vor dieser rechts zu einer Höhle und in dieser durch ein Loch kriechend, hinauf in eine Kaverne nahe dem Schluchtgrund (wenn das Loch durch Eis verschlossen ist oder die Begeher/innen es zu klaustrophobisch finden, muß außen über die Wand geklettert werden, III). In den Schluchtgrund queren und darin über Ton und Schutt (I) hinauf bis kurz vor eine Scharte (»untere Gratscharte«). Dann links entlang von Rissen (1991 lockeres Drahtseil, ohne dessen Benutzung III) 30 m über die polierte Wand steil empor zu Schuttfleck. Links in kurzem überhängendem Riß (III) zu Schuttfleck unter Kaminüberhang. Links über griffige Rippe (III–) 20 m luftig hinauf in die obere Gratscharte (Gedenktafel). Links (westlich) an der Schartenwand steil hinauf, dann rechts in die Nordseite queren und dort hinauf auf den Gipfelgrat. Über eine rote Bruchscharte hinüber zum Hauptgipfel (Kreuz). (*Goedeke*)
Aussicht: Im Nordosten nebenan die Cima della Vezzana, im Südosten die Pala-Hochfläche, im Süden die Pala di San Martino, im Südwesten im Tal San Martino, im Westen unter jähen Abbrüchen der Rollepaß.
Abstieg: Entlang der Aufstiegsroute, teilweise Abseilen üblich.

Nebengipfel: Der luftige und schmale, verdammt baufällige Trümmergrat des *Mittelgipfels (ca. 3175 m)* wird bei der Bege-

hung des Nordwestgrates überschritten, der *Ostgipfel (ca. 3170 m)* kann von der oberen Gratscharte rasch erklettert werden (II). Der *Westgipfel (ca. 3165 m)* und der *Nordwestgipfel (3129 m)* sind dagegen aufwendigere Extra-Unternehmungen.
Andere lohnende Routen: Klettersteig *Ferrata Bolver-Lugli* (1200 mH, davon 700 mH gesichert, sehr steil, kann auch als schweißtreibender, Armkraft fordernder Zustieg zum Normalweg benutzt werden), *Nordwestgrat* (III+, 650 mH, 1150 m Kletterstrecke).

Pala di San Martino, 2982 m

Gewaltiger, mit der Hochfläche durch einen Zackengrat verbundener Felspfeiler hoch über San Martino. Die erste Besteigung gelang S. Siorpaes, A. Dimai und M. Bettega mit A. Pallavicini. Über den heutigen Normalweg stiegen erstmals 1921 G. Langes und J. Hruschka auf. Die Route über den als Genußkletterei zu Recht hochgerühmten »Gran Pilaster« begingen erstmals G. Langes und E. Merlet im Jahre 1920.

Schwierigkeiten: Stramme, luftige Kletterei mit Stellen III, überwiegend II.
Mühen: Vom *Rif. Rosetta* 450 mH (3 Std.), dorthin siehe Cima della Vezzana.
Gefahren: Man muß das Abseilen beherrschen, auch die vielen, teils luftigen Querungen. Bei Gewitter unbedingt im Faradayschen Käfig der Biwakschachtel am Gipfel ausharren, bis der Spuk ganz vorüber ist.
Freuden: Ein Idealgipfel.

Karte, Skizze, Anfahrt, Hüttenzustieg: Siehe Cima della Vezzana.
Gipfelroute: Vom *Rif. Rosetta* in südöstlicher Richtung über Karrengelände und Firn, dann über die Randerhebungen der Hochfläche bis zum Beginn des mit 5 Türmen bewehrten Verbindungsgrates zur Pala di San Martino.
Von der Kanzel am Beginn des Grates rechts hinab in die Scharte vor dem 1. Turm. An diesem etwas hinauf und dann rechts, nordwestseitig, queren, über die von den beiden Gipfelzacken herabziehende Rinne hinweg und weiter querend, zuletzt absteigend in die Scharte vor dem 2. Turm. Dieser wird an dem ihn teilenden Spalt überklettert zur Scharte vor dem 3. Turm.

San Martino di Castrozza am Westfuß der Palagruppe. In Bildmitte Pala di San Martino, ganz links Monte Agnèr, rechts Sass Maor und Cima della Madonna.

Diesen zunächst in einer Schleife nach links erklettern, dann rechts bis zu einer Rippe 20 m unterhalb des Gipfels hinauf. Auf der anderen Seite dieser Rippe in einer Rinne, die in einen Riß übergeht, hinunter zu einer zweiten Rippe. Diese überschreiten und über zwei Wandstufen zur Scharte vor einem Türmchen, dem sog. Schartenmandl. Dieses wird links umgangen zur Scharte vor dem 4. Turm. Über die Schartenwand schwierig 10 m hinauf (Schlüsselstelle, III) zu Abseilhaken.
Dann in einer langen Querung nach rechts, schließlich mit einer Linksschleife und danach wieder rechts bis dicht unter den Gipfel. Absteigen zur Scharte vor dem 5. Turm. Rechts, auf abschüssiger Leiste beginnend, queren und hinter dem Turm in die Rinne, die aus der Scharte zwischen 5. Turm und Pala di San Martino herabzieht.
Aus dieser Rinne, ohne die Scharte zu betreten, rechts gestuft hinauf zur Gipfelabdachung und zum höchsten Punkt (Biwakschachtel). (*Goedeke*)
Aussicht: Großartiger Blick zum Cimon della Pala und über die Pala-Hochfläche, nach Süden auch auf Sass Maor und Cima della Madonna.
Abstieg: Abklettern auf der Aufstiegsroute, mit mindestens einer Abseilstelle (Schlüsselstelle).

Andere lohnende Routen: *Gran Pilaster* (IV und IV–, 600 mH).

La Fradusta, 2939 m

Höchster Gipfel im südlichen Abschlußkamm der Pala-Hochfläche. Der Nordabhang trägt den kleinen Fradustagletscher, die Südseite fällt in steilen Wänden zum Vallon delle Lede ab. Wenn er auch nicht zu den Dreitausendern zählt, so bietet dieser Gipfel dank seiner zentralen Lage einen umfassenden Blick über die Palagruppe.

Schwierigkeiten: Markierter Anstieg im Gehgelände, der Gletscher ist flach und frei von Spalten (Steigspur im Firn). Schwierig wird die Orientierung auf der Pala-Hochfläche bei Nebel oder Neuschnee.
Mühen: Aufstieg vom *Rif. Rosetta* 360 mH (2.30 Std., 6 km), dorthin siehe Cima della Vezzana.
Gefahren: Bei guten Verhältnissen keine besonderen.
Freuden: Umfassende Rundsicht.

Karte, Skizze, Hüttenzustieg: Siehe Cima della Vezzana.
Gipfelroute: Vom *Rif. Rosetta* auf Steig Mark. 709 leicht an- und absteigend über die Karsthochfläche nach Osten, an der Verzweigung rechts, nach Südosten, zum Passo Pradidali Basso (2658 m) und mit Mark. 708 zwischen Hügeln entlang zum Passo della Fradusta (2610 m).
Über das Firnfeld des Gletschers nach Osten zum Nordostkamm, dort rechts am Schuttrücken, im oberen Teil über den Kamm zum Gipfel. (*Kammerer*)
Abstieg: Wie Aufstieg.

Croda Granda, 2849 m

Breites Bergmassiv in der weniger bekannten südöstlichen Pala, im Kamm südwestlich vom Monte Agnèr.
Erste Besteigung schon vor 1877 durch T. Dal Col mit eingeborenen Jägern.

Schwierigkeiten: Der Klettersteig Ferrata delle Fiamme Gialle führt steil und ausgesetzt in festem, griffigem Fels zur Forc. del Marmor, er kann mit Kletterstellen II als anspruchsvoll bezeichnet werden, Eispickel für die Firnhänge nützlich. (Die in der Karte eingezeichnete Ferrata dei Vani Alti ist nicht weiter ausgeführt worden!).
Mühen: Zustieg zur Hütte vom Parkplatz im Val Canali zum *Rif. Treviso* 340 mH (1 Std.), Aufstieg zum Gipfel 1280 mH (4.30 Std.).
Gefahren: Schlechtwetter und Nebel.
Freuden: Schöner Klettersteig.

Karte 1:25 000: Tabacco 022 Pale di S. Martino.
Skizze 30
Anreise: Von Trient oder Feltre oder von Norden, von Predazzo im Fleimstal, über den Rollepaß nach Fiera di Primiero. Von dort Sträßchen im Valle dei Canali hinauf (Zeltplatz), 8 km zum Parkplatz (1300 m, Naturparkgebiet).
Hüttenzustieg: Nach der Schranke (Fahrverbot) taleinwärts auf der Schotterstraße westlich am breiten Bachbett entlang zu einem Wiesenboden. Nach Überquerung des Bachbetts zum Ostufer (Steg aus Baumstämmen) weiter auf Fahrweg, dann auf Steig Mark. 707, an der Abzweigung zum Bivacco Minazio (Hinweise) rechts, am dicht bewaldeten Steilhang in Kehren zum

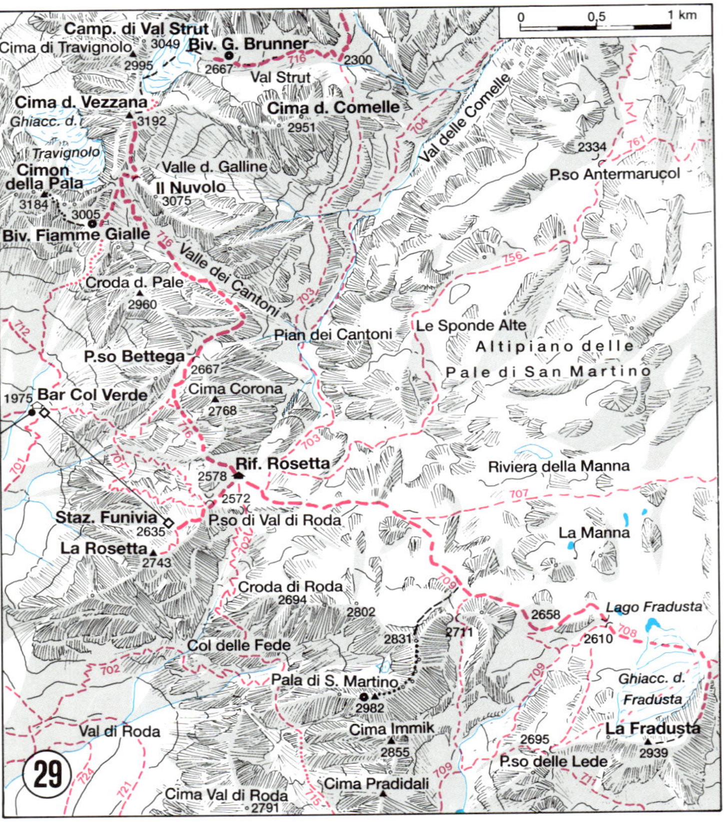

Rif. Canali-Treviso (1631 m, CAI, bewirt. vom 20.5. bis 30.9., 35 Schlafpl., Tel. 0439-62311).

Gipfelroute: Ferrata delle Fiamme Gialle zur Forc. del Marmor und über die Südwestflanke und die Ostabdachung. – Vom *Rif. Treviso* (1631 m) auf Steig Mark. 707 nach Norden, erst abwärts, dann ansteigend unter der Pala del Rifugio und dem Sockel der Punta Anna vorbei, eine Schlucht querend, und am Grashang (Abzweigung zur Forc. Vani Alti) weiter nach Norden zum Kar

Monte Agnèr mit der gewaltigen Nordkante, rechts Forcella del Pizzon, Torre Armena und Lastei d'Agnèr. Links Monti del Sole.

Vallon del Coro unter der schönen Südwand des Kletterberges Cima del Coro.
An der Abzweigung (2060 m, Hinweise) rechts im Kar auf rot markiertem Steig über einen Schuttrücken hinauf, am Felssokkel rechts herum zu einer Hangterrasse und links zur Schlucht (irreführend quert dort eine alte Markierung abwärts in die Schlucht). Man steigt rechts zum Beginn der Drahtseile am Wandfuß an (2380 m, 2 Std.).
Nach luftiger Querung führt die Ferrata steil in der Schlucht hinauf. Nach einer Rampe unter Überhängen erreicht man einen Schuttabsatz im Grunde der Schlucht (2460 m, Schneereste). Nun rechts an der Wand über eine glatte Platte (Stift) zur Kante, dort im gut griffigen, steilen Fels hinauf bis zu einem kleinen Sattel und links in die Schlucht zurück. Dort links (hängendes Drahtseil) an senkrechter Wand zur Forc. del Marmor (2580 m).
In östlicher Richtung ansteigend auf Steigspur (im Frühsommer abschüssiger Firnhang) zum Altipiano dei Foch und zum kleinen *Bivacco Renato Reali* (2595 m, CAI Fiamme Gialle Predazzo, 4 Schlafpl., 3.30 Std. vom *Rif. Canali-Treviso*).
Vom Biwak ostwärts zum Karstbuckel (Hubschrauber-Landeplatz) und nach roter Markierung und Steinmännchen weglos über den Felshang zur Forc. Sprit hinab (2550 m).
Auf Steig rechts am Südwesthang im Kar entlang, dann schräg ansteigend (die hier grüne Markierung soll in rot erneuert werden, 1992) und am Schrofenhang in einer weiten Schleife von rechts nach links (rote, brüchige Felsen und Vulkangestein) zum Geröllhang am Fuße des Gipfelaufbaues. Auf Steig- und Rutschspuren steil nach oben und über Felsen zum Passo delle Miniere (2725 m).
In der Ostflanke auf Steigspuren, Rinnen und Schrofen zum Gipfel (1 Std. vom Biwak). (*Kammerer*)
Abstieg: Um Orientierungsprobleme und sonstige Überraschungen zu vermeiden, am besten auf dem Anstiegsweg. Die Route über die Forc. Vani Alti ist markiert, aber an den Steilstufen nicht mit Drahtseilen versichert.

Monte Agnèr, 2872 m

Der Symbolberg der Agordiner, ein riesiger übersteiler Felskegel mit gewaltigen Plattenwänden. Was diesem Gipfel an Höhe abgeht, wird durch die niedrige Basis der Täler reichlich ausgeglichen.

Die erste Besteigung erfolgte 1875 durch C. Tomè und M. Gnech mit T. Dal Col. Die düstere, 1500 m hohe und noch heute Respekt einflößende Nordwand durchkletterte bereits 1921 der Agordiner Führer F. Jori mit A. Andreoletti und A. Zanetti. Die Nordkante, die mit ihren 1600 m Felshöhe als die längste Kletterroute der Dolomiten gilt, wurde 1932 durch C. Gilberti und O. Soravito in einem Tag (!) erstmals durchstiegen.

Schwierigkeiten: Nicht besonders schwierige (I), aber lang anhaltende und teilweise ausgesetzte und schrofige, also recht alpine Kletterei, die Ausdauer und Trittsicherheit verlangt. Die Route ist rot-gelb markiert.
Mühen: Hüttenanstieg 650 mH, kann durch Sessellift eingespart werden. Gipfelaufstieg 1150 mH (4 Std.).
Gefahren: Erfahrung im Umgang mit alpinem Schrofengelände ist nötig.
Freuden: Der große Berg nahe am Alpenrand.

Karte, Skizze: Siehe Croda Granda.
Anreise: Von Agordo im Val Cordevole oder von Fiera di Primiero über den Passo Cereda nach Frassenè (1084 m), Talstation des Sessellifts zum *Rif. Scarpa* (1084 m, Sommerbetrieb vom 1.7. bis 1.9., Fahrten von 8.30 bis 17.15 Uhr, im September nur noch an Sonntagen, Tel. 0437-67285).
Hüttenzustieg: Mit Sessellift oder auf Steig Mark. 771 (Skigebiet) zum *Rif. Enrico Scarpa Gurekian* (1735 m, CAI Agordo, bewirt. vom 20.6. bis 20.9., 40 Schlafplätze, Tel. 0437-67010).
Gipfelroute: Von der Hütte zur benachbarten Alm Malga Losch und von dort in nördlicher Richtung dem markierten Steig durch eine Mulde folgen und über ein Bergsturzgebiet zu der überhängenden Wand des Collander. Diese rechts umgehen und durch eine erdige Rinne zu der markanten schrofigen, teils begrasten Rampe. Diese schräg links empor, weiter oben rechts über Felsrippen hinauf bis zu Schuttkessel unter der eigentlichen schroffen Südwand. Nun schräg links auf Bändern und über plattige Schrofen zur Markierung des weniger angenehmen Schluchtanstieges. Dieser folgend, zuletzt auf der rechten Seite in der Rinne zwischen Monte Agnèr und Monte Lastei d'Agnèr zur Forc. del Pizzon und zum *Bivacco Giancarlo Biasin* (2650 m, CAI Agordo, 9 Schlafpl., 3 Std.).
Links hinauf zur Südwestseite des Gipfelaufbaues, dort auf schmalen Bändern querend (Drahtseil) zu einer kurzen Rinne,

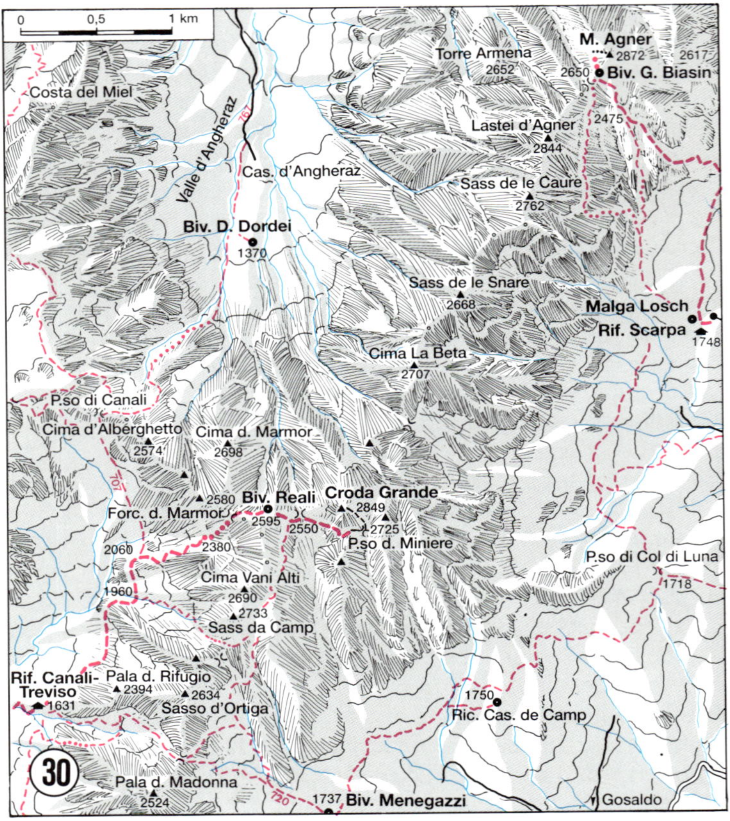

darin hinauf zum Westgrat und über diesen zum Gipfel (1 Std. vom Biwak). (*Goedeke, z. T. nach Pellegrinon*)

Aussicht: Im Norden die Monti di San Lucano, im Nordosten Moiazza, im Osten Támer und Monti del Sole, im Südwesten Croda Granda und Pala-Hochfläche.

Abstieg: Entlang der Aufstiegsroute.

Andere lohnende Routen: *Nordwand* (V, 1500 mH), *Nordkante* (V+ und V, 1600 mH).

Brenta

Die Bezeichnung »Dolomiten« wird zwar auf manchen Landkarten für die Gebiete östlich des Etschtales reserviert, der gewaltige Gesteinsblock jedoch, aus dem weiter westlich die Brenta herausgearbeitet wurde, besteht nach Herkunft, Alter und Zusammensetzung aus dem gleichen Material wie die übrigen Dolomiten. Kletterer finden hier sogar einige der allerbesten Routen in festem Dolomitgestein überhaupt.
Landschaftlich ist die Brenta darüber hinaus – mit Ausnahme des durch Skipistenbau verwüsteten Gebietes um den Grosté-Paß – nach wie vor naturnah erhalten. Teilweise ist sie echte Wildnis geblieben, in der sich unter anderem sogar noch die Braunbären gehalten haben.

Cima Tosa, 3173 m

Der höchste Gipfel der Brenta – ein massiger Dolomitklotz in der Mitte der Gebirgsgruppe mit einer kleinen Eiskappe nach Art skandinavischer Plateaugletscher auf dem flachen Gipfelbereich. Phantastischer Aussichtsberg – wenn nicht die sprichwörtlichen Brentanebel alles verschlucken.
Die erste Besteigung erfolgte am 20. Juli 1865 durch den Trientiner G. Loss mit sechs Gefolgsleuten und war für die damalige Zeit ein Markstein – und wegen des Fehlens von Stützpunkten eine Biwaktour. Die erste Durchsteigung der Tosa-Eisrinne gelang dem Solisten V. Neri 1929, die Erstbegehung der teilweise reichlich bewässerten Nordostwand erfolgte 1933 durch B. Detassis und E. Castiglioni.

Schwierigkeiten: Schlüsselstelle II, sonst I und Gehgelände. Der Fels ist fest, griffig, sauber ausgeputzt und an der Steilstufe auf Hochglanz poliert. Durch die häufigen Begehungen, Spuren und Steinmännchen relativ leicht zu finden.
Mühen: Hüttenaufstieg bis *Rif. Pedrotti* von Madonna di Campiglio ab *Rif. Vallesinella* 1050 mH (3 Std.), vom *Rif. Montanara*, an der Sesselliftstation oberhalb von Molveno (4 Std.). Von der Hütte bis zum Einstieg 500 mH (1.30 Std.). Zum Gipfel noch 200 mH, Kletterstrecke etwa 150 m (1.30 Std.).
Gefahren: Bei gleichzeitigem Steigen mehrerer Partien müssen

die unteren an der Einstiegswand auf Steinschlag gefaßt sein. Ansonsten normalerweise ein relativ friedlicher Berg, wenn auch bei Gewitter bis zum Kamin hinab mit Blitzgefahr zu rechnen ist (Wasserstreifen).
Freuden: Berühmter Aussichtsberg mit einem nicht durch Eisen verschandelten Aufstieg.

Karten 1:25 000: AV-Karte Brentagruppe (Beilage zu Jahrbuch DAV/ÖAV Band 113, 1989). Karte 1:50 000: Tabacco.
Skizze 31
Anreise: Von Norden und Osten vom Etschtal (Bahn bis Trient/ Trento, von dort Bus) oder von Westen über den Passo Tonale nach Dimaro (767 m). Von dort südlich über den Passo Campo Carlo Magno (1682 m) nach Madonna di Campiglio (1522 m).
Hüttenzustiege: Vom Ortsteil Palu mit Pkw oder Taxi zum *Rif. Vallesinella* (1513 m, Parkplatz). In südöstlicher Richtung auf Steig Mark. 317 hinauf auf den Bergrücken zum *Rif. Casinei* (1825 m). Nun auf Steig Mark. 318 (Sentiero dei Brentei, später Galeria Bogani) hoch über dem Val Brenta (oder auf Steig Mark. 391, Sentiero Violi, tiefer am Talhang und erst zuletzt an einer Steilstufe markant ansteigend), zum *Rif. Brentei* (2182 m, CAI Monza, bewirt. vom 20.6. bis 20.9., Tel. 0465-41244, 2 Std. vom *Rif. Vallesinella*).
Auf dem Steig Mark. 318 (Sentiero Brentei) weiter das Val Brenta Alta aufwärts, zwischen den imposanten, hohen Wänden von Crozzon und Tosa und den schlanken Felstürmen Sfulmini und Campanile Basso, zuletzt über Firn zur Scharte Bocca di Brenta (2541 m).
Jenseits einige Kehren hinab und rechts rasch zum *Rif. Pedrotti* (2496 m, CAI/SAT Trento, bewirt. vom 20.6. bis 20.9., Funktel. 0461-948115, 1 Std. vom *Rif. Brentei*, 3 Std. vom *Rif. Vallesinella*, 4 Std. von Molveno, Rif. Montanara).
Gipfelaufstieg: Der Normalweg führt vom östlichen Hochkar aus über eine Wandstufe zum Gipfelplateau. – Vom *Rif. Pedrotti* südlich auf Steig Mark. 304 (Sentiero dell'Ideale) und unter der Südwestseite der Cima Brenta Bassa schräg ansteigend zum Fuß der Cima Margherita. Dort, vor dem Gletscherchen Vedretta di Tosa Superiore, nach links und über Felsbuckel und Moränenschutt links (in südlicher Richtung) aufwärts in das kleine Hochkar Vedretta di Tosa Inferiore.
Wo die Markierung des Steiges über den Firn nach links führt, schräg rechts gestuft hinauf in Richtung auf die niedrigste Stelle

der oberhalb befindlichen Wand. Dort im linken von zwei meist nassen Kaminen gutgriffig, aber höllisch glatt 20 m hinauf (II, Schlüsselstelle; 1992 hing hier ein geknotetes Fixseil). Oberhalb nach rechts queren und gestuft (I) schräg rechts ansteigend und querend, hinauf zur flachen Gipfelkuppe. Dort über Firn linkshaltend zum höchsten Punkt. (*Goedeke*)

Aussicht: »Wir saßen auf dem höchsten, vereisten Gipfel mit dem Herzen voll Rührung, den Augen voller Tränen der Bewunderung, vergaßen die Abgründe, über denen wir uns befanden, vor dem Meer von gleißender Pracht, das sich ringsum in weitem Bogen dehnte und uns blendete ...« So haben es die Erstbegeher dort oben erlebt und sicher so manche anderen Leute auch, ob sie sich nun die Mühe gaben, all die Berggestalten der dolomitischen Nachbarschaft wie Crozzon, Cima d'Ambiez, Brenta Alta und Campanile Basso oder die kristallinen Gletscherberge der weiter westlich gelegenen Adamello- und Presanellagruppe namentlich zu würdigen oder nur insgesamt aufzunehmen.

Abstieg: Auf der gleichen Route wieder abklettern. Über die Steilstufe wird gewöhnlich von einer dicken Sanduhr aus über die Felsrippe zwischen den beiden Kaminen abgeseilt (22 m Abseilhöhe, für kürzeres Seil weiter unterhalb Abseilhaken).

Nebengipfel: Die flache Kuppe des *Nordgipfels P. 3097* ist gleichfalls verfirnt und ohne Schwierigkeiten vom Gipfelfirn aus zu erwandern.

Andere lohnende Routen: *Tosa-Eisrinne* (bis 50°, 900 mH), *Nordostwand, Detassisroute* (V, 750 mH).

Crozzon di Brenta, 3135 m

Zwar nur ein nördlicher Auslieger der Cima Tosa, aber was für einer! Der Normalweg über den gezackten Verbindungsgrat von der Cima Tosa ist ein Labyrinth auf luftigen Schuttbändchen, auf dem selbst ein so guter Brentaführer wie M. Nicolussi mehrere Anläufe brauchte, ehe er 1884 für seinen Klienten K. Schulze eine Route zum höchsten Punkt fand. Die fast 1000 m hohe, 1905 von F. Schneider und A. Schulze erstmals begangene Nordkante ist geradezu ein Markenzeichen der Brenta. Und wer noch schärfer klettern kann, findet besonders in der Nordostwand einige der exquisitesten Dolomitenklettereien überhaupt, so die von P. Preuß und P. Relly 1911 durchstiegene erste Route

Die Brentagruppe von Osten, vorne der Molvenosee mit Molveno. In Bildmitte links Cima-Tosa-Massiv, Bocca di Brenta und Brenta Alta, rechts Cima-Brenta-Massiv.

durch diese Wand oder die 1935 von B. Detassis und E. Giordani gefundene prächtige »Via delle Guide« oder den eleganten, von J. Frehel und Dominique Leprince-Ringuet 1965 entdeckten »Franzosenpfeiler«. Die am Gipfel stehende Biwakschachtel (nur 4 Plätze) ist ausdrücklich für Begeher/innen der langen Extremrouten der Nord- und Westseite bestimmt und sollte auf keinen Fall von Normalwegbegehern beansprucht werden.

Schwierigkeiten: Kletterschwierigkeiten auf der leichtesten Linie mit einigen Stellen III, überwiegend II. Die Hauptschwierigkeiten liegen in der Orientierung. Steigspuren und zahlreiche Steinmännchen helfen dabei etwas. Wem die hier gegebenen knappen Angaben nicht genügen, der/die nimmt besser einen Bergführer.
Mühen: Zunächst wie Cima Tosa. Von dort weitgehend Bänderquerungen mit ca. 100 mH, Kletterstrecke etwa 400 m (1–2 Std.).
Gefahren: Umfassende alpine Anforderungen. Weil Seilsicherung auf den schmalen Schuttbändern weithin illusorisch ist, sollten sich auf diese Route nur Leute einlassen, die Gelände bis Schwierigkeitsgrad III seilfrei sicher auf- und abklettern können. Bei ungünstigem Schuhwerk (Kletterpatschen!) kann der Firn- oder Eisgrat oberhalb der Tosa-Eisrinne besonders heikel sein. Bei Gewitter ist der gesamte Grat blitzgefährdet.
Freuden: Großartiger Aussichtspunkt. Und das Bewußtsein, einen der unzugänglichsten Dolomiten-Dreitausender unter sich zu haben.

Karte, Skizze, Anreise, Hüttenzustieg: Siehe Cima Tosa.
Gipfelroute: (nur Überblick, im einzelnen mitdenken und die zahlreichen Steinmännchen beachten!) Vom Gipfel der Cima Tosa (siehe dort) nordwestlich den Firn hinab, über den kurzen Firngrat und dann zuerst westseitig auf Bändern, teilweise auch am Grat weiter, bis man 50 m aufsteigend den Südgipfel erreicht. Hinab zur Scharte zwischen Süd- und Mittelgipfel. Am Grat und südwestseitig auf Bändern weiter zum Hauptgipfel. (*Goedeke*)
Aussicht: Durch die vorgeschobene Position besonders reichhaltiger Rundblick. Schaustücke im Nordosten sind Campanile Alto und Basso (= Guglia di Brenta), dahinter Cima Brenta, im Südosten wuchtig die Cima Tosa, im Westen tiefer gegenüber die Mauer der Cima Fracinglo.
Abstieg: Auf der gleichen Route.

Nebengipfel: Neben dem höchsten nördlichen Gipfel gibt es im Grat noch den etwas niedrigeren *Mittelgipfel* und den *Südgipfel*, beide *um 3100 m*, nicht genau vermessen. Sie werden beim Übergang betreten.
Andere lohnende Routen: *Nordkante* (900 mH, IV+ und IV–), *Nordostwand, Preußroute* (800 mH, IV+), *Nordostwand, Via delle Guide* (800 mH, V+), *Nordpfeiler, »Franzosenpfeiler«* (850 mH, VI–).

Torre di Brenta, 3014 m

Mächtiger, von Nordwesten gesehen besonders imposanter Felsbau, der zwischen den breiten Bergstöcken von Cima Brenta und Cima Tosa die zentrale Brenta beherrscht. Einer der ursprünglichen Berge, wo man nicht nur aus eigener Kraft hinaufklettern, sondern auch mit eigenen Augen die Route suchen muß – ohne daß sie schon vorweg markiert und ausgeputzt ist. Die erste Besteigung erfolgte durch den englischen Landschaftsmaler E. T. Compton mit dem Führer M. Nicolussi am 24. Juni 1882 auf dem heutigen Normalweg.

Schwierigkeiten: Ziemlich anhaltend Umsicht und Konzentration erfordernde Kletterei mit einer Stelle III–, weithin II, teilweise I und Gehgelände. Dabei ist zu bedenken, daß die Route nur nach eigener Geländebeurteilung und einigen Steinmännchen und Trittspuren selbständig zu finden ist. Bei stark ausgeapertem Gletscher kann das Erreichen der Einstiegsterrasse zusätzliche Probleme bereiten.
Mühen: Hüttenaufstieg 1080 mH bis *Rif. Alimonta* (3.30 Std.). Von dort zum Einstieg 150 mH (0.30 Std.). Kletterei bis Gipfel 250 mH, Kletterstrecke etwa 400 m (1.30 Std.; auch wieder abzuklettern).
Gefahren: Das Gletscherchen am Einstieg ist zwar recht übersichtlich, jedoch nicht absolut spaltenfrei. Ebenso kann die Randkluft Überraschungen bringen. Der Fels ist in der Substanz fest, aber nur wenig abgeklettert, so daß bei Benutzung des Seils große Aufmerksamkeit auf die Vermeidung von Steinschlag zu legen ist. Am gewichtigsten sind jedoch die Orientierungsprobleme, die bei Nebel rasch erheblich werden können. Deshalb früher Einstieg ratsam. Menschen mit geringer Hochgebirgserfahrung ist hier ein Bergführer anzuraten.
Freuden: Die Begegnung mit einem sehr ursprünglich gebliebe-

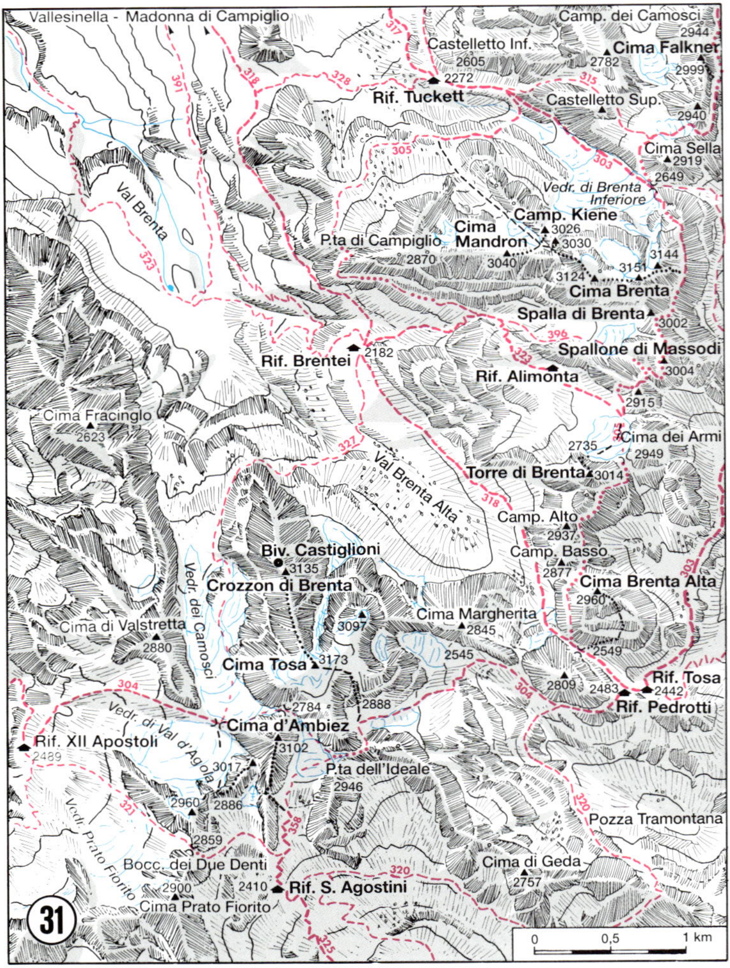

nen Dolomiten-Dreitausender. Es bleibt zu hoffen, daß er so belassen wird – Drahtseilpisten gibt es sowieso schon zu viele.

Karten, Skizze, Anreise: Siehe Cima Tosa.
Hüttenzustieg: Zum *Rif. Brentei* (2182 m, siehe Cima Tosa). Von dort auf Steig Mark. 323 in östlicher Richtung in das Hochkar des Vedretta dei Sfulmini zum *Rif. Alimonta* (2591m, privat bewirt. vom 20.6. bis 20.9., Tel. 0465-41178, vom *Rif. Brentei* 1 Std).

Gipfelroute: Die Normalroute verläuft über den rechten Teil der Nordwand.
Vom *Rif. Alimonta* auf Steig Mark. 323 in Richtung auf den Zentralen Bocchette-Weg zuerst über Felsplatten, dann über Moränenschutt und den Gletscher Vedretta dei Sfulmini bis kurz vor die Scharte Bocca dei Armi. Nun rechts den Firn queren zum Fuß der Nordwand des Torre di Brenta und zum Beginn einer abschüssigen Terrasse mit Schutt, die etwa in der Fallinie des Gipfels beginnt und nach rechts hinauszieht. Hier Einstieg (0.30 Std. vom Rif. Alimonta).
Über die Randkluft und auf die Terrasse. Auf dieser etwa 50 m queren bis zu einer Wasserrinne. Rechts davon an kleiner Kante (andeutungsweise polierte Griffe, II) 8 m hinauf und rechts in kleine Verschneidung (II) am Beginn einer schräg rechts hinaufführenden rampenartigen Rinne. Diese weit hinauf bis zu ihrem Ende auf einem Absatz.
Nun links auf Band queren zu einer anderen schräg rechts emporführenden Rinne, die rasch zu einem ausgeprägteren Band mit deutlichen Trittspuren führt. (Dieses Band kann auf Varianten auch direkter erreicht werden.) Auf diesem Band ohne Schwierigkeiten, aber ausgesetzt nach links queren, unter einem schrägen Riß und danach unterhalb von einem markanten Felsturm vorbei. In der links davon gelegenen, hinter einer großen Felsrippe tief eingeschnittenen Kaminrinne etwa 2 Seillängen hinauf (II, zuletzt steil und griffärmer, III–) und zuletzt durch ein markantes Felsenfenster zu dem rechts befindlichen schrägen Riß.
Rechts davon über griffige steile Wand luftig und genußvoll eine Seillänge hinauf und zur Scharte des Gipfelgrates. Südlich vom Grat auf Schuttbändern aufwärts um einige Ecken herum. Vor dem Gipfelaufbau links über Wandl direkt auf dem Grat und die gestufte Kante luftig zum Gipfel. (*Goedeke*)
Aussicht: Südöstlich benachbart sind die wenig niedrigeren schroffen Gipfel von Campanile Alto und Brenta Alta, im Südwesten Cima Tosa und Crozzon mit ihren prallen Nordost- und Nordwänden, im Norden die Felsmassen der Cima Brenta. Im Westen erkennt man in der Ferne die Granitberge der Presanellagruppe.
Abstieg: Auf dem Aufstiegsweg abklettern. Die am Wandl unter dem Grat, in der Kaminrinne und am Einstieg eingerichteten Abseilstellen sind nur mit Normalhaken versehen; sie sind jedoch bei normalen Verhältnissen gut entbehrlich.

Andere lohnende Routen: *Nordwand, Adangkamin* (III+, 300 mH), *Nordpfeiler* (V und IV, 300 mH).

Cima Brenta, 3151 m

Der massige, firngesäumte Felsbau der Cima Brenta beherrscht den nördlichen Teil der zentralen Berggruppe und ist nach der Cima Tosa der bedeutendste Brentagipfel. Nach Osten bricht er mit einer prallen, senkrechten und überhängenden Wand 500 Meter tief ab, nach Süden zeigt er stärker gegliederte, aber gleichfalls schroffe Abstürze, nach Norden hin wird die Felsmasse von mehreren Karnischen gegliedert. Nach Westen schließt sich die gleichfalls schroffe Cima Mandron an.
Die erste Besteigung erfolgte 1872 durch M. C. Tuckett, L. Lauener mit dem Führer S. Siorpaes über den Eisanstieg der Nordwandrinne. Der »Uraltclassic« durch die Südwestschlucht zum Westgipfel wurde 1882 durch E. T. Compton, A. De Falkner mit den Führern A. Dallagiacoma und M. Nicolussi begangen. Die ersten Routen durch die eindrucksvolle Ostwand gelangen 1936 der Seilschaft Armani-Friedrichsen und 1947 dem langjährigen Hüttenwirt der Brenteihütte B. Detassis mit M. Franceschini und M. Stenico.

Schwierigkeiten: Am heute üblichen Normalweg vom Garbariband her einige kurze Stellen II, überwiegend I, hier und da auch Gehgelände, aber teilweise eindrucksvoll luftig. Wegen der Politur und den Steigspuren auch bei schlechter Sicht nicht schwierig zu finden, aber kein Anstieg für Bergunerfahrene.
Am Aufstiegsweg der Erstbesteiger durch die Nordrinne Firn oder Eis mit einer Neigung von 35 bis 48 Grad. Steigeisen und Eispickel nötig, Schwierigkeit stark von den Verhältnissen abhängig, kann im Frühsommer der leichteste und rascheste Aufstieg sein.
Westaufstieg gleichfalls mit Firn oder Eis, Felsschwierigkeit stellenweise bis II, meist I und Gehgelände.
Mühen: Hüttenzustieg zum *Rif. Tuckett* 760 mH (2 Std.), Zustieg zur Bocca di Tuckett 400 mH (1 Std.), Klettersteig bis Garbariband 300 mH (1 Std.), Gipfelaufstieg von dort 200 mH, mit Kletterstrecke von 300 m (0.30–1 Std.). Westanstieg 3–4 Std.
Gefahren: Am ehesten am häufig begangenen Klettersteig, besonders bei Gewitter. Am Gipfelaufbau kann man sich bei Nebel trotz der Steigspuren verlaufen, deshalb sehr frühzeitiger Auf-

bruch ratsam. Erfahrung im Routenfinden ist hier ebenso unerläßlich wie Trittsicherheit und Schwindelfreiheit. In der Rinne vom Garbariband zur Scharte beim östlichen Vorgipfel kann man sowohl andere Gipfelbesteiger als auch die Leute weiter unten auf dem Garbariband durch Steinschlag gefährden. Das gleiche gilt für Steine, die an der Scharte beim Ostgipfel gelöst werden und dann nach Süden in die Rinne fallen.
Für Nordrinne und Westanstieg ist deutlich mehr Erfahrung nötig als für den Ostanstieg, der sich nicht weit vom vielbegangenen Klettersteig entfernt.
Freuden: Am Gipfelaufbau der Genuß, einmal ohne Eiseneinrichtung zu steigen, so richtig naturnah mit Felsanfassen. Unterhaltsame Kletterei in festem Fels in Rinnen und am Grat. Großartige Rundsicht.

Karten, Skizze, Anreise: Siehe Cima Tosa.
Hüttenzustieg: Von Madonna di Campiglio auf der Fahrstraße zum *Rif. Vallesinella* (1513 m; 1 Std. oder mit Pkw bzw. Taxi). Von dort auf Weg Mark. 317 zum *Rif. Casinei* (1825 m) und weiter zum *Rif. Tuckett* (2272 m, CAI/SAT Trento, bewirt. vom 20.6. bis 20.9., 60 Schlafpl., Tel. 0465-41226, 2 Std. vom Rif. Vallesinella).
Gipfelrouten: Von Osten: Die übliche Normalroute verläuft über den Nordsporn des Ostgipfels zum Garbariband, auf diesem zum linken oberen Teil der Ostwand und von dort in Rinnen zum Ostgipfel (hierher auch durch die Nordrinne) und über den Ostgrat zum Gipfel.
Von der Hütte im Kar aufwärts, über das Gletscherchen Vedretta di Brenta Inferiore hinauf zur Scharte Bocca di Tuckett (2649 m). Nun in südlicher Richtung der Mark. 305 folgen, über gestuften Fels hinauf, zuletzt steiler und mit allerlei Angeboten an Eisenleitern und Draht, zu einer großen Felsschulter. Über diese an den Gipfelaufbau heran. Dort links auf dem Garbariband, zuerst luftig, hoch über der Ostwand queren und später im Zickzack ansteigen. Wo der Steig wieder waagerecht nach links, nach Süden, weiterführt (großer Steinmann), befindet sich die Abzweigung des Normalweges zum Gipfel. (Hierher auch vom *Rif. Alimonta* oder vom *Rif. Pedrotti* über den Klettersteig Bocchette Alte, 2–3 Std.)
Schräg rechts in Rinne zu Absatz, dann an der rechten von zwei kaminartigen Rinnen etwa 40 m zu Schärtchen. Rechts queren zu Rinne und darin direkt (oder zuerst mit Rechtsschleife zu ei-

Die zentrale Brentagruppe von Nordwesten. Von links Torre di Brenta, Sfulmini, Campanile Alto und Cima Brenta Alta, rechts das Cima-Tosa-Massiv und der Crozzon di Brenta mit seiner Nordkante.

ner weiter rechts verlaufenden Rinne; beide Möglichkeiten mit Stelle II) hinauf zur Scharte wenig südlich vom Ostgipfel. Jenseits einige Meter hinab zur schmalen Firn- oder Schuttscharte am oberen Ende der Nordrinne (hier mündet der in offensichtlicher, direkter Linie vom oberen Ende des Vedretta di Brenta Inferiore heraufführende Anstieg durch die Nordrinne). Den Grat der Scharte luftig überschreiten und über abgekletterte Schrofen im Zickzack zu Gratschulter. Über den felsigen Grat rasch hinauf zum Hauptgipfel. (*Goedeke*)

Von Nordwesten: Wie zur Cima Mandron bis zum Sattel zwischen Cima Mandron und Cima Brenta Occidentale (2–3 Std. vom *Rif. Tuckett*).

Nun in östlicher Richtung rechts der Scharte des südlichsten Kieneturms über Schutt und Felsstufen hinauf und genau auf der Gratkante 8 m steil und luftig (II) empor zu einer Schulter mit Abseilhaken.

Auf dem nun breiteren Grat ohne Schwierigkeiten hinauf zur Abdachung der Kuppe des Westgipfels. Von diesem ostwärts an einer schrofigen Kante abklettern zur Scharte. Nun entweder links (nordseitig) auf Firn oder rechts (südseitig) auf schuttigen Bändern am folgenden Grataufschwung vorbei und hinauf zum Hauptgipfel (0.30 Std. vom Sattel). (*Goedeke*)

Aussicht: Grandiose Nah- und Fernblicke, im Süden zur Cima Tosa und zum Torre di Brenta, im Norden zur Cima Falkner und ihren Trabanten. Nach Westen besser vom nicht weit entfernten Westgipfel.

Abstieg: Abklettern auf dem Aufstiegsweg.

Nebengipfel: Der *Westgipfel (3124 m)* ist vom Hauptgipfel zuerst nördlich vom Verbindungsgrat auf Firn oder südlich vom Grat auf unschwierigen Schuttbändern und zuletzt von der Scharte über eine gestufte Kante zu erreichen (15 Min., I).

Der *Ostgipfel (3110 m)* ist vom Schärtchen des Normalweges rasch ersteigbar (II). Wer will, kann auch noch die gegenüber dem Spallone dei Massodi südlich vorspringende Schulter *Spalla di Brenta (3002 m)* als Gipfelchen abfeiern.

Andere lohnende Routen: *Südostkante* (vom Spallone dei Massodi, III+, 130 mH), *Südsüdwestwand, Detassisroute* (V–, 450 mH), *Westgipfel, Südwestschlucht* (II) und Südgrat (IV, 250 mH), *Ostwand, Armanikamin* (V, 470 mH), *Detassisroute* (VI und V, 600 mH) und *Furlaniroute »La Sorpresa«*, VI und V, 600 mH).

Cima Mandron, 3040 m

Westlicher Auslieger der Cima Brenta mit hoher Südwand.
Die erste Besteigung erfolgte 1886 durch den Führer A. Dallagiacoma mit L. Purtscheller, J. Reichl und K. Schulz über den Ostgrat.

Schwierigkeiten: Stellen I und Gehgelände sowie ein stark von den Verhältnissen abhängiger Aufstieg auf Firn. Der Fels ist kaum abgeklettert und entsprechend schuttig. Die Route muß selbständig gefunden werden.
Mühen: Hüttenaufstieg zum *Rif. Tuckett* 700 mH (2 Std.), Gipfelaufstieg 750 mH (3–4 Std.).
Gefahren: Am ernsthaftesten dürften die Orientierungsprobleme sein. Für den Firn und den schrofigen Fels ist gleichfalls alpine Erfahrung und dem Firn oder Eis angemessene Ausrüstung nötig.
Freuden: Ein einsamer Berg, dessen Besteigung auch mit einem Übergang auf den zweithöchsten Brentagipfel, die Cima Brenta, verbunden werden kann.

Karten, Skizze, Anreise, Hüttenzustieg: Siehe Cima Brenta.
Gipfelroute: Vom *Rif. Tuckett* zunächst für einige 100 Meter auf dem SOSAT-Weg bis kurz hinter die erste Leiter und ein Bergsturzgebiet. Nun weglos über Felsstufen, rechts, westlich der Wasserfälle über Steilstufe (I) auf das große Firnfeld im Kar zwischen Kienetürmen links (O) und Cima Mandron rechts (W). An seinem östlichen Rand hinauf bis zum Sattel zwischen Cima Mandron (W) und Cima Brenta Occidentale (2–3 Std. von der Hütte).
Nun über Schneefeld oder oberhalb davon an Fels nach rechts queren zu einer brüchigen Rinne. Diese hinauf zu einer kleinen Gratscharte. Von dieser in einer weiteren Rinne rechts hinauf zu Gratschulter. Am Grat zum Gipfelplateau. (0.30 Std. vom Sattel). (*Goedeke, z. T. nach Steinkötter und Visentini*)
Aussicht: Durch die vorgeschobene Position besonders eindrucksvoll und nur im Osten durch die benachbarte höhere Cima Brenta enger begrenzt.
Abstieg: Abklettern wie Aufstieg oder Übergang zur Cima Brenta (siehe dort).
Andere lohnende Routen: *Südwand* (VI und V, 650 mH).

Kienetürme, 3030 m

Schroffe Zacken im von der Cima Brenta Occidentale nach Nordwesten ziehenden Gratkamm, nicht weit vom Ende dieser Welt entfernt. Die 3000 Meter werden nur von den beiden südlichsten Gipfeln erreicht. Die Türme sind im Zusammenhang mit der Cima Mandron rasch zu besteigen.
Erstmals betreten wurden sie vermutlich 1934 anläßlich der Erstbegehung der Nordostkante des 2. Turms durch G. Graffer und M. Pilati.

Schwierigkeiten: Jeweils Stelle II nahe der Scharte, dann I, in nicht abgeklettertem, schuttigem Fels.
Mühen: Vom Aufstieg zur Cima Mandron oder der Cima Brenta jeweils etwa 50 mH zusätzlich.
Gefahren: Nicht abgekletterter Fels.
Freuden: Gipfelchen am Ende der Welt.

Karte, Skizze, Anreise, Hüttenzustieg: Siehe Cima Brenta.
Gipfelroute: Wie bei der Cima Mandron (siehe dort) zum Sattel vor der Cima Brenta Occidentale. Nun nordostwärts über die gestuften Kanten oder Rinnen zu den durch tiefe Scharten voneinander getrennten, kanzelartig nach Nordosten vorgeschobenen Gipfeln.
Der von der Cima Brenta aus erste Gipfel ist der Erste Kieneturm (3030 m), der 2. sein Vorgipfel (ca 3010 m) und der 3. der Zweite Kieneturm (3026 m).(*Goedeke*)

Spallone dei Massodi, 3004 m

Flachgipfliger Felsklotz südlich der Cima Brenta und mit einer tiefen Scharte deutlich von ihr abgesetzt. Nach Südosten bricht er mit einer 400 Meter hohen Südostwand ab.

Schwierigkeiten: Eisenreicher, langer Klettersteig, A0 und I.
Mühen: Hüttenzustieg 1080 mH (3.30 Std.), Gipfelaufstieg vom *Rif. Alimonta* 400 mH.
Gefahren: Steinschlag durch andere Leute, wie an jedem Klettersteig. Keine Orientierungsprobleme. Bei Gewitter starke Blitzgefahr.
Freuden: Allerlei Geräteturnen an Sprossenleitern, für alle, denen das eine Freude ist.

Am Sentiero delle Bocchette in der zentralen Brentagruppe.

Karte, Skizze, Hüttenzustieg: Siehe Cima Tosa und Torre di Brenta.
Gipfelroute: Vom *Rif. Alimonta* (2591m) ostwärts auf Steig Mark. 323 über Moränen und am Rande des Gletscherchens Vedretta dei Sfulmini bis zum Fuß der Cima Molveno. Hier stößt man auf den Klettersteig Bocchette Alte.
Diesen nordwärts hinauf auf eine Felsschulter und von dieser an senkrechter Eisenleiter hinab in eine enge Scharte. Nach links an Drahthangel die senkrechte Wand queren, dann Leitern folgen zu lichteren Höhen. Nach allerlei Draht schließlich mit großer Rechts-Links-Schleife auf die nur sanft abgedachte Gipfelfläche. Von Norden kommend, hat man vom Garbariband (siehe Cima Brenta) beim Weiterweg eine wilde Firnrinne zu queren und nach dem kurzen Anstieg auf die Spalla di Brenta (3002 m) in eine tiefe Scharte hinab und auf einer langen senkrechten Leiter aufzusteigen (hier spürt man, um wieviel zu schwer man den Rucksack gepackt hat). (*Goedeke*)
Aussicht: Eindrucksvolle Nahblicke auf die Cima Brenta.

Cima Falkner, 2999 m

Wuchtiger Beinahe-Dreitausender, der höchste Gipfel im Hauptkamm nördlich der Cima Brenta.
Die erste Besteigung erfolgte 1882 durch A. de Falkner mit dem Führer A. Dallagiacoma.

Schwierigkeiten: Zugang über Klettersteig, Gipfelaufbau Stellen I, meist Gehgelände, teilweise über Firn.
Mühen: Am kürzesten vom Passo Grostè mit insgesamt 650 mH (2.15 Std.). Von Süden Hüttenzustieg 700 mH (2 Std.), Gipfelaufstieg 760 mH (2 Std.).
Gefahren: Die für Klettersteige gängigen Probleme bei Beschädigungen der Anlagen sowie bei Gewitter.
Freuden: Umfassende Aussicht.

Karten, Skizze, Anreise: Siehe Cima Tosa.
Hüttenzustieg: Für den Nordanstieg heutzutage gewöhnlich nach Benutzung der Kabinenbahn, der Grostè-Seilbahn (Talstation Madonna di Campiglio) und deprimierenden Anblicken der autobahnbreit in die Landschaft geklotzten Skipisten in 0.15 Std. Abstieg von der Bergstation am Passo del Grostè zum *Rif. G. Graffer* (2261m, CAI/SAT Trento, bewirt. vom 20.6., bis 20.9., 77

Schlafpl., Tel. 0465-41358). Hüttenbesuch ratsam, weil nur mit Übernachtung ein für die Brentanebel angemessen früher Aufbruch möglich ist. Für den Südanstieg von Madonna di Campiglio zum *Rif. Tuckett* (2272 m, siehe Cima Brenta).

Gipfelroute: Von Norden: Vom Passo del Grostè südwärts auf Steig Mark. 305 (Sentiero Benini) über Karrenrücken, danach die Cima Grostè und die Cima Falkner ostseitig auf Bändern queren bis zur Südseite des Gipfelaufbaues der Cima Falkner, wo der Steig links steil hinabführt (2 Std.).

Hier rechts eine gutartige Rinne leicht hinauf zum Gipfel (0.15 Std. vom Klettersteig). (*Goedeke*)

Von Süden: Vom *Rif. Tuckett* (2272 m, siehe Cima Brenta) das Kar hinauf zur Bocca di Tuckett (2649 m). Nun nördlich an Leitern und Drahtseilen den Sentiero Benini steil hinauf zur Schulter westlich der Cima Sella. Über Platten und Firn um diese herumqueren und hinauf zur Forc. di Vallesinella (2894 m).

Nun die Südostflanke der Cima di Vallesinella queren und über Felsrippe (Draht) bis vor den Gipfelaufbau der Cima Falkner. Weiter wie oben.(*Goedeke*)

Aussicht: Großartiger Rundblick. Im Süden als Blickfang die grandiose Mauer der Cima Brenta, im Norden verdeckt die nahe Cima Grostè gnädig die unsäglichen Landschaftsverschandelungen durch den Skipistenbau.

Abstieg: Je nach Ausgangspunkt, auf einer der beiden Anstiegsrouten.

Cima Brenta Alta, 2960 m

Gewaltiger geschlossener Felsbau südlich der schlanken Felsnadel des Campanile Basso (deutschsprachig auch Guglia di Brenta genannt) und des gleichfalls kühnen Campanile Alto. Wenn auch nach Meereshöhe etwas niedriger, wirkt die Cima Brenta Alta doch fast eindrucksvoller als der die Campanili nördlich flankierende Torre di Brenta.

Die Erstbesteigung erfolgte 1880 durch die Führer M. und B. Nicolussi mit A. Apollonio und G. Rossaro. Die kompakten, ungünstig geschichteten Platten der Nordostwand wurden 1934 in zwei Tagen von B. Detassis mit U. Battista und E. Giordani erstmals durchstiegen, womit sie eine der schwierigsten Dolomitenrouten der dreißiger Jahre eröffneten.

Schwierigkeiten: Zwei Stellen II, sonst I und Gehgelände.

Keine besonderen Orientierungsprobleme, jedoch eine richtige Kletterroute. Der Fels ist fest und abgeklettert.
Mühen: Hüttenaufstieg bis *Rif. Pedrotti* 1050 mH (4 Std.), Gipfelaufstieg 470 mH (2 Std.).
Gefahren: Nur eine Route für Leute mit Erfahrung und Fähigkeit zu selbständigen Touren in nicht präparierter Hochgebirgslandschaft, weit anspruchsvoller als die Klettersteige.
Freuden: Einer der markantesten Berge dieses Gebirges.

Karte, Skizze, Anreise, Hüttenzustieg: Siehe Cima Tosa.
Gipfelroute: Der Normalweg führt über den linken Teil der von zwei breiten Schutterrassen gekennzeichneten Südseite.
Einstieg an der Bocca di Brenta (0.15 Std. vom *Rif. Pedrotti*). Rechts um die Südkante herum, auf einem abschüssigen Bändchen (mit Unterbrechungsstelle) 70 m queren zu zwei Rißkaminen. Im rechten Kamin empor, später auf der rechten Kaminkante und zum Block am oberen Ende des Kamins (II). Auf der oberhalb beginnenden ersten Terrasse den Steigspuren folgend, erst gerade und dann oberhalb einer Wandstufe linkshaltend, zur nächsten Steilstufe. Von Steinmann aus über steile, aber griffige Wand (II) 15 m hinauf und dann rechtshaltend über Rinne, Bänder und einen geneigten Kamin zur zweiten Terrasse. Etwa 50 m nach rechts und zu einer glatten Rinne. Darin (II und I) empor und rechtshaltend zum Gipfel. (*Goedeke*)
Aussicht: Besonders reizvoll der Blick auf den nahen Campanile Basso. Aber auch sonst hat der Rundblick Glanzpunkte in Tosa, Crozzon und anderen Brentagrößen.
Abstieg: Abklettern auf der Aufstiegsroute. (An der 2. Stufe kann 15 m rechts der Steinmänner von Haken aus 1 x 40 m oder 2x20 m – das 2. Mal von Sanduhr – abgeseilt werden. Der Einstiegskamin kann ebenfalls abgeseilt werden; Haken.)
Andere lohnende Routen: *Westwand, Stegerroute* (IV, 400 mH vom Bocchetteweg), *Nordostwand, Detassisroute* (VI, 550 mH).

Cima d'Ambiez, 3102 m

Unter extremeren Kletterern hat der Name dieses südlichen Nachbars der Cima Tosa einen guten Klang – denn wer eine der Routen durch die Südost- oder Ostwand begangen hat, ist dem herrlichsten Dolomitfels begegnet, den die Alpen überhaupt zu bieten haben. Aber auch der Normalweg von Süden hat davon etwas abbekommen, so daß auch von ihm geschwärmt wird.

Die erste Besteigung erfolgte 1880 durch N. Gaskell, M. Holzmann und R. Kaufmann über die brüchige Westseite. Der heute als Normalroute übliche Anstieg über die Südkante wurde vermutlich erstmals durch den Bergführer S. Agostini begangen. Die erste Route durch die plattige Südostwand eröffneten 1939 M. Stenico und P. Fox. Bis heute folgten zwischen diesen beiden Anstiegen ein gutes Dutzend weitere genußvolle Extremrouten.

Schwierigkeiten: Auf der Normalroute von Süden eine Stelle III, sonst II, am Gipfelgrat I. Teilweise luftig, aber in festem Fels. Die Route muß selbständig gefunden werden.
Mühen: Hüttenaufstieg zum *Rif. Agostini* ab Restaurant Dolomiti 1530 mH (4.30 Std., kann mit Taxidienst bis zum *Rif. Cacciatore* abgekürzt werden), von dort Aufstieg zum Wandfuß 400 mH (0.45 Std.), Gipfelaufstieg über den Südgrat 300 mH, Kletterstrecke etwa 400 m (3 Std.).
Gefahren: Am Südgrat relativ sicher und nach Schneefall rasch wieder abgetaut, wenn auch bei vorausgehenden Seilschaften immer mit Steinschlag zu rechnen ist. Die Orientierung verlangt besonders bei Einfall von Nebel trotz der zahlreichen Steinmännchen gute Geländeerfahrung und Riecher.
Freuden: Ein schöner Kletterberg auch auf dem üblichen Normalweg – und nicht denaturiert durch Farbe oder Draht!

Karte, Skizze: Siehe Cima Tosa.
Anreise: Von Trient/Trento auf der SS 237 in Richtung Tione bis Ponte Arche und auf Sträßchen hinauf nach San Lorenzo in Banale (718 m).
Hüttenzustieg: Auf Sträßchen hinauf im Val d'Ambiez zum Restaurant Dolomiti (870 m; Schranke). Nun zu Fuß auf breitem Weg das ganze lange Tal hinauf zum *Rif. Silvio Agostini* (2410 m, CAI/SAT Trento, bewirt. vom 20.6. bis 20.9., 67 Schlafpl., Tel. 0465-74138). Bis zum *Rif. Cacciatore* verkehrt auf Bestellung auch ein Jeeptaxi (von dort noch 1 Std.).
Gipfelroute: Der übliche Normalweg führt über die Südwestschlucht zwischen Denti d'Ambiez und Cima d'Ambiez zur Scharte und über den anfangs abgerundeten Südgrat. –
Vom *Rif. Agostini* auf Steig Mark. 358 (Sentiero Brentari) das Tal hinauf und am Sockel der Cima d'Ambiez über Platten (Drahtseile) zum Fuß der Ostwand, neben dem Gletscher. Hier verläßt man den Steig nach links (0.45 Std. von der Hütte). Nun oberhalb des Sockels auf einem ausgeprägten Band unter den senk-

rechten und überhängenden Wänden luftig nach links queren bis zu einer Rinne. Darin etwa 80 m hinauf, dann in einem engen Kamin 20 m hinauf und durch einen zweiten Kamin (Klemmblock rechts umgehen, III) zur Scharte zwischen Denti d'Ambiez und Cima d'Ambiez. Westseitig schräg links, hinter zwei an die Wand gelehnten Platten durch, und zu Schärtchen. Linkshaltend den Steinmännchen folgen zu Band. Etwas links über Wandstufe und Kamin zu geneigterem Gelände. Nun rechtshaltend in die Nähe einer Rinne und neben dieser (Steinmännchen) aufwärts. In Rinne zu einer Scharte und nun weniger schwierig am Südgrat zum Gipfel. (*Goedeke*)

Aussicht: Im Norden beengend nahe die Wände der höheren Cima Tosa, im Westen nebenan die Cima Bassa d'Ambiez und in der Ferne Adamello und Presanella, im Süden die südlichen Ausläufer der Brenta und die Trientiner Voralpen.

Abstieg: Abklettern über die übliche Südgratroute. Dabei kann von der Scharte zu den Denti d'Ambiez über den Klemmblockkamin abgeseilt werden.

Cima Bassa d'Ambiez, 3017 m

Durch eine tiefe und wildschroffe Scharte von der Cima d'Ambiez deutlich abgetrennter, durchaus selbständiger und sehr original erhaltener Nachbar der Cima d'Ambiez. Hier sagen sich Geier und Gemsen gute Nacht.

Die erste Ersteigung erfolgte 1926 durch G., M. und S. Chiesi mit V. Graziadei.

Schwierigkeiten: Über längere Strecken II, teilweise brüchig und überall schuttig, also richtig alpin.

Mühen: Zum *Rif. XII Apostoli* ab Parkplatz im unteren Val d'Agola 1130 mH (3.30 Std.) oder von der Bergstation des Sesselliftes von Pinzolo zum Dos del Sabion 650 mH (2.30 Std.). Zum Einstieg 450 mH (1.30 Std.). Gipfelaufstieg von dort über die Westseite 150 mH, Kletterstrecke 150 m (0.30–1 Std.).

Gefahren: Wer nicht gelernt hat, mit wirklich ursprünglichen Schuttschrofen und auch stellenweise in der Substanz wirklich brüchigem Fels umzugehen, wird sich hier zu recht bedroht fühlen. Insgesamt ein ernstzunehmender Gipfel.

Freuden: Auf einem Berg zu sein, dessen Gipfel nur sehr selten betreten wird. Und auf dem hoffentlich niemand auch nur den kleinsten Krümel Müll hinterläßt.

Karten, Skizze: Siehe Cima Tosa.

Anreise: Nach Madonna di Campiglio (siehe Cima Tosa). Von dort in südwestlicher Richtung 4 km nach Sant'Antonio di Mavignola (1122 m) bzw. weitere 6 km nach Pinzolo.

Hüttenzustieg: Von Sant'Antonio auf Sträßchen ins Val Brenta, an Zeltplätzen vorbei und vor der Schranke rechts steil hinauf ins Val d'Agola. Dort Parkplatz und Schranke (1350 m). Nun zu Fuß auf Sträßchen bzw. die die Serpentinen abkürzenden Fußwege hinauf zur Alm Malga d'Agola und zum Lago d'Agola (1596 m). Noch 1 km in südlicher Richtung weiter talauf und dann östlich ansteigend hinauf ins Val Nardis zum Talboden Pian di Nardis (um 1850 m, 1.30 Std. von der Schranke; hierher auch in 1 Std. vom Doss del Sabbion, 2101 m, Bergstation des Sesselliftes von Pinzolo).

Über Schutt auf Steig Mark. 307 zur anfangs latschenbewachsenen Steilstufe und in Kehren steil hinauf über die Scala Santa und Karrenbuckel zum auf der Karschwelle gelegenen *Rif. Garbariai–XII Apostoli* (2489 m, CAI/SAT Trento, bewirt. vom 20.6. bis 20.9., 44 Schlafpl., Tel. 0465-51309).

Gipfelroute: Der Normalweg führt von der Bocca d'Agola über die Westflanke.

Von der Hütte auf Steig Mark. 304 zur Bocca dei Camosci (2784 m). Von dort in südlicher Richtung den Gletscher Vedretta di Val d'Agola queren und hinauf zur Bocca di Val d'Agola (2886 m; 1.30 Std.) zum Einstieg.

Von der Scharte links (nördlich) einige Zacken umgehen und links zu einer mit einem Überhang beginnenden Rinne. Darin hinauf zum Schuttband. Auf diesem nach links um eine Ecke und über eine Rinne queren zur Trümmerterrasse. Hinter dieser rechts in schräger Rinne hinauf zum Grat und zum Vorgipfel. Heikel in Rinnen etwa 30 m abklettern und dann die von der Scharte vor dem Gipfel herabziehende Rinne queren. Nun in der Westseite, weniger schwierig, aber herzhaft brüchig, zum Gipfel (0.30–1 Std.). (*Goedeke*)

Aussicht: Wegen der Nähe zur höheren Cima d'Ambiez und Cima Tosa nach Osten und Norden beengt. Im Süden die einsamen südwestlichen Brentaberge wie Cima del Vallon und Cima di Prato Fiorito, nach Westen Fernblick auf Adamello und Presanella.

Abstieg: Auf der Aufstiegsroute abklettern.

Alphabetisches Ortsverzeichnis

Das Ortsverzeichnis enthält die Hauptorte und die wichtigen Ortschaften in den Tälern, jene an den Kreuzungen und Abzweigungen der Anfahrtsstraßen sowie die Ausgangsorte zu den Touren in den einzelnen Berggruppen. Es werden die geographische Lage, die Größe der Ortschaft (nach Einwohnern), touristische Eigenschaft, Provinz und Postleitzahl, Verkehrslage mit Entfernungen sowie vorhandene, im Sommer in Betrieb befindliche Aufstiegsanlagen angegeben.

Agordo (611 m)

Hauptort des Agordino, im Val Cordevole, zwischen Civetta- und Palagruppe. Touristikort. 3800 Einw. Prov. BL, PLZ I-32021.
29 km ab Belluno. Busverbindungen. Zentrale Verkehrslage.
Straßen: Forc. Aurine–P.so Cereda–Fiera di Primiero, Canale d'Agordo–P.so di S. Pellegrino–Moena, Alleghe–Rocca Pietore–P.so di Fedaia–Canazei, Alleghe–Arabba–Campolongopaß–Kurfar, Falzaregopaß–Cortina d'Ampezzo und Alleghe–Selva di Cadore–P.so Staulanza–Zoldo Alto sowie P.so Duran–Valle di Zoldo. Bergstraße Valle di S. Lucano–Col di Prà.

Alleghe (973 m)

Touristikort am gleichnamigen See, im oberen Val Cordevole, zwischen Marmolada- und Civettagruppe. 1800 Einw. Prov. BL, PLZ I-32022.
49 km ab Belluno. Busverbindungen.
Straßen: Rocca Pietore–P.so di Fedaia–Canazei, Arabba–Campolongopaß–Kurfar und Falzaregopaß–Cortina d'Ampezzo sowie Selva di Cadore–P.so Staulanza–Zoldo Alto.

Arabba (1620 m)

Touristikort im Buchenstein (oberes Val Cordevole, Livinallongo del Col di Lana), zwischen Sella- und Marmoladagruppe. 350 Einw. Prov. BL, PLZ I-32020.
26 km ab Alleghe, 21 km ab Canazei–P.so Pordoi, 8 km ab Kurfar–Campolongopaß. Busverbindungen. Zentrale Verkehrslage.
Seilbahn und Kabinen-Umlaufbahn Arabba–Porta Vescovo, Seilbahn P.so Pordoi–Sass Pordoi.

Auer (Ora, 242 m)

Große Ortschaft im Etschtal, südlich von Bozen, im Südtiroler Unterland. 2600 Einw. Prov. BZ, PLZ I-39040.
2 km ab Autobahnausfahrt Neumarkt/Auer. Bahnhof, Busverbindungen.
Straße zum Dolomitenraum über S. Lugano – Fleimstal – Fassatal.

Auronzo di Cadore (864 m)

Langgestreckte Ortschaft im Val d'Ansiei, am Stausee Lago di Santa Caterina, zwischen Sextener, »Dolomiten von Auronzo« und Marmarolekamm. Touristikort. 4000 Einw. Prov. BL, PLZ I-32041.
62 km ab Belluno, 44 km ab Toblach – Misurina. Busverbindungen.
Straßen: Misurina – Toblach, Misurina – P.so Tre Croci – Cortina und P.so S. Antonio – Padola – Kreuzbergpaß – Sexten.
Sessellift und Seilbahn Auronzo – Monte Agudo.

Bozen (Bolzano, 262 m)

Südtiroler Landeshauptstadt, liegt im Etschtal am Zusammenfluß von Talfer, Eisack und Etsch. 99 000 Einw. Prov. BZ, PLZ I-39100.
Autobahnausfahrten Bozen-Nord und Bozen-Süd. Hauptbahnhof der Brennerbahn. Zentrale Verkehrslage. Autobuslinien-Knotenpunkt.
Bozner Dolomitenstraße Eggental – Karerpaß – Fassatal – Pordoijoch – Buchenstein – Falzaregopaß – Cortina d'Ampezzo.

Brixen (Bressanone, 561 m)

Hauptort des Eisacktals, Kleinstadt am Zusammenfluß von Eisack und Rienz. 13000 Einw. Prov. BZ, PLZ I-39042.
6 km südlich der Autobahnausfahrt Brixen/Pustertal, 9 km nördlich der Autobahnausfahrt Klausen/Gröden. Bahnhof, Busverbindungen.
»Brixener Dolomitenstraße« Afers – Halsl – Würzjoch – St. Martin in Thurn.
Kabinen-Umlaufbahn »Plose« St. Andrä – Kreuztal.

Bruneck (Brunico, 838 m)

Hauptort des Pustertals, Kleinstadt in der Talweitung an der Mündung des Tauferer/Ahrntals. 11000 Einw. Prov. BZ, PLZ I-39031.

29 km ab Autobahnausfahrt Brixen/Pustertal. Bahnhof, Autobuslinien-Knotenpunkt.
Straße zum Dolomitenraum St. Lorenzen–Kurfar und Toblach–Cortina d'Ampezzo.
Kabinen-Umlaufbahn Reischach–Kronplatz.

Calalzo di Cadore (806 m)

Ortschaft im Piavetal, am Piavestausee (Lago di Centro Cadore). Touristikort. 2500 Einw. Prov. BL, PLZ I-32042.
45 km ab Belluno, 18 km ab Auronzo. Endbahnhof der Bahnlinie im Piavetal, Busverbindungen.
Bergstraße in das Val d'Oten.

Campill (Longiarü, Longiaru, 1398 m)

Bergdorf im gleichnamigen Hochtal, in Abtei. Touristikort. 500 Einw. Prov. BZ, PLZ I-39030.
6,5 km ab Piccolein, Abzweigung oberhalb St. Martin. Busverbindungen.
Straßen: Seres, Cialdires im Talschluß und über den Juel-Sattel nach Pedratsches.

Campitello (Ciampedèl, 1448 m)

Touristikort im oberen Fassatal, an der Dolomitenstraße Bozen–Cortina d'Ampezzo. 700 Einw. Prov. TN, PLZ I-38031.
2 km südlich von Canazei. Busverbindungen, Taxidienst im Val Duron. Verkehrslage wie Canazei.
Straße Campitello–Val Duron.
Seilbahn Campitello–Col Rodella.

Canale d'Agordo (976 m)

Bergdorf im Valle del Biois. Touristikort an der Mündung des Valle di Gares, zwischen Pala- und Marmoladagruppe. 1800 Einw. Prov. BL, PLZ I-32020.
45 km ab Belluno, Abzweigung in Cencenighe. Busverbindungen.
Straßen: Falcade–P.so di Valles–Val Travignolo, P.so di S. Pellegrino–Moena. Bergstraße nach Gares (7 km).

Canazei (Cianacèi, 1465 m)

Bekanntester Touristikort des Fassatals, am Fuße der Langkofel-, Sella- und Marmoladagruppe, an der Dolomitenstraße Bozen–Cortina d'Ampezzo. 1500 Einw. Prov. TN, PLZ I-38032.

47 km ab Bozen–Karerpaß, 41 km ab Waidbruck–Sellapaß. Zentrale Verkehrslage. Busverbindungen.
Straßen: Pordoijoch–Arabba und P.so di Fedaia–Malga Ciapela. Seilbahnen: Canazei–Pecol–Col dei Rossi, Alba–Ciampac, Pordoijoch–Sass Pordoi.

Cencenighe Agordino (773 m)

Ortschaft im mittleren Val Cordevole, an der Verzweigung zum Valle del Biois, zwischen Pala-, Marmolada- und Civettagruppe. 1900 Einw. Prov. BL, PLZ I-32020.
40 km ab Belluno. Busverbindungen. Verkehrslage wie Agordo.

Cortina d'Ampezzo (1211 m)

Bekanntester Touristikort im Dolomitenraum. Liegt im oberen Valle del Boite, im Ampezzaner Talkessel, umgeben von Croda da Lago, Tofane, Pomagagnon, Cristallo und Sorapiss. 8800 Einw. Prov. BL, PLZ I-32043.
71 km ab Belluno Abzweigung in Tai di Cadore, 32 km ab Toblach. Busverbindungen. Zentrale Verkehrslage.
Straßen: Falzaregopaß–Val Cordevole und Falzaregopaß–Valparolapaß–Hochabtei, im Gemärk–Toblach, P.so Tre Croci–Misurina–Auronzo, P.so di Giau–Selva di Cadore–Forc. Staulanza–Val di Zoldo.
Seilbahnen: Cortina–Tofana und Cortina–Faloria. Sessellift- und Gondellift Son Forca–Forc. Staunies/Rif. Lorenzi.

Falcade (1145 m)

Ortschaft im Valle del Biois. Touristikort zwischen Marmolada- und Palagruppe. 900 Einw. Prov. BL, PLZ I-32020.
50 km ab Belluno, Abzweigung in Cencenighe. Busverbindungen. Verkehrslage wie Canale d'Agordo.

Fiera di Primiero (713 m)

Hauptort im Val Cismon, am Eingang zum Val Canali. Touristikort am Südwestrand der Palagruppe. 700 Einw. Prov. TN, PLZ I-38054.
42 km ab Primolano (Schnellstraße Valsugana). Busverbindungen.
Straßen: S. Martino di Castrozza–P.so Rolle–Predazzo und P.so Cereda–Forc. Aurine–Frassenè–Agordo, Abzw. bei Castelpietra zum Val Canali.

Forno di Zoldo (848 m)

Hauptort im Valle di Zoldo (Zoldano). Touristikort südöstlich der Pelmo- und Civettagruppe. 3900 Einw. Prov. BL, PLZ I-32012.
35 km ab Belluno, Abzweigung in Longarone. Busverbindungen.
Straßen: P.so Duran–Agordo, Zoldo Alto–Forc. Staulanza–Selva di Cadore, Forc. Cibiana–Valle del Boite (S. Vito di Cadore–Cortina d'Ampezzo). Bergstraße nach Zoppè di Cadore.

Frassenè (1084 m)

Bergdorf im Val Sarzana, oberhalb von Voltago Agordino. Touristikort am Fuße der östlichen Palagruppe. 600 Einw. Prov. BL, PLZ I-32020.
9 km ab Agordo, 23 km ab Fiera di Primiero. Busverbindungen.
Straße Forc. Aurine–P.so Cereda–Fiera di Primiero.
Sessellift Frassenè–Rif. Scarpa.

Innichen (S. Candido, 1175 m)

Touristikort im östlichen Hochpustertal, am Eingang zum Sextener Tal. 2250 Einw. Prov. BZ, PLZ I-39038.
61 km ab Autobahnausfahrt Brixen/Pustertal, 7,5 km ab italienisch-österreichischer Staatsgrenze bei Winnebach. Grenzbahnhof der Pustertalbahn, Busverbindungen.
Straße Sexten–Kreuzbergpaß–Padola
Kabinen-Umlaufbahn Vierschach–Helm, Sessellift Haunoldhütte.

Kastelruth (Castelrotto, 1060 m)

Hauptort im Mittelgebirge zwischen Eisacktal und Schlernmassiv-Seiser Alm. Touristikort. 3900 Einw. Prov. BZ, PLZ I-39040.
7,5 km ab Waidbruck, 19 km ab Autobahnausfahrt Bozen-Nord über Blumau–Völs–Seis. Busverbindungen.
Straßen: Panider Sattel–Gröden/St. Ulrich und zur Seiser Alm.

Klausen (Chiusa, 525 m)

Städtchen im mittleren Eisacktal. Verkehrsknotenpunkt an der Autobahnausfahrt. 2350 Einw. Prov. BZ, PLZ I-39043.
1 km südlich der Autobahnausfahrt Klausen/Gröden. Bahnhof, Busverbindungen.
Panoramastraße nach Gröden.

Kolfuschg (Calfosch, Colfosco, 1645 m)

Alpiner Touristikort in Hochabtei, westlich von Kurfar, zwischen Sella- und Puezgruppe. 450 Einw. Prov. BZ, PLZ I-39033.

35 km ab St. Lorenzen, Abzweigung zum Grödner Joch in Kurfar, 41 km ab Autobahnausfahrt Klausen/Gröden über das Grödner Joch. Busverbindungen.
Sessellift Kolfuschg – Col Pradat.

Kurfar (Corvara in Badia, 1568 m)

Bekanntester Touristikort in Hochabtei, zwischen Sella- und Puezgruppe. 800 Einw. Prov. BZ, PLZ I-39033.
33 km ab St. Lorenzen. Busverbindungen. Zentrale Verkehrslage. Straßen: Campolongopaß – Arabba und Grödner Joch – Wolkenstein.
Seilbahn Kurfar – Crëp de Munt, Sessellift Crëp de Munt – Vallon.

Lozzo di Cadore (756 m)

Ortschaft im Centro Cadore (oberes Piavetal), am Ostfuß der Marmarolegruppe, Touristikort. 1900 Einw. Prov. BL, PLZ I-32040.
53 km ab Belluno, 8 km ab Auronzo. Busverbindungen.
Bergstraße zum Rif. Marmarole.

Madonna di Campiglio (1522 m)

Bekanntester Touristikort im westlichen Trentino, im Valle di Campiglio, zwischen Presanella und dem Westabhang der Brenta. 1200 Einw. Prov. TN, PLZ I-38084.
18 km ab Dimaro im Val di Sole (Sulzbergtal) über den Sattel Campo Carlo Magno, 15 km nördlich von Pinzolo. Busverbindungen.
Mehrere Aufstiegsanlagen am Ostabhang der Presanella. Kabinenbahn zum Passo di Grostè, Seilbahn zum Monte Spinale.

Moena (1184 m)

Erste große Ortschaft im Fassatal, an der Grenze zum Fleimstal. Touristikort. 2800 Einw. Prov. TN, PLZ I-38035.
46 km ab Auer, 42 km ab Bozen Eggental – Karerpaß – Vigo di Fassa. Busverbindungen.
Straße: P.so di S. Pellegrino – Falcade – Canale d'Agordo.
Kabinen-Umlaufbahn »Funivie del Lusia«.

Molveno (865 m)

Bekannter Touristikort am Nordende des Lago di Molveno, zwischen Paganella-Kamm und dem Ostabhang der Brentagruppe. 1000 Einw. Prov. TN, PLZ I-38018.

26 km ab S. Michele all'Adige über Mezzolombardo–Cavedago–Andalo, 20 km ab Ponte Arche im Val Sarca über S. Lorenzo di Banale. Busverbindungen.
Mehrere Aufstiegsanlagen am Südostabhang des Croz dell'Altissimo.

Niederdorf (Villabassa, 1154 m)

Touristikort im Hochpustertal. 1240 Einw. Prov. BZ, PLZ I-39039.
52 km ab Autobahnausfahrt Brixen/Pustertal. Bahnhof, Busverbindungen.
Straße zum Dolomitenraum Toblach–Cortina d'Ampezzo. Straße in das Pragser Tal.

Olang (Valdaora, 1048 m)

Von Westen her erste größere Ortschaft im Hochpustertal, am Eingang zum Antholzer Tal, Touristikort. 2100 Einw. Prov. BZ, PLZ I-39030.
40 km ab Autobahnausfahrt Brixen/Pustertal, Abzweigung von der Hauptstraße beim Gasthof Dolomitenhof. Bahnhof, Busverbindungen.
Straße zum Dolomitenraum Toblach–Cortina d'Ampezzo. Straße Furkelpaß–St. Vigil in Enneberg.

Padola (1218 m)

Ortschaft südlich vom Kreuzbergpaß, im Comelico Superiore am Ostfuß der Sextener Dolomiten, Touristikort. 900 Einw. Prov. BL, PLZ I-32040.
78 km ab Belluno, 26 km ab Innichen–Kreuzbergpaß. Busverbindungen.
Straßen: Kreuzbergpaß–Sexten und P.so S. Antonio–Auronzo.

Pederoa (Pedro, 1152 m)

Ortschaft im Abteital, an der Staßenabzweigung nach Wengen. 300 Einw. Prov. BZ, PLZ I-39030.
18 km ab St. Lorenzen. Busverbindungen.
Straße nach Spëscia im Wengener Talschluß.

Pedratsches (Pedraces, 1325 m)

Ortschaft im Abteital (Hochabtei). Bekannter Touristikort. 600 Einw. Prov. BZ, PLZ I-39036.
24,5 km ab St. Lorenzen. Busverbindungen.
Straße nach St. Leonhard. Sessellift St. Leonhard–Heiligkreuz.

Pinzolo (770 m)

Touristikort, Hauptort im Val Rendena, zwischen Adamello, Presanella und Brentagruppe. 2000 Einw. Prov. TN, PLZ I-38086.
17 km ab Tione di Trento, 33 km ab Dimaro im Val di Sole (Sulzbergtal) über den Sattel Campo Carlo Magno und Madonna di Campiglio. Busverbindungen.
Aufstiegsanlagen am Dosso del Sabbion, Brenta-Westabhang.

Prags (Braies, 1206 m)

Gemeindehauptort im gleichnamigen Tal, Touristikort. 650 Einw. Prov. BZ, PLZ I-39030.
2 km ab Abzweigung von der Pustertaler Hauptstraße zwischen Welsberg und Niederdorf. Busverbindungen.
Straßen: Pragser Wildsee und Altprags – Plätzwiesensattel.

Predazzo (1018 m)

Größere Ortschaft im Fleimstal, am Zusammenfluß von Travignolo und Avisio, an der Grenze zum Fassatal. Touristikort. 4100 Einw. Prov. TN, PLZ I-38037.
37 km ab Auer, 51 km ab Bozen – Karerpaß. Busverbindungen.
Straßen: Paneveggio – P.so Rolle – S. Martino di Castrozza und Paneveggio – P.so di Valles – Valle del Biois.

Rocca Piètore (1143 m)

Hauptort im Val Pettorina, Seitental des Val Cordevole am Ostauslauf der Marmoladagruppe. Touristikort. 500 Einw. Prov. BL, PLZ I-32020.
53 km ab Belluno, Abzweigung in Caprile, 28 km ab Canazei – P.so di Fedaia. Busverbindungen.
Straße Malga Ciapela (7 km) – P.so di Fedaia – Canazei. Bergstraße Malga Ciapela – Val-Pettorina-Talschluß.

S. Martino di Castrozza (1467 m)

Bekannter Touristikort der Palagruppe, im oberen Val Cismon, an der Rollepaß-Südauffahrt. 600 Einw. Prov. TN, PLZ I-38058.
14 km ab Fiera di Primiero, 30 km ab Predazzo – Paneveggio – P.so Rolle. Busverbindungen.
Sessellift-Seilbahn S. Martino di Castrozza – Rosetta.

S. Vito di Cadore (1011 m)

Touristikort im Valle del Boite, südlich von Cortina d'Ampezzo, zwischen Antelao und Pelmo. 1500 Einw. Prov. BL, PLZ I-32046.

67 km ab Belluno, 11 km ab Cortina d'Ampezzo. Busverbindungen.
Bergstraße zum Rif. Scotter-Palatini.

St. Christina (S.ta Crestina, S. Cristina, 1428 m)

Bekannter Touristikort im oberen Grödner Tal, zwischen der Langkofel- und der Geislergruppe. 1600 Einw. Prov. BZ, PLZ I-39047.
22 km ab Autobahnausfahrt Klausen/Gröden, 17 km ab Waidbruck. Busverbindungen.
Straßen: Sellajoch–Canazei und Grödner Joch–Kolfuschg.
Kabinen-Umlaufbahnen: Cislestal–Col Raiser und Ruacia–Sochers, Sessellifte: Monte Pana–Mont de Sëura und Saltria–Williamshütte.

St. Kassian (San Ciascan, S. Cassiano, 1537 m)

Bekannter Touristikort im gleichnamigen Tal im Hochabtei. 700 Einw. Prov. BZ, PLZ I-39036.
4 km ab Stern, 32 km ab St. Lorenzen, Abzweigung in Stern. Busverbindungen.
Straßen: Valparolapaß–Falzaregopaß–Cortina d'Ampezzo und Val Cordevole.
Sessellift zum Pralongià, Seilbahn Stern–Piz La Villa.

St. Leonhard (San Linert, S. Leonardo in Badia, 1365 m)

Bergdorf im Abteital (Hochabtei), am Westabhang des Kreuzkofelmassivs. Touristikort. 500 Einw. Prov. BZ, PLZ I-39036.
25 km ab St. Lorenzen, Abzweigung in Pedratsches. Busverbindungen.
Sessellift St. Leonhard–Heiligkreuz-Hospiz.

St. Lorenzen (S. Lorenzo di Sebato, 810 m)

Größere Ortschaft im mittleren Pustertal, am Eingang zum Gadertal. Verkehrsknotenpunkt. 2300 Einw. Prov. BZ, PLZ I-39030.
26 km ab Autobahnausfahrt Brixen/Pustertal, 3 km von Bruneck. Bahnhof, Busverbindungen.
Straße nach Enneberg und Hochabtei.

St. Magdalena in Villnöß (S. Maddalena di Funes, 1337 m)

Bergdorf im oberen Villnößtal, am Nordfuß der Geislergruppe, Touristikort. 270 Einw. Prov. BZ, PLZ I-39040.

13 km ab Autobahnausfahrt Klausen/Gröden, 18,5 km ab Brixen. Busverbindungen.
Straße zur Zanser Alm.

St. Martin in Thurn (San Martin, S. Martino in B. 1127 m)

Hauptdorf in Abtei (unteres Gadertal). Touristikort. 500 Einw. Prov. BZ, PLZ I-39030.
15 km ab St. Lorenzen, Abzw. in Piccolein. Busverbindungen.
Straßen: Hauptstraße im Gadertal–Hochabtei, »Dolomitenstraße« St. Martin in Thurn–Untermoi–Würzjoch–Halsl–Brixen und St. Peter in Villnöß, Straßen nach Campill und Wengen.

St. Peter in Villnöß (S. Pietro di Funes, 1154 m)

Hauptdorf und Touristikort im Villnösser Tal. 1400 Einw. Prov. BZ, PLZ I-39040.
10 km ab Autobahnausfahrt Klausen/Gröden, 15,5 km ab Brixen. Busverbindungen.
Verbindungsstraße über Coll zur Dolomitenstraße Brixen–St. Martin in Thurn, Straße zur Zanser Alm.

St. Ulrich (Urtijëi, Ortisei, 1234 m)

Bekannter Touristikort, Marktgemeinde, Hauptort im Grödner Tal. 4800 Einw. Prov. BZ, PLZ I-39046.
18 km ab Autobahnausfahrt Klausen/Gröden, 13 km ab Waidbruck. Busverbindungen.
Straßen: Sellajoch–Canazei, Grödner Joch–Kolfuschg und Panider Sattel–Kastelruth–Seiser Alm.
Seilbahnen: St. Ulrich–Secëda und St. Ulrich–Seiser Alm, Sessellift St. Ulrich–Raschötz.

St. Vigil in Enneberg (Al Plan, S. Vigilio di M., 1193 m)

Hauptort in Enneberg (Vigiltal). Bekannter Touristikort. 1200 Einw. Prov. BZ, PLZ I-39030.
13 km ab St. Lorenzen, Abzweigung in Zwischenwasser. Busverbindungen.
Straßen: Rautal–Pederü (Fanes-Sennes) und Enneberg–Furkelsattel–Olang.
Kabinen-Umlaufbahn »Ruis« Furkelsattel–Kronplatz, Sessellift St. Vigil–Piz de Plaies.

Seis am Schlern (Siusi, 1004 m)

Ortschaft auf der Hochfläche südlich von Kastelruth, am Fuß der

Santnerspitze. Touristikort. 1800 Einw. Prov. BZ, PLZ I-39040. 9 km ab Waidbruck, 17 km ab Autobahnausfahrt Bozen-Nord über Blumau – Völs. Verkehrslage wie Kastelruth.

Selva di Cadore (1317 m)

Bergdorf im Val Fiorentina (Colle S. Lucia), Touristikort westlich des Pelmo. 800 Einw. Prov. BL, PLZ I-32020.
61 km ab Belluno, 17 km ab Alleghe, Abzweigungen in Caprile und Rucava. Busverbindungen.
Straßen: P.so Giau – Cortina d'Ampezzo, P.so Staulanza – Zoldo Alto. Bergstraße zur Casera Pioda, Abzweigung am Pian dei Palù südlich des P.so Staulanza.

Sexten (Sesto, 1317 m)

Hauptort im gleichnamigen Tal, bekannter Touristikort. 1200 Einw. Prov. BZ, PLZ I-39030.
7,5 km ab Innichen. Busverbindungen.
Straßen: Innerfeldtal, Moos – Fischleintal und Kreuzbergpaß – Comelico Superiore.
Seilbahn St. Veit – Helm, Sessellift Bad Moos – Rotwandwiesen.

Sexten-Moos (S. Giuseppe Moso, 1339 m)

Bekannter Touristikort im Sextental, am Eingang zum Fischleintal. 600 Einw. Prov. BZ, PLZ I-39030.
9,5 km ab Innichen. Busverbindungen.
Straßen: Moos – Fischleintal und Kreuzbergpaß – Comelico Superiore.
Sessellift Bad Moos – Rotwandwiesen.

Stern (La Ila, La Villa, 1483 m)

Ortschaft im Abteital (Hochabtei). Bekannter Touristikort. 850 Einw. Prov. BZ, PLZ I-39036.
28 km ab St. Lorenzen. Busverbindungen.
Straßen: St. Kassian – Valparolapaß – Falzaregopaß – Cortina d'Ampezzo und Val Cordevole. Seilbahn Stern – Piz La Villa.

Tiers (Tires, 1028 m)

Hauptort des Tierser Tals, Touristikort zwischen Schlernmassiv und Rosengartengruppe. 900 Einw. Prov. BZ, PLZ I-39050.
15 km ab Autobahnausfahrt Bozen-Nord – Blumau – Völser Aicha. Busverbindungen.
Straße St. Zyprian (2,5 km) – Nigerpaß – Karerpaß.

Toblach (Dobbiaco, 1242 m)

Bekanntester Touristikort im Hochpustertal, an der Mündung des Höhlensteintals. 2000 Einw. Prov. BZ, PLZ I-39035.
56 km ab Autobahnausfahrt Brixen/Pustertal, 12,5 km ab italienisch-österreichischer Staatsgrenze bei Winnebach. Bahnhof, Busverbindungen.
Straßen zum Dolomitenraum Schluderbach–Cortina d'Ampezzo, Misurina–Auronzo und Innichen–Sexten–Kreuzbergpaß–Comelico Superiore.

Vigo di Fassa (Vich, 1382 m)

Touristikort im mittleren Fassatal, an der Dolomitenstraße Bozen–Cortina d'Ampezzo. 850 Einw. Prov. TN, PLZ I-38039.
36 km ab Bozen–Karerpaß, 52 km ab Auer. Busverbindungen.
Straßen: Karerpaß–Welschnofen/Tiers. Seilbahn »Ciampedie«.

Waidbruck (Ponte Gardena, 470 m)

Kleine Ortschaft im unteren Eisacktal, an der Mündung des Grödner Tals. 240 Einw. Prov. BZ, PLZ I-39040.
7 km ab Autobahnausfahrt Klausen, 18 km ab Autobahnausfahrt Bozen-Nord. Bahnhof, Busverbindungen. Talstraße nach Gröden.

Welsberg (Monguelfo, 1087 m)

Touristikort im Hochpustertal, am Eingang zum Gsieser Tal. 1200 Einw. Prov. BZ, PLZ I-39035.
47 km ab Autobahnausfahrt Brixen/Pustertal. Bahnhof, Busverbindungen.
Straße zum Dolomitenraum Toblach–Cortina d'Ampezzo. Straße in das Pragser Tal.

Welschnofen (Nova Levante, 1182 m)

Hauptort im oberen Eggental, am Westfuß der Rosengartengruppe. Touristikort. 1800 Einw. Prov. BZ, PLZ I-39056.
17 km ab Bozen durch das Eggental. Busverbindungen.
Straßen: Karerseedorf (7 km)–Karerpaß–Vigo di Fassa und Nigerpaß–Tiers.
Sessellift/Korblift »Laurin« Welschnofen–Kölner Hütte, Sessellift Karerseedorf–Paolinahütte.

Wengen (La Val, La Valle, 1348 m)

Bergdorf im gleichnamigen Tal in Abtei. Touristikort. 800 Einw. Prov. BZ, PLZ I-39030.

3 km ab Pederoa, 21 km ab St. Lorenzen. Busverbindungen. Straße nach Spëscia im Wengener Talschluß.

Wolkenstein (Sëlva, Selva di Val Gardena, 1563 m)

Langgestreckte Ortschaft im oberen Grödner Tal, größter alpiner Touristikort in Südtirol. 2350 Einw. Prov. BZ, PLZ I-39048.
25 km ab Autobahnausfahrt Klausen/Gröden, 20 km ab Waidbruck. Busverbindungen.
Straßen: Sellajoch–Canazei und Grödner Joch–Kolfuschg.
Kabinen-Umlaufbahnen: Ruacia–Sochers, Wolkenstein–Ciampinoi und Wolkenstein–Grödner Joch (Dantercëpies).

Zoldo Alto (1177 m)

Touristikort im oberen Val di Zoldo (Zoldano), zwischen Pelmo- und Civettagruppe. 1500 Einw. Prov. BL, PLZ I-32010.
43 km ab Belluno, Abzweigung in Longarone. Busverbindungen. Straße P.so Staulanza–Selva di Cadore. Bergstraße zur Casera Pioda, Abzweigung von der Straße zum P.so Staulanza am Pian dei Palù.

Zoppè di Cadore (1461 m)

Kleines Bergdorf im Zoldano, nördlich von Forno di Zoldo, am Südabhang des Monte Pelmo. 600 Einw. Prov. BL, PLZ I-32010.
8,5 km ab Abzweigung in Forno di Zoldo, 43 km ab Belluno, Abzweigung in Longarone. Bergstraße nach Bortolòt.

Tabellen

1. Alle Dolomiten-Dreitausender nach Höhe

In **Fett**druck die üblicherweise als selbständig geführten Dreitausender, rechts Schartentiefe zum nächsthöheren Berg als Maßstab für die Selbständigkeit des Gipfels

1.	**Marmolada di Penia 3343 m**	2203 m
2.	**Punta Rocca 3309 m**	ca. 70 m
3.	**Monte Antelao 3264 m**	1746 m
4.	**Tofana di Mezzo 3244 m**	1376 m
5.	**Tofana di Dentro 3238 m**	154 m
6.	**Tofana di Rozes 3225 m**	664 m
7.	**Marmolada d'Ombretta 3230 m**	ca. 40 m
8.	**Monte Cristallo, Hauptgipfel 3221 m**	1421 m
9.	**Monte Civetta, Hauptgipfel 3220 m**	1454 m
10.	**Gran Vernel 3210 m**	207 m
11.	**Piccola Civetta 3207 m**	86 m
12.	**Punta Sorapiss 3205 m**	950 m
13.	**Cima della Vezzana 3192 m**	1276 m
14.	**Cimon della Pala 3184 m**	259 m
15.	**Langkofel 3181 m**	1134 m
16.	Punta Menini 3177 m	ca. 60 m
17.	Cimon della Pala, Mittelgipfel ca. 3175 m	ca. 10 m
18.	**Cima Tosa 3173 m**	1491 m
19.	Cimon della Pala, Ostgipfel 3170 m	ca. 10 m
20.	**Monte Pelmo, Hauptgipfel 3168 m**	1160 m
21.	Cimon della Pala, Westgipfel ca. 3165 m	ca. 30 m
22.	Punta Chiggiato 3163 m	ca. 50 m
23.	Langkofel-Westturm 3162 m	ca. 50 m
24.	Langkofel, Roter Turm 3160 m	ca.10 m
25.	Langkofel Südlicher Vorgipfel 3160 m	ca. 15 m
26.	Langkofel, Apokalypsenturm 3158 m	ca. 30 m
27.	Fopa di Mattia 3155 m	ca. 40 m
28.	**Monte Cristallo di Mezzo 3154 m**	ca. 100 m
29.	Croda Marcora 3154 m	ca. 10 m
30.	**Piz Boè 3152 m**	934 m
31.	**Piz Popèna 3152 m**	333 m
32.	**Cima Brenta, Hauptgipfel 3151 m**	598 m
33.	**Hohe Gaisl/Croda Rossa 3146 m**	1128 m

34.	**Dreischusterspitze 3145 m**	1340 m
35.	**Cima Fanton 3142 m**	ca. 50 m
36.	**Crozzon di Brenta 3135 m**	ca. 80 m
37.	Langkofel-Mittelturm 3135 m	30 m
38.	**Cima del Bureloni 3130 m**	260 m
39.	Dreischusterspitze, Nordwestgipfel ca. 3130 m	ca.40 m
40.	Langkofel-Nordturm 3130 m	ca. 30 m
41.	Cimon della Pala, Nordwestgipfel 3129 m	ca. 40 m
42.	**Grohmannspitze 3126 m**	445 m
43.	Cresta Strenta 3124 m	14 m
44.	Cima Brenta, Westgipfel 3124 m	30 m
45.	Grohmannspitze 4. Turm 3121 m	ca. 10 m
46.	Langkofel-Ostturm 3120 m	ca. 20 m
47.	Cima Brenta, Ostgipfel 3110 m	ca. 10 m
48.	Grohmannspitze, 3. Turm 3103 m	ca. 10 m
49.	**Cima d'Ambiez 3102 m**	332 m
50.	Dreischusterspitze, Westgipfel ca. 3100 m	ca. 30 m
51.	**Innerkoflerturm 3098 m**	203 m
52.	**Piccolo Vernel 3098 m**	ca. 75 m
53.	Cima Tosa, Nordgipfel 3097 m	ca. 10 m
54.	**Kleinschusterspitze 3095 m**	145 m
55.	**Hoher Zwölfer 3094 m**	714 m
56.	**Elfer-Nordgipfel 3092 m**	661 m
57.	Hohe Gaisl, Nordgipfel 3089 m	ca 26 m
58.	Hohe Gaisl, Vorgipfel 3083 m	ca. 20 m
59.	Langkofel, Doppelturm 3082 m	ca. 20 m
60.	Cima Paolina 3080 m	ca. 20 m
61.	**Wesseleyturm 3077 m**	67 m
62.	Il Nuvolo 3075 m	ca. 50 m
63.	**Langkofeleck 3069 m**	59 m
64.	**Monte Serauta 3069 m**	ca. 40 m
65.	Elfer-Südgipfel 3068 m	ca. 30 m
66.	**Cunturines 3064 m**	907 m
67.	Pelmo Spalla Sud, Südgipfel 3061 m	ca. 20 m
68.	**Sasso Vernale 3058 m**	356 m
69.	Cima de Zirocole 3058 m	ca. 50 m
70.	Pelmo Spalla Nord, Nordgipfel 3056 m	ca. 15 m
71.	**Lavarella 3055 m**	170 m
72.	**Cima del Focobon 3054 m**	240 m
73.	Langkofeleck, Südlicher Vorgipfel 3054 m	ca. 5 m
74.	Langkofeleck, Nördlicher Vorgipfel 3051 m	ca. 5 m
75.	Langkofel, Pyramidenturm ca. 3050 m	ca. 30 m

76.	Dreischusterspitze, Südtürme ca. 3050 m	ca.50 m
77.	**Campanile di Val Strut 3049 m**	ca.80 m
78.	**Hochbrunner Schneid 3046 m**	166 m
79.	**Cima de Toni 3040 m**	ca. 20 m
80.	Grohmannspitze, 2. Turm ca. 3040 m	ca. 10 m
81.	**Cima Mandron 3040 m**	ca. 60 m
82.	**Cima di Valgrande 3038 m**	ca. 80 m
83.	**Campanile Kiene I 3036 m**	ca. 30 m
84.	**Piz Serauta 3035 m**	ca. 50 m
85.	Lavarella, Südwestgipfel 3034 m	ca. 20 m
86.	**Furchetta 3030 m**	311 m
87.	**Mittlerer Zwölfer 3029 m**	ca. 120 m
88.	**Sass Rigais 3027 m**	902 m
89.	Punta Cornates 3027 m	ca. 30 m
90.	**Zehnerspitze 3026 m**	493 m
91.	**Pelmo Spalla Est 3024 m**	ca.20 m
92.	Monti della Caccia Grande 3023 m	ca. 20 m
93.	Campanile Kiene II 3021 m	ca. 25 m
94.	Monte Pelmo, Nordtürme 3020 m	ca. 20 m
95.	Grohmannspitze, 1. Turm ca.3020 m	ca. 5 m
96.	**Cima Bassa d'Ambiez 3017 m**	ca. 70 m
97.	**Hohe Schlechte Gaisl 3015 m**	ca. 50 m
98.	**Torre di Brenta 3014 m**	254 m
99.	Cunturines, Nordostgipfel 3012 m	ca. 20 m
100.	**Cima d'Ombretta Orientale 3011 m**	ca. 50 m
101.	Torre del Focobon 3010 m	ca. 20 m
102.	**Kleine Furchetta ca. 3010 m**	ca.75 m
103.	**Cima dell'Uomo 3010 m**	327 m
104.	**Sasso di Valfredda 3009 m**	173 m
105.	Eisseespitze 3009 m	ca. 30 m
106.	**Cristallino 3008 m**	ca. 89 m
107.	**Tre Sorelle 3005 m**	177 m
108.	Furchetta, Westlicher Vorgipfel ca. 3005 m	ca. 15 m
109.	Monti della Cacchia Grande, Ostgipfel 3004 m	ca. 10 m
110.	Civetta-Ostgipfel (Punta di Tomè) 3005 m	ca. 20 m
111.	**Spallone dei Massodi 3004 m**	ca. 40 m
112.	**Kesselkogel 3002 m**	834 m
113.	Spalla di Brenta 3002 m	ca. 10 m
114.	**Zahnkofel 3001 m**	229 m
115.	**Cima di Campido 3001 m**	130 m
116.	Grohmannspitze, Südturm ca. 3000 m	ca. 30 m
117.	Cima Paolina ca. 3000 m	ca. 30 m

118.	Le Mesules 2999 m	126 m
119.	Große Zinne 2999 m	619 m
	Gamsburg 2999 m	93 m
	Cima Falkner 2999 m	340 m
	Fünffingerspitze 2996 m	210 m
	Langkofeleck, Schulterturm 2996 m	ca. 30 m
	Campanile di Valgrande 2995 m	ca. 120 m
	Cima de Gasperi 2994 m	ca. 30 m
	Pelmetto 2990 m	264 m
	Weißlahnspitze 2987 m	207 m
	Venusnadel 2987 m	ca. 80 m
	Pisciadùspitze 2985 m	178 m
	Pala di San Martino 2982 m	410 m
	Rosengartenspitze 2981 m	372 m
	Südliche Fanesspitze 2980 m	116 m
	Westliche Zinne 2973 m	ca. 300 m
	Nördliche Fanesspitze 2969 m	638 m
	Neunerspitze 2968 m	301 m
	Haunold 2966 m	677 m
	Sextener Rotwand 2965 m	248 m
	Plattkofel 2964 m	156 m
	Cima Brenta Alta 2960 m	ca. 350 m
	Schusterplatte 2957 m	ca. 60 m
	Daumen 2953 m	ca. 80 m
	Ringfinger 2953 m	ca. 25 m
	Kleiner Finger 2943 m	ca. 35 m
	La Fradusta 2939 m	290 m
	Sextener Rotwand, Nordgipfel 2936 m	ca. 10 m
	Cimon del Froppa 2932 m	677 m
	Cima Bastioni 2926 m	554 m
	Birkenkofel 2922 m	382 m
	Punta Civetta 2920 m	ca.40 m
	Östliche Puezspitze 2913 m	296 m
	Piz de Lec/Boèseekofel 2910 m	155 m
	Heiligkreuzkofel 2907 m	62 m
	Il Mulaz 2906 m	290 m
	Cima Moiazza Sud 2878 m	402 m
	Peitlerkofel 2875 m	577 m
	Monte Agnèr 2872 m	515 m
	Croda Granda 2849 m	370 m
	Dürrenstein 2839 m	800 m
	Seekofel/Croda del Becco 2810 m	418 m

2. Wieviel Schweiß?

Mindestanstieg über den Normalweg, vom höchsten anfahrbaren Punkt

1. **Cima d'Ambiez 2230 m**
2. **Cima Fanton 2100 m**
3. **Cima de Toni 2100 m**
4. Cima Paolina 2000 m
5. Cimon del Froppa 1950 m
6. **Crozzon di Brenta (1950 m)**
7. **Monte Antelao 1790 m**
8. **Cima Tosa 1750 m**
9. **Dreischusterspitze 1750 m**
10. **Sasso di Valfredda 1740 m**
11. **Cima d'Ombretta 1700 m**
12. **Monte Pelmo 1650 m**
13. **Sasso Vernale 1640 m**
14. Croda Granda 1620 m
15. **Cima Brenta 1600 m**
16. **Kleinschusterspitze 1600 m**
17. Punta Menini (1600 m)
18. **Hochbrunner Schneid 1580 m**
19. **Elfer-Nordgipfel 1550 m**
20. **Sorapiss 1530 m**
21. **Cima Mandron 1450 m**
22. Brenta Alta 1450 m
23. **Kieneturm I (1450 m)**
24. **Monte Cristallo, Hauptgipfel 1410 m**
25. **Piz Popèna 1400 m**
26. **Tre Sorelle 1400 m**
27. **Haunold 1400 m**
28. Birkenkofel 1400 m
29. **Gran Vernel 1350 m**
30. Cima Bastioni 1350 m
31. **Piccola Civetta (1350 m)**
32. Cunturines 1330 m
33. Östliche Puezspitze 1330 m
34. **Piccolo Vernel 1320 m**
35. **Lavarella 1300 m**
36. **Cima del Focobon 1300 m**
37. Cima de Gasperi 1300 m
38. Pelmetto 1300 m

39. Nördliche Fanesspitze 1300 m
40. **Monte Civetta, Hauptgipfel 1250 m**
41. **Cima dei Bureloni 1250 m**
42. **Cima Bassa d'Ambiez 1250 m**
43. **CIma di Campido 1250 m**
44. **Tofana di Rozes 1200 m**
45. **Hohe Gaisl 1200 m**
46. **Cima di Valgrande 1200 m**
47. Seekofel 1200 m
48. **Zahnkofel 1150 m**
49. Monte Agnèr 1150 m
50. **Campanile di Val Strut 1100 m**
51. **Torre di Brenta 1100 m**
52. **Spallone dei Massodi 1100 m**
53. Cima Moiazza Sud 1100 m
54. **Cima dell'Uomo 1090 m**
55. **Hoher Zwölfer 1080 m**
56. **Sass RIgals 1010 m**
57. **Zehner 1050 m**
58. **Mittlerer Zwölfer (1050 m)**
59. Rosengartenspitze 1040 m
60. **Furchetta 1010 m**
61. **Cima della Vezzana 1000 m**
62. Kleine Furchetta 1000 m
63. Kesselkogel 1000 m
64. Sextener Rotwand 1000 m
65. Neunerspitze 960 m
66. Heiligkreuzkofel 950 m
67. Plattkofel 910 m
68. **Innerkoflerturm 900 m**
69. Le Mesules 900 m
70. Il Mulaz 900 m
71. Pisciadùspitze 870 m
72. Peitlerkofel 870 m
73. Dürrenstein 800 m
74. **Marmolada di Penia 770 m**
75. **Boèseekofel 770 m**
76. **Cimon della Pala 760 m**
77. Große Zinne 700 m
78. **Langkofel 680 m**
79. Westliche Zinne 650 m
80. **Grohmannspitze 600 m**

81. **Wesseleyturm (600 m)**
82. **Langkofeleck 600 m**
83. Weißlahnspitze 600 m
84. Campanile di Valgrande 500 m
85. Cima Falkner 500 m
86. Südliche Fanesspitze 500 m
87. Schusterplatte 500 m
88. Pala di San Martino 450 m
89. Fünffingerspitze 400 m
90. La Fradusta 360 m
91. **Piz Boè 350 m**
92. **Piz Serauta 250 m**
93. **Monte Cristallo di Mezzo 220 m**
94. **Tofana di Dentro (200 m)**
95. **Monte Serauta 100 m**
96. **Cristallino 80 m**
97. **Punta Rocca 60 m**
98. **Tofana di Mezzo 50 m**

3. Übersicht nach Schwierigkeiten der Normalroute:

(in Klammern die ungefähre Länge des anspruchsvollen Geländes bzw. bei Kletterrouten Länge der Kletterstrecke einschließlich von heiklem Gehgelände, jeweils nur Aufstieg, Streckenangabe in Meter; zusätzlich F = z. T. Via Ferrata, S = meist auch über Schnee; ! = besonders gefahrenträchtig)

I. Kurze Gipfelausflüge von Seilbahnstationen:

Tofana di Mezzo (30 F), Punta Rocca, Cristallino d'Ampezzo (300 F), Monte Serauta, Tofana III (300 F), Piz Boè (50, mit Stellen I), Piz Serauta (80, mit Kletterei bis II), Marmolada d'Ombretta (40, mit Kletterei bis III)

II. Leichte Gipfelausflüge oder Klettersteige:

Zehnerspitze (40 F), Lavarella (50), Hochbrunner Schneid (50, S), Marmolada di Penia (50 oder 200 F, S), Tofana di Rozes (60 S), Civetta (100 F oder 900 F, S), Cima della Vezzana (100), Cima d'Ombretta (100 F, S), Cunturines (100 F), Cristallo di Mezzo (200), Sass Rigais (300 F oder 500 F), Spallone dei Massodi (300 F), Cima dell'Uomo (400 F), Kesselkogel (Santnerband 300 oder Klettersteig 700 F).
Hierzu zählen auch: Östliche Puezspitze, Dürrenstein, Il Mulaz,

La Fradusta, Le Mesules, Plattkofel, von SW (von NW 250 F), Nördl. Fanesspitze (50 S), Haunold (20), Seekofel (20 F), Pisciadùspitze (50 F), Birkenkofel (100 F), Boèseekofel (200 F), Moiazza (200 F), Südl. Fanesspitze (300 F), Cima Falkner (300 F), Sextener Rotwand (je 300 F, z. T. S), Monte Agnèr (900 F, S).

III. Oft begangene Kletterrouten ohne Drahtseile u. ä.:

bis II: Cima Tosa (60, S), Piccolo Vernel (100), Sasso Vernale (100), Cima Brenta (am Gipfelaufbau 150, vorher auch 200 F, S), Monte Cristallo (400, S), Elfer-Südgipfel (400, im Zustieg zum Gipfelaufbau 200 F, S), Furchetta (450!), Antelao (1000!), auch Brenta Alta (200).
bis III: Cimon della Pala (250, z. T. F), Gran Vernel (300!), Cima d'Ambiez (300), Grohmannspitze (300, S), Crozzon di Brenta (350), Zwölfer (600), Sorapiss (650), Langkofel (1000), auch Rosengartenspitze (200), Pala di San Martino (300), Fünffingerspitze (400), Große Zinne (500).

IV. Originales, ungeputztes Hochgebirge, mit Schutt und Bruch und nur spärlichen Begehungsspuren:

bis I: Cima Mandron (100, S), Monte Pelmo (100 S), Langkofeleck (450 mit Fassaner Band, dort abgekletterte II, S).
bis II: Kieneturm (50, S), Cima di Campido (100, vorher auch 100 mit F, S), Campanile di Val Strut (150, S), Piccola Civetta (200, S), Tre Sorelle (200!), Cima de Gasperi (200!, S), Hohe Schlechte Gaisl (200!, S), Sasso die Valfredda (200!, S), Cima Bassa d'Ambiez (250!, S), Kleine Furchetta (300, S), Kleinschusterspitze (400!, S!), Torre di Brenta (300, S), Piz Popèna (400, S!), Elfer NG (400, S!), Wesseleyturm (450, mit Fassaner Band, S!), Cima Fanton (400!, S!), Cima de Toni (600!), auch: Cima Paolina (500!), Cima Bastioni (ca. 400!, S).
bis III: Innerkoflerturm (200, S!), Cima del Focobon (250, vorher auch 100 mit F, S), Cima di Valgrande (100, S), Hohe Gaisl (NW 400!!, S!, 600!), Torre di Brenta (400, S), Punta Chiggiato (400!, vorher schon 400!), Dreischusterspitze (600), auch: Cimon del Froppa (100), Campanile di Valgrande (200, vorher auch 50 F, S).
bis IV: Pelmetto (500!, S).

Spezialliteratur

Marmolada:
Heinz Mariacher, AVF-Dolomiten, Marmolada-Hauptkamm, Bergverlag Rudolf Rother, München 1983.
Hans Kammerer, Südtirol für Bergwanderer Bd. 5, Südwestliche Dolomiten: Rosengarten, Schlern, Langkofel; Tappeiner Verlag, Bozen 1991.

Rosengarten:
Heinz Mariacher, AVF-Dolomiten, Rosengartengruppe; Bergverlag Rudolf Rother, München 1988.
Hans Kammerer, Südtirol für Bergwanderer Bd. 5, Südwestliche Dolomiten: Rosengarten, Schlern, Langkofel; Tappeiner Verlag, Bozen 1991.

Langkofel:
Richard Goedeke, AVF-Dolomiten, Sella–Langkofel; Bergverlag Rudolf Rother, München, in Vorbereitung.
Hans Kammerer, Südtirol für Bergwanderer Bd. 5, Südwestliche Dolomiten: Rosengarten, Schlern, Langkofel; Tappeiner Verlag, Bozen 1991.

Puez–Geisler:
Ernst Eugen Stiebritz, AVF-Dolomiten, Geisler- und Steviagruppe; Bergverlag Rudolf Rother, München 1981.
Ernst Eugen Stiebritz, AVF-Dolomiten, Puez/Peitlerkofel; Bergverlag Rudolf Rother, München 1985.
Hans Kammerer, Südtirol für Bergwanderer Bd. 5, Südwestliche Dolomiten: Rosengarten, Schlern, Langkofel; Tappeiner Verlag, Bozen 1991.
Hans Kammerer, Südtirol für Bergwanderer Bd. 6, Nordwestliche Dolomiten: Geisler, Puez, Fanes-Sennes, Sella, Tappeiner Verlag, Bozen 1989.

Sella:
Egon Pracht, AVF-Dolomiten, Sellagruppe, Bergverlag Rudolf Rother, München 1980. Neuauflage durch Richard Goedeke in Vorbereitung.
Hans Kammerer, Südwestliche Dolomiten: Rosengarten, Schlern, Langkofel, Südtirol für Bergwanderer Bd. 5; Tappeiner Verlag, Bozen 1991.
Hans Kammerer, Südtirol für Bergwanderer Bd. 6, Nordwestliche

Dolomiten: Geisler, Puez, Fanes-Sennes; Tappeiner Verlag, Bozen 1989.

Pragser Dolomiten:
A. Berti, Dolomiti Orientali Vol. I parte 1, 1971.
Richard Goedeke, Nordöstliche Dolomiten; Bergverlag Rudolf Rother, München 1990.
Hans Kammerer, Südtirol für Bergwanderer Bd. 6, Nordwestliche Dolomiten: Geisler, Puez, Fanes-Sennes, Sella; Tappeiner Verlag, Bozen 1989.

Sextener Dolomiten:
Richard Goedeke, AVF-Dolomiten, Sextener Dolomiten; Bergverlag Rudolf Rother, München 1988.
Hans Kammerer, Südtirol für Bergwanderer Bd. 8, Antholzer und Gsieser Tal, Pragser und Sextener Dolomiten; Tappeiner Verlag, Bozen 1990.

Tofane:
Richard Goedeke, Nordöstliche Dolomiten, Bergverlag Rudolf Rother, München 1990.
Michele da Pozzo, Kletterführer Ampezzaner Dolomiten; Alpina Verlag, Terlan 1992.

Cristallo:
Jürgen und Angelika Schmidt, AVF-Dolomiten, Cristallogruppe und Pomagagnonzug; Bergverlag Rudolf Rother, München 1981.

Sorapiss und Antelao:
Richard Goedeke, Südöstliche Dolomiten; Bergverlag Rudolf Rother, München 1990.

Pelmo:
Richard Goedeke, AVF-Dolomiten, Pelmo mit Bosconero, Moiazza, Tamer–Cime di San Sebastiano; Bergverlag Rudolf Rother, München 1981.

Civetta:
Andreas Kubin, AVF-Dolomiten, Civettagruppe; Bergverlag Rudolf Rother, München 1981.

Brenta:
Heinz Steinkötter, AVF-Brentagruppe; Bergverlag Rudolf Rother, München 1988.

Register